KB250008

기업 혁신의 리더십

지속성장의 NEW 패러다임

Jane Stevenson, Bilal Kaafarani 지음

윤경미 옮김

명인문화사

기업 혁신의 리더십: 지속성장의 New 패러다임

제1쇄 펴낸 날 2013년 4월 23일

지은이 | Jane Stevenson, Bilal Kaafarani
옮긴이 | 윤경미
펴낸이 | 박선영
펴낸곳 | 명인문화사

내지디자인 | 남영희
표지디자인 | 조수연

등   록 | 제2005-77호(2005.11.10)
주   소 | 서울시 송파구 석촌동 58-24 미주빌딩 202호
이메일 | myunginbooks@hanmail.net
전   화 | 02-416-3059
팩   스 | 02-417-3095
ISBN | 978-89-92803-54-0
가   격 | 18,000원

ⓒ 명인문화사

Breaking Away: How Great Leaders Create Innovation that Drives Sustainable Growth-And Why Others Fail

Jane Stevenson, Bilal Kaafarani

Original edition copyright 2011 by McGraw Hill Companies, Inc. All rights reserved.
Korean edition copyright 2013 by Myung In Publishers. All rights reserved.

CONTENTS

도해목차

표목차

도표목차

| 역자서문 |

기업을 지속가능한 성장으로 이끌어 줄
'혁신' 바이블

몇 년째 이어지고 있는 저성장과 경기침체는 좀처럼 회복할 기미를 보이지 않는다. 이러한 불황 속에서 기업들이 인력을 감축하고 연구 개발 등에 대한 투자를 줄인다는 이야기는 심심찮게 들려온다. 하지만 불황이라고 해서 혁신에 대한 투자 및 비용을 줄이고 인력을 감축하는 것만이 답은 아니다. 인력 감축과 비용 절감은 일시적인 효과는 있겠지만, 혁신 및 사람에 대한 투자가 없다면 결과적으로는 성장을 저하시킨다. 단적인 예로 미국의 전자제품 전문업체 서킷 시티는 비용을 줄이기 위해 경험 많은 인력들을 해고하고 그 자리에 노동력이 싼 대체 인력을 투입했다가 전문성이 크게 약화되어 결국 파산에 직면했다. 반면 포드는 업계의 불황 속에서 모두가 몸을 사릴 때, 하이브리드 자동차 같은 혁신에 과감하게 투자함으로써 GM과 크라이슬러 등의 경쟁업체들과는 달리 빠른 성장세를 회복했다. 이처럼 혁신은 가진 자의 여유가 아니라, 이제는 살아남기 위한 필수 요소가 되었다.

혁신을 간과해서는 안 된다는 사실은 누구나 인정하고 있는 사실인 듯하다. 덕분에 비교적 규모 있는 기업들 중 표면적으로 '혁신'을 강조하지 않는 기업은 거의 없을 정도다. 하지만 막상 기업의 속을 들여다보면 혁신을 기업의 본질로 자연스럽게 받아들이고, 혁신문화를 제대로 실행하고 있는 기업은 쉽게 찾아보기 힘들다. 즉 말로만 혁신을 외치는 기업은 많지만, 이를 제대로 실천하는 기업은 얼마 되지 않는다는 이야기다. 그렇다면 어째서 혁신을 실행하는 것이 그리 쉽지 않은 걸까.

여러 가지 이유가 있겠지만, 가장 큰 이유 중 하나는 진정한 혁신에 대한 이해가 부족하기 때문이다. 즉 기업들이 혁신을 실행한다고 말하면서도 혁신에 대한 책임을 그저 일부 부서에게 떠넘기고서는 혁신에 대한 의무를 다한다고 믿는 경우가 허다하다. 하지만 진정한 혁신은 혁신에 대한 명확한 정의를 갖고, 혁신을 적극적으로 실행하는 혁신 리더의 지휘 하에 혁신적인 조직문화를 만들어 갈 때에야 비로소 이루어질 수 있으며, 그러할 때 비로소 지속가능한 성장을 이룰 수 있다.

이 책이 다른 경영서들과 크게 차별화되는 점은 자칫 모호하게 여겨지기 쉬운 혁신의 정의를 명쾌하게 정리했다는 점에 있다. 혁신은 막연히 '새롭고 기업에 성공을 가져다주는 그 무언가'가 아니라, 고유하며, 가치있는 동시에, 기꺼이 사람들의 지갑을 열게 만들 상업적 교환 가치를 가져야 한다. 이 세 가지가 동시에 충족되었을 때, 비로소 이를 혁신이라할 수 있다.

또한 저자들은 여기에서 그치지 않고, 혁신을 속성에 따라 크게 네 가지로 분류해 놓았는데, 변혁적 혁신, 범주적 혁신, 시장적 혁신, 운영적혁신이 그것이다. 변혁적 혁신은 자동차, 전구, 인터넷처럼 우리의 삶을 송두리째 바꾸어 놓은 동시에, 새로운 산업들을 끊임없이 파생시키며 장기간동안 엄청난 영향력을 미치는 혁신을 말하며, 범주적 혁신은 자동차 서비스 센터, 조명 제조업체, 가상 온라인 서점 등 변혁적 혁신에서 파생되어 새로운 산업을 만들어 내는 혁신을 뜻한다. 그리고 시장적 혁신은 새로운 시장을 확장시킴으로써 기업에게 비교적 빠른 수익을 안겨 주는 혁신으로, 자동차의 접이식 사이드 미러나 페이팔 같은 새로운 온라인 결재 수단, 친환경 포장재 등이 여기에 속한다. 마지막으로 운영적 혁신은 자동차 조립라인, 온라인 재고 관리, 새로운 기기의 도입 등과 같이 운영의 효율화를 통해 이루어지는 혁신을 말한다. 진정한 혁신적인 기업이 되기 위해서는 이 네 가지 혁신에 끊임없이 매진해야 한다.

저자들은 또한 혁신의 개념과 더불어, 혁신을 실행으로 이끌어 줄 리더십의 중요성을 강조하고 있다. 혁신이 자리 잡기 위해서는 기업의 혁신 문화를 일구어주고, 조직원들과 비전을 공유함으로써 조직원들이 최대한의 능력을 발휘할 수 있게 도와주는 강력한 리더십이 필요하다. 하지만 리더가 말로만 혁신을 이야기할 뿐, 정작 혁신과는 거리가 먼 근시안적인 '실적 위주'의 결과만 강조하고, 실패를 용납하지 않음으로써 공포분위기를 조성하고, 명확한 소통을 거부하는 동시에 하향식 위계질서를 강조한다면 그 기업은 결코 제대로 된 혁신을 이뤄낼 수 없다.

혁신에 대한 명확한 정의를 갖고, 혁신을 일구어낼 리더십을 갖추었다면, 이제는 고객에 대한 진정한 깨달음을 갖고 성장을 활성화하는 일이 남아 있다. 이를 위해서는 혁신 문화를 통해 사람들을 혁신에 깨어 있게 하고, 시장에서 고객이 원하는 것을 제공하고, 시장 변화에 발 빠르게 대처하며, 고객을 설득하고 지지자들을 만들어야 한다.

이처럼 저자들은 혁신의 정의, 리더십의 조건, 성장의 활성화라는 세 가지 항목을 충실히 다룸으로써 모든 기업이 성공적인 혁신 기업으로 거듭나기 위해 취해야 할 큰 틀을 제시하고 있다. 그 과정에서 애플, 에스티로더, GE, 해즈브로, 포드, 토요타, 에미레이트 항공, P&G, 거버 등의 다양한 기업들의 성공과 실패의 사례들을 다룸으로써, 저자들의 이론에 재미와 힘을 실어 준다.

이 책의 독자가 CEO이든 기업의 조직원이든 간에 이 책을 통해 자신의 기업을 되돌아보고 혁신 기업의 큰 그림을 그리는 동시에, 혁신이 성공을 거두기 위해 잊어서는 안 될 세부적인 요소까지도 챙길 수 있으리라 믿는다. 역자로서 많은 이들에게 도움이 될 만한 좋은 책을 소개한다는 믿음이 있었기에 작업 내내 진심으로 뿌듯하고 기꺼운 마음으로 진행할 수 있었던 것 같다. 이처럼 좋은 책의 작업을 맡겨주신 명인문화사 관계자분들께 진심으로 감사드린다.

2012년 4월
옮긴이

| 저자서문 |

때때로 우리는 자신의 견해와 완벽하게 짝을 이루는 사람을 만날 때가 있다. 우리가 이 책을 만들었을 때, 정확히 그런 일이 일어났다. 그 해는 비랄 카파라니가 코카콜라를 위해 조사를 진행하던 제인 스티븐슨을 만났던 2006년이었다. 혁신적인 상업화 아이디어를 갖고 코카콜라의 뛰어난 성장을 실현하기 위한 입증된 변화 촉진자change agent를 찾던 중, 그녀는 비랄을 발견했다. 그녀는 성공적인 후보자를 찾았을 뿐만 아니라 자신과 동류의 영혼을 발견했다.

두 사람이 처음 만났을 때, 두 사람 모두 혁신과 리더십에 관한 지식을 활용하여 책을 쓰고, 이를 공유하고자 하는 목표를 갖고 있다는 사실을 알았다. 세계적인 혁신 경영진으로서 P&G, 크래프트, 프리토레이를 거쳐 현재 코카콜라의 간부로 일하고 있는 비랄은 이 책에 나온 것들을 이미 경험했다. 그가 코카콜라에 온 이래, 코카콜라는 역사상 처음으로 2009년 『비즈니스위크Business Week』지의 25개의 혁신기업 안에 이름을 올렸다. 비랄은 또한 『비즈니스위크』에서 혁신의 달인 25인 중 한 사람으로 선정되는 영광을 얻었다. 그는 세계의 뛰어난 브랜드들과 함께 일했고, 다양한 리더십 스타일과 다양한 기업 환경의 장단점을 경험해 왔다.

콘/페리 인터내셔널의 부의장이자 CEO 및 이사회 추천 서비스를 맡고 있는 제인은 성장과 혁신 리더 채용 분야의 전문가이다. 이 분야의 개척자인 제인은 최고 혁신 경영자와 혁신을 통한 성장에 초점을 맞춘 CEO들을 유치할 책임을 맡고 있다. 그녀는 그녀의 사업에서 가장 중요한 브랜드이자, 지난 2년 동안 『비즈니스위크』에서 가장 영향력 있는 100인의 인재 모집 컨설턴트 중 한 사람으로 선정되었다.

비랄과 제인이 함께 책을 쓰는 것에 대해 이야기를 나누는 동안, 두 사람은 혁신에 대해 많은 공통점을 갖고 있다는 사실을 확인할 수 있었다. 이들은 혁신의 본질 및 혁신 리더들의 특징에 대한 서로의 깨달음을 공유했으며, 이들의 견해는 시의 적절한 것이기도 했다. 혁신은 유행을 타는 일시적인 주제가 아니라, 사업에서 늘 필요한 것이다. 혁신은 지속가능한 성장을 얻고 관계자들의 이익을 증대시키기 위해서 꼭 필요하지만 얻기 힘든 명약과도 같다. 사실 우리는 혁신적 능력을 발전시키거나 그 능력을 얻고자 하지 않는 조직을 찾는 것조차 힘들었다.

하지만 불행히도 많은 기업들은 그들이 바라는 결과에 도달하기 위해서는 리더십과 문화의 역할이 엄청나게 크다는 사실을 인식하지 못하고 있었다. 대신, 최고 경영자들은 성공을 촉진하는 혁신 절차들과 방법론만을 찾아 헤매고 있었다. 그들은 혁신의 차이는 기술적인 것에 불과하며, 현재 존재하는 토대 위에 혁신적인 절차를 걸치기만 하면 그들에게 필요한 성장이 이루어질 거라 믿었다. 그런 이유로 많은 기업들은 새로운 절차를 개발하기 위해 외부 컨설턴트를 영입하거나, 기존의 마케팅, 전략, 연구 개발 분야의 리더들에게 혁신에 대한 책임을 지우는 것이 일반적이었다.

이러한 시도들은 용인될 수는 있지만 제대로 된 것이라고 보기는 힘들다. 기업이 진정한 혁신을 달성하기 위해서는, 혁신과 리더십의 관련성을 제대로 이해하는 용기 있는 리더가 필요하기 때문이다. 간단히 말해, 혁신의 책임을 외부 컨설턴트나 내부의 변화 촉진자에게 위탁하는 것은 불가능하다. 혁신의 책임은 온전히 최고책임자에게 있다. 이는 위대한 심포니 오케스트라에게 반드시 지휘자가 있어야 하는 것과 마찬가지이다. 설사 무대를 가득 채운 명연주자들이 있다 하더라도 지휘자가 없다면 이들은 그저 한 무리의 재능 있는 음악가들일 뿐이다. 하지만 비전과 리더십을 갖춘 지휘자가 있을 때야 비로소 위대한 작품을 창조할 수 있는 뛰어난 합주단을 갖추게 된다.

사업에서도 마찬가지이다. 지휘자와 마찬가지로 CEO는 비전을 펼치고, 최선의 행동방침을 결정하고, 재능 있는 사람들이 강점을 가장 잘 발휘할 수 있도록 인재를 잘 기용하는 역할을 한다. 자신이 지휘를 하는 동안, 각각의 단원들은 자신들이 연주하는 자리에서 들리는 소리만 들을 수 있다는 사실을 지휘자는 잘 이해하고 있다. CEO도 이와 같다. 명지휘자만이 각각의 그룹의 소리를 구분해서 들을 줄 알고, 최상의 결과를 내기 위해 악기들의 조화를 이루게 할 수 있다. 우리가 꿈꾸는 것은, 리더들이 전설의 명지휘자가 되고, 그들의 기업이 명연주자들로 이루어진 심포니 오케스트라가 되게 하는 것이다. 그리고 그것이 우리가 이 책을 쓰게 된 이유이기도 하다. 혁신 프로세스와 효과적인 리더십을 제공하는 환경에 대한 책은 무수하게 많지만, 혁신과 리더십의 두 가지 요소를 연결 지어 다룬 책은 거의 없다. 우리는 그 사이의 공백을 메꾸고자 한다. 리더십은 진정한 혁신을 위해서 꼭 필요한 것이지만, 올바른 문화적 환경이 없다면 그 싹은 상업적 성공으로 이어질 수 없다. 리더가 회사의 모든 사람들이 힘을 합쳐 움직이는 지속가능한 혁신 엔진을 만들 수 있기 위해서는 '마법'의 조합이 필요하

다. 반면, 사람들이 혁신의 성장 가능성의 발목을 잡는다면 이는 실패하고
말 것이다.

이 책에서 우리는 왜 이러한 일이 일어나는지 살펴보고, 다양한 종류의
혁신적 성공을 성취하는 방법에 대해서도 알아볼 것이다. 또한 미래를 저
당 잡히지 않고 잠재력을 확장시킬 수 있는 위험 요인 및, 고객을 늘 만족
시킬 수 있는 품질 한도와 올바른 환경을 육성해 주는 데 꼭 필요한 문화적
요소, 그리고 직원들의 장점을 가장 잘 살려주기 위한 리더십 스킬 등을 다
룰 것이다. 우리는 또한 사업과 기술, 고객들에 대한 이해를 갖고, 시장에
서 회사를 성공시키는 뛰어난 혁신 리더들의 독특한 자질에 대해서도 정의
할 것이다. 이러한 주제들 속에는 위험과 보상, 복잡성과 단순함, 권한과
무질서, 그리고 안전성과 아무 것도 하지 않는 것의 대가 등에 내재된 모순
점들도 담겨 있다.

우리의 관찰과 이론이 합당한지 확인하기 위해 우리는 다양한 분야의
CEO들과 대화를 나누었다. 그 중에는 제법 긴 기간의 혁신적 성공을 거둔
이들도 있었고, 혁신의 실패로부터 뼈아픈 교훈을 얻은 이들도 있었다. 이
들 CEO들은 세계의 모든 지역과 산업에 걸쳐져 있다. 우리는 미국 전역을
여행하며 포드와 제너럴 일렉트릭, 휴렛패커드, 마스터카드, 에스티로더
컴퍼니, 휴매나, 피트니보우즈 같은 기업들을 방문했다. 그리고 이탈리아
에서 이스탄불, 중국에서 멕시코, 에콰도르에서 두바이까지 여행했다. 이
책 전반에 걸쳐 우리는 CEO들의 일화들과 그들의 통찰력을 조명하고, 그
들의 과거 및 미래까지 살펴볼 것이다. 이 책에서 각주에 표시된 것을 제외
한 모든 인용과 그에 대한 사례 연구는 이들과의 인터뷰와 대화에서 나온
것이다.

우리는 또한 오늘날 우리가 살고 있는 세상의 기초를 세운 사람들로부터

가치 있는 교훈을 얻을 수 있다고 믿고, 세계의 역사적인 혁신 리더들을 분석했다. 헨리 포드나 허먼 레이, 그리고 토마스 에디슨(에디슨은 이 책의 저자인 제인의 가문에 속한 사람이기도 하다)은 우리를 과거로 인도해 줄 것이다. 우리 시대와 마찬가지로 그들의 세상 역시 변화와 가능성, 기술적 돌파구, 위험으로 가득 찬 세계였다. 우리는 한발 한발 그들의 여정을 따라가 어떻게 발명이 제국을 건설하는 혁신으로 이어졌는지 보여줄 것이다. 그들로부터 얻은 견해들과, 연구, 그리고 여정을 통해, 엄청난 상업적 성공을 창조하고 모든 사람들에게 동기를 부여하고 활기를 주는 환경을 활성화시키게 해 줄 핵심적인 깨달음을 제공할 것이다.

이러한 깨달음 속에는 혁신의 핵심적 요소들과 성장과 직결된 혁신의 네 가지 유형에 대한 매우 우아하고도 단순한 모델도 포함되어 있다. 변혁적, 범주적, 시장적, 운영적 혁신으로 정의되는 이 네 가지 유형의 혁신들은 각각의 단계에서 고유의 기회를 제공해 줄 것이다. 이들 혁신의 네 가지 유형은 사회적, 산업적, 고객과 기업수준에서 일어나며, 회사의 성장에 있어 다른 시장 환경과 시간범위 내에서 적용된다. 이들 혁신의 네 가지 유형은 한 기업이 최대 가치를 창조하기 위해 끊임없는 혁신의 물살을 탈 수 있게 해 준다.

혁신의 네 가지 유형과 함께, 우리는 또한 리더십의 특성과 각각의 혁신 유형을 육성해 줄 수 있는 환경의 종류에 대해서도 파고들 것이다. 또한 따라 하기 쉬운 모델을 제시함으로써, 인재를 적재적소에 기용하고 있는지 쉽게 확인할 수 있게 해 줄 것이다. 마지막으로 우리는 위험을 낮추고 성공을 위한 기회는 늘리는 방향으로 혁신을 활성화시키는 방법에 대해서도 다룰 것이다. 핵심은 혁신이란 고객의 요구에 맞추어 직원들과 기술, 사업 유산, 그리고 자원을 가장 잘 이용하여 경쟁자들을 떨쳐 버리고, 시장을 평정하는 것이다.

깨달음과 실행에 옮길 수 있는 실행도구들을 함께 제공해 주는 『초우량 기업의 조건*In Search of Excellence*』과 『좋은 기업을 넘어 위대한 기업으로 *Good to Great*』 같은 책들과 마찬가지로, 당신이 이 책을 덮을 때쯤이면 깨달음을 얻고, 이 책에서 다룬 원칙들을 열정적으로 실행할 마음가짐을 갖게 될 것이다. 혁신을 주도하는 데 있어서 가장 중요한 요소들은 심오하지만 매우 단순하다. 하지만 깨어있지 않고 겸손한 마음가짐이 없다면 혁신을 성취하기는 매우 힘들 것이다.

우리의 의도는 당신이 늘 지력을 총동원하고 가능성에 깨어 있도록 하는 것이다. 우리는 이 책이 진정한 혁신의 환경에서 성취하고자 하는 것을 이루고, 앞장서서 다른 사람들을 이끌어 주며, 최고가 되고자 하는 모든 기업들에게 좋은 참고 자료가 될 수 있는 유익한 책이 되길 바란다. 우리는 이 책이 혁신과 리더십 및 회사의 성장을 위한 혁신의 역할에 대한 기존의 사고방식을 바꾸어 놓으리라 믿는다. 그리고 그 변화의 시작은 바로 지금부터다.

| 자문에 감사하며 |

여기에 나온 사람들은 우리에게 혁신과 리더십에 대해 논의하고, 자신들의 이야기를 우리와 공유하기 위해 기꺼이 시간을 내어 주신 분들이다. 이들에 대한 우리의 고마움은 말로 다 표현할 수 없을 정도다. 이 책에서 다룬 우리의 혁신 프레임과 컨셉트에 대해 이분들이 동의하고 확인해 준 것은, 값을 매길 수 없을 만큼 귀중한 도움이 되었다. 이들이 우리와 함께 공유한 모든 깨달음과 말과 경험들을 이 책에 모두 담을 수 있을 만큼 책의 분량이 많지 못했던 점이 아쉬울 뿐이다.

Angela Ahrendts: 버버리 그룹 최고 경영자

Prith Banerjee, Ph.D.: 휴렛패커드 HP연구소 수석 부사장

Ajay Banga: 마스터카드 회장, 최고경영자

Jese Berella: 메리알 최고경영자

Karen Basian: 맥케인 푸드 전략, 인수/합병, 혁신 부사장

Bruce Chizen: 어도비 전 최고경영자

Tim Clark: 에미레이트 항공 회장

Beth Comstock: 제너럴 일렉트릭 상무, 최고 마케팅 책임자

Jean-Michel Cossery: GE 헬스케어 최고 마케팅 책임자

Peter Darbee: 퍼시픽가스 앤 일렉트릭 의장, 최고 경영자, 회장

Ellen de Brabander: 메리알 글로벌 연구개발 상무

Mark Dudzinski: GE 에너지 최고 마케팅 책임자

Cammie Dunaway: 닌텐도 아메리카 마케팅 및 판매 부사장

Zhang Fang: 논스탑 회장

Adrienne Fontanella: 마텔 전 부사장

Bill Ford: 포드 자동차 회사 회장

Fabrizio Freda: 에스티로더 컴퍼니즈 회장, 최고경영자

Veronique Gabai-Pinsky: 에스티로더 컴퍼니즈 글로벌 브랜드 사장

Harvey Gedeon: 에스티로더 컴퍼니즈 연구개발, 제품 혁신 부사장

Martin Glenn: 버즈 아이 최고경영자

Christina Gold: 웨스턴 유니언 전 최고경영자

Brian Goldner: 해즈브로 회장, 최고경영자

Yang Jin Guo: ABC파이낸셜 리징 최고경영자, 회장

Betsy Holden: 맥킨지 수석고문, 크래프트 전 최고경영자

Eli Hurvitz: 테마 제약 이사회 의장

Mike idelchik: 제너럴 일렉트릭 첨단기술 부사장

Jeffrey Immelt: 제너럴 일렉트릭 회장, 최고경영자

Bruno Jactel: 메리알 최고 마케팅 책임자

Patrick jarvis: GE 글로벌 리서치 홍보 관리자

Marco Jesi: 리모니 프로퓨머리 이사회 의장

B. I. Jianjun: 차이나 후아디안 차장

Dean Kamen: 데카 창립자 및 최고경영자

Patrick Ko: 퍼스트러스트 상무이사

Mark Little: 제너럴 일렉트릭 부사장, 리서치 센터 소장

Sam Marks: 막스 월드와이드 최고경영자

Murray Martin: 피트니보우즈 최고경영자, 회장

Mike McCallister: 휴매나 의장, 최고경영자, 회장

Sheri McCoy: 존슨앤존슨 제약부문 글로벌 의장, 최고경영자

Dale Morrison: 맥캐인 푸드 최고경영자, 회장

Denise Morrison: 캠벨수프 최고 부사장, 최고 운영 책임자, 이사회 멤버

Daria Myers: 에스티로더 컴퍼니즈 글로벌 혁신/지속가능 성장 전무

Isabel Noboa Ponton: 콘소르시오 노비스 창립자, 회장

Dan Propper: 푸드 프로세싱/OSEM 인베스트먼트, 네슬레 OSEM 이사회 의장, 전 최고경영자

Baoyun Qiao: 중국 재정 및 정책 아카데미 학장

Raja Rajamannar: 휴매나 최고 마케팅 및 혁신 부사장

T.P. Rao Ph.D: 타이요 카가쿠 국제 그룹 영양부 관리자

Michael Sands: 밸런스 바 최고경영자

Brett Shevack: 브랜드 이니시에이티브 그룹 창업주, 최고경영자

Jeffrey Smith: 그린버그 앤 트라우리히 대주주, 상무이사

Murat Ulker: 이을디즈 홀딩스의장, 최고경영자

Liu Xinli: 국세청, 상하이 시의회 최고 국세 경제 전문가

Jim Zaza: 이을디즈 홀딩스 그룹 회장, 최고 마케팅 및 전략 책임자

제1부
혁신의 방정식

오늘날은 과거 그 어떤 시기보다 혁신이 최우선시 되는 시대이다. 과거의 소비자들은 프리지데어Frigidaire(생활가전 전문 업체 - 역자 주)의 제품이나 크래프츠맨Craftsman(공구 전문 업체 - 역자 주)의 공구들과 여러 대의 자동차로 집과 차고를 채웠지만 오늘날에는 더 이상 그렇지 않다. 21세기에 들어선 지금, 소비자들은 과거 역사상 그 어느 때보다도 넘쳐나는 상품과 서비스들에 둘러싸이게 되었으며, 선택의 폭과 상품의 구입 경로 역시 너무나도 다양해졌다. 물건과 서비스가 넘쳐나다 보니 대부분의 사람들은 더 이상 가재도구를 사 모으는 일에 급급하지 않게 되었다. 그 이유는 간단하다. 대부분의 선진국가 사람들은 자신들에게 **필요한** 것은 대부분 이미 가지고 있다. 하지만 이들이 **원하는** 것은 변했다. 이들은 더 이상 매슬로Maslow의 욕구 단계설의 가장 아래 단계, 즉 기본적인 생존과 관련되어 있는 단계에 머물러 있지 않다. 사람들은 진화했다. 오늘날 사람들은 자신들이 구매하는 상품이나 서비스와 감정적, 정신적으로 관련 맺기를 갈망한다.

하트먼 그룹이 발표한 2007년 소비자 기호분석 보고서는 상품이나 서비스가 아닌 삶의 질을 재정립하는 것이 향후 10년을 주도할 시장의 흐름이라고 전망했다. 그러나 다수의 기업들은 소비에 대한 이러한 새로운 관점을 제대로 이해하지 못했다. 우리는 목적이 있는 상품이나 서비스를 만들어 내는 일에는 익숙하지만, 그것이 누군가의 삶에 어떤 영향을 미칠 것인가에 대해 생각하는 데는 그리 익숙하지 않기 때문이다. 하지만 실제로 그것은 영향을 미치고 있으며, 사람들의 그러한 '욕구'를 충족시키는 것이 앞으로의 혁신의 원동력이 될 것이다.

산업계 역시 변했다. 오늘날 기업들은 매 분기별 실적으로 평가받고 있기 때문에 과거 어느 때보다도 혁신을 실현하는 일이 리더의 경력에 커다란 위협이 되고 있다. 또 언론과 이사회, 소셜 미디어 등의 잦은 노출로 사람들은 누구나 다른 사람에 대해 사후 비판을 할 수 있게 되었으며, 실수나 잘못된 조치들은 쉽게 묻히지 않고 순식간에 도마 위에 오르게 되었다. 더 어려운 점은 세계 금융의 분위기가 위험에 관대하지 않으며, 투기성 자금에 의존하는 것을 제한하고 있다는 점이다. 이러한 분위기는 앞으로도 쉽게 바뀌지 않을 것으로 보인다. 그렇기 때문에 우리는 딱히 정의내리기 어려운 무언가를 원하는 소비자를 가진 동시에, 혁신에 꼭 필요한 보장과 기회를 약화시키는 산업 환경에 직면해 있는 셈이다.

반면 세상을 깜짝 놀라게 할 만한 돌파구를 찾고, 지속가능한 성장을 이끌어 낼 수 있는 혁신적인 프로젝트에 대한 시장의 요구는 그 어느 때보다 크다. 사실 "혁신이 아니면 죽음"이라는 문구는 21세기 기업들에게는 일종의 경구로 자리잡았다. 한 경영 간부는 우리에게 "산업계는 죽음의 소용돌이로 가고 있는 건가요?"라고 물어오기도 했다. 사실 혁신을 적극적으로 받아들이지 않는다면 무수한 기업들은 암울한 미래를 맞게 될 것이다. 비록 혁신을 적극적으로 받아들이기 위한 장애물들이 결코 만만하지는 않지만 말이다.

그 이유는 세 가지이다. 첫째, 우리는 **혁신**innovation이라는 용어가 잘못 사용되거나 오남용되고, 심지어는 혁신이 위험 감수에 대항하는 방패처럼 사용되고 있는 시대에 살고 있다. 대부분의 문제는 혁신을 논의할 만한 공통적인 언어가 제대로 정립되지 않았다는 사실에 기인한다. 이러한 결함 때문에 사람마다 서로 다른 정의를 갖고 혁신에 대해 논의하게 되고, 그러다 보니 진정한 혁신은 혁신에 대한 논의 속에서 길을 잃고 만다. 두 번째로, 각각의 기업의 독자적인 문화와 사업방식을 존중하며 혁신을 이룰 수 있는 내적 프레임워크가 부족하다는 점이다. 셋째로, 위험의 문제이다. 비록 위험을 제대로 평가하는 방법을 찾는 것이 대부분의 CEO들에게 가장 중요한 일이긴 하지만, 그 방법을 찾는 일은 결코 그리 쉽지 않다.

이 책에서 우리는 이러한 문제들을 짚어보는 동시에, 실제 세상에서 쉽게 이해할 수 있는 유용한 방식으로 혁신을 정의할 것이다. 우리는 또한 수십 명의 세계 최고의 리더들과 헤아릴 수 없을 만큼 많은 시간 동안의 논의와 논쟁을 통해 우리가 얻은 값진 깨달음을 당신과 함께 공유하고자 한다. 이와 더불어 우리는 모든 회사가 혁신 연구에 활용할 수 있는 혁신의 네 가지 유형을 기초로 한 획기적인 모델을 소개할 것이다. 또한 우리는 당신 자신의 돌파구를 위한 영감을 어디서, 어떻게 찾을 수 있는지에 대해서도 알려 줄 것이다. 그리고 마지막으로 우리는 위험을 보는 새로운 방식을 알려주는 동시에, 이를 활용하여 단순한 영감을 상업적 실행으로 도약시킬 수 있는 방법들도 제시할 것이다.

혁신은 쉽게 정의하기 어려운 것일지도 모르지만, 우리는 혁신 없이는 살아남을 수 없다는 것만은 분명하다. 하지만 진짜 혁신에 대해 제대로 이해하지 못한다면 혁신을 성취할 수 없다. 자, 그렇다면 혁신이란 도대체 무엇일까?

01

혁신은 이런 것이다

혁신의 실체

> "역사상 그토록 짧은 시간동안
> 그토록 많은 가능성을 준 것은 혁신뿐이다."
>
> —빌 게이츠

그 해는 1752년이었다. 하늘이 먹구름으로 뒤덮인 어느 날, 한 부자父子가 허허벌판을 가로질러 작은 헛간을 향해 걸어가고 있었다. 그들이 그곳에서 무얼 하려고 하는지는 아무도 몰랐다. 만일 그들이 성공한다면 모든 사람들에게 성공이 알려질 테지만, 그들이 실패한다면 그 사실은 아무도 모를 것이다. 먹구름이 모여들었을 때, 아버지는 노끈에 금속 열쇠를 달고 거기에 부전도성不傳導性 비단 천을 묶어서 만든 연처럼 생긴 기묘한 장치를 하늘로 날려 보냈다. 그는 비단 천을 한 손에 감아쥔 채 연이 하늘로 날아올라가는 것을 바라보며 잠자코 기다렸다.

여러 차례 먹구름이 별다른 결과를 내지 못하고 지나가 버리고, 그들이 거의 포기하려 할 때쯤, 아버지는 문득 끈의 느슨하게 늘어진 실들이 마치 무슨 일이 생겼을 때 뒷목의 털들이 빳빳하게 일어서는 것처럼 똑바로 곧추선다는 것을 알아챘다. 호기심을 느낀 아버지가 끈에 달린 금속 열쇠에 손가락을 대자 파지직 하고 전기 불꽃이 일었다. 노끈이 비에 흠뻑 젖을수록 불꽃이 더 많이 일었고, 마침내 벤자민 프랭클린Benjamin Franklin은 자신이 후에 '전기 불꽃electric fire'이라 이름붙인 것을 처음으로 볼 수 있었다.

프랭클린과 연에 얽힌 이 유명한 일화는 다들 많이 들어 보았을 것이다. 하지만 대부분의 사람들이 깨닫지 못한 것이 있는데, 사실 프랭클린은 전기와 번개가 동일하다는 이론을 증명한 최초의 인물이 아니라는 점이다. 프랭클린은 알지 못했지만, 프랑스의 자연 연구가였던 토마스 프랑수아 달리바르Thomas-Francois Dalibard는 프랭클린의 편지에서 영감을 얻어 프랭클린이 실험을 하기 한 달 앞서 그 실험을 실행했다.[1] 그 소식이 전해지자 몇 주 내에 유럽 전역의 다른 사람들도 동일한 실험을 반복했다. 그런데 어째서 프랭클린만이 전기의 아버지로 기억되고 다른 사람들은 모두 부차적인 인물로 치부되는 것일까? 그 답은 간단하다. 만일 발견discovery이 발명invention과 혁신innovation으로 이어지지 않는다면 설사 전기처럼 엄청난 발견도 평범한 사람에게는 별 의미가 없을 것이다. 우리가 벤자민 프랭클린을 전기를 발명한 사람이자 전기의 아버지로 기억하는 이유는 프랭클린과 그의 추종자들이 전기와 관련된 일을 했으며, 이러한 발명들을 통해 혁신이 이루어졌고, 그러한 혁신이 세상을 송두리째 뒤바꾸어 놓았기 때문이다.

이 장에서 우리는 혁신의 보편적 맥락을 정의할 것이다. 즉 혁신이 발명 및 발견과 어떻게 다르며, 혁신의 정의와 핵심요소는 무엇인지 살펴볼 것이다. 우리는 또한 혁신을 위한 일련의 과정들—처음에는 프랭클린의 경우처럼 호기심으로 시작되었다가, 실험과 활용, 적용, 혹은 사회적 변화 등을 통해 진화하는—을 살펴볼 것이다. 마지막으로 우리는 값진 보물이라 할 수 있는 혁신을 위한 간단하고 우아한 모델을 보여줄 것이다. 이 모델은 혁신의 정의방식을 바꾸는 동시에, 위원회나 경영진들 사이에서 그리고 학교 수업에 이르기까지 혁신에 대해 말하는 방식 역시 송두리째 변화시킬 강력한 모델이다. 이 책을 통해 우리는 역사적으로 가장 위대한 혁신가들 및 독특한 방식으로 혁신을 통달한 리더들과 기업들로부터 혁신에 대해 많은 것을 배우게 될 것이다. 그들의 이야기를 통해 당신은 혁신의 작동방식을 이해하고, 어떻게 혁신을 활용하여 당신의 기업을 상상하지 못한 방식으로 변화시킬 수 있을 지에 대한 깨달음을 얻을 수 있을 것이다.

발견, 발명, 그리고 혁신

혁신에 대해 생각할 때, 많은 사람들이 빠지기 쉬운 함정 중 하나는 혁신의 사촌격이지만 좀 더 유명한 용어인 **발견**이나 **발명**이라는 말과 혁신을 제대로 구분하지 않고 사용하는 것이다. 발견과 발명, 혁신은 공통적으로 '새로움'이라는 요소를 갖고 있지만 이 용어들은 본질적으로 동일한 뿌리에서 갈라져 나온, 엄연히 다른 단어이다. 혁신을 쉽고 명확하게 알기 위해서는 우선 이 단어들 간의 차이를 이해할 필요가 있다.

뿌리가 되는 것은 바로 발견이다. 발견은 호기심과 인간의 필요성, 깨달음에 의해 이루어지는 것으로, 기존에 알려지지 않았거나 인지하지 못했던 뭔가를 밝혀내는 것을 뜻한다. 발견은 그저 '새로운 것'만을 의미하는 것은 아니다. 발견은 호기심 많은 극소수의 사람들을 제외한 대부분의 사람들은 미처 상상하지 못했던 것을 뜻한다. 프랭클린의 발견은 매우 흥미진진한 것이긴 했지만, 사실상 처음에는 일반적인 대중들에게 그다지 유용할 만한 것은 없었다. 프랭클린의 발견이 보다 유용해지기 위해서는 발명으로 한 발자국 더 나아갈 필요가 있었다.

발명은 전기에 관한 아이디어처럼 무언가가 알려졌을 때, 알려진 것이 실험을 통해 새로운 무언가로 바뀔 때 이루어진다. 프랭클린은 자신이 발견한 사실을 바탕으로 최초의 상업적 전기 기구와 피뢰침을 발명했다. 이를 필두로, 사람들은 자신들만의 깨달음을 보태어 전기를 발전시켰으며, 그로부터 약 100여년 후 말 그대로 온 세상을 밝힌 젊은 토마스 에디슨에게 영감을 불러 일으켰다.

에디슨은 일반적으로 전구를 '발명'한 사람으로 알려져 있지만 사실은 전구를 만든 공로를 당당히 주장할 수 있을 만한 사람은 아무도 없다. 에디슨이 한 일은 새로운 소재와 시스템을 결합시켜 50년 된 원시적인 조명기구의 성능을 개선하여 최초로 실용적인 백열전구를 만들어낸 것이었다. 이러한 업적은 하루아침에 이루어진 것은 아니다. 사실이는 과학자들이 팀을 이뤄 단 하나가 성공할 때까지 무수한 실패를 거치며 수년 동안 900회 이상의 실험을 한 끝에 이루어진 결과였다.

1879년 12월, 에디슨은 뉴저지의 멘로 파크Menlo Park에서 오랫동안 꺼지지 않는 전구를 최초로 시민들에게 선보였다. 사실 멘로 파크는 에디슨의 가장 중요하지만 가장 알려지지 않은 업적이 탄생한 곳이기도 한데, 그것은 바로 세계 최초의 산업 연구실이다. 끊임없는 기술적 혁신과 개선을 위해 특별히 설립된 이 연구소는 에디슨의 지휘 아래 고급 기술자들과 연구자들이 상주하는 곳이었다. 그들은 이곳에서 전기를 이용한 전구뿐만 아니라 전화, 축음기, 전기 철도 등을 작업했다. 1880

년에 이르기까지 이 연구소는 전기를 활용한 부품들을 계속 개발했다. 얼마 지나지 않아 에디슨은 멘로 파크 연구소에서 구상한 제품들을 제조하기 위해 최초의 공장을 설립했다. 이는 전기 산업을 최초로 상업화한 것이었는데, 에디슨이 설립한 이 회사가 바로 오늘날 우리가 알고 있는 제너럴 일렉트릭General Electric이다.

발견을 통해 뭔가를 밝혀내면, 발명은 창조하고, 혁신은 그 생각을 소비자들의 구매를 자극하는 무언가로 확장시킨다. 이러한 일련의 과정들은 역사에서 끊임없이 되풀이되었다. 에디슨은 이러한 과정을 이해하고, 이를 거대한 규모로 가동시켰다는 점에서 가히 천재적이었다. 에디슨은 일생동안 엄청난 방식으로 "우리 삶에 좋은 것을 가져다주는" 일에 매진했다. 그러한 그의 행동 덕분에 사회는 변했고 세상은 완전히 새로운 모습으로 탈바꿈했다.

전등, 자동차, 전화기 그리고 인터넷은 모두 발명 덕분에 **가능**possible 해졌지만 이들을 언제든지 **쉽게 쓸 수 있게**available 만들어 준 것은 혁신이었다. 그리고 전등과 자동차, 전화기, 인터넷은 전기가 없었다면 결코 존재하지 못했을 것이다. 당신 회사의 제품과 서비스를 거슬러 올라가다 보면 결국 에디슨과 만나게 되지 않는가? 또한 당신 회사의 제품 속에는 바퀴나 석기, 심지어는 고대의 동굴 벽화의 흔적들이 남아 있지는 않는가? 당신이 존디어John Deere(미국의 농기구 회사 - 역자 주)나 홈디포Home Depot(미국의 건축자재 회사 - 역자 주), 혹은 페이스북Facebook의 경영진이라면, 아마 아주 오래 전의 인류가 이룬 발견들 속에서 당신 기업의 역사를 찾을 수 있을 것이다. 이처럼 뭔가의 기원을 거슬러 올라간다면, 이전에는 갖지 못했던 새로운 시각을 가질 수 있다. 혁신의 근원을 깨닫는 일은 당신을 둘러싼 모든 것을 이해하는 첫걸음이 될 것이다.

혁신의 본질

사실상 오늘날 모든 기업의 리더들은 혁신을 제대로 이해하고 통달하는 일은 기업이 직면한 가장 중요한 도전과제라는 사실에 동의할 것이다. 혁신은 과거 몇 백 년 동안 논쟁과 논의, 연구 및 적지 않은 언쟁을 불러일으키는 주제였다. 덕분에 우리가 기업의 리더들과 혁신에 대해 논할 때, 혁신에 대해 저마다 각기 다른 생각을 갖고 있었다는 사실은 그다지 놀랄 일도 아니다.

미국 닌텐도 영업 및 마케팅 부사장인 캐미 던어웨이Cammie Dunaway는 혁신에 대해 정의하길 '소비자의 통찰력과 시장의 기회가 상품 및 서비스와 만나는 지점'이라고 정의했고, 마스터카드의 총재 아제이 반가Ajay Banga는 혁신을 "본질적으로 달성할 수 있는 생각이며, 달성하지 못하는 것은 혁신이 아니다"라고 정의했다. 또 포드 자동차 회사의 회장인 빌 포드Bill Ford는 혁신은 간단히 "사람들의 삶을 더 낫게 해 주는 상품 및 과정"이라고 말했다.

이러한 대답들은 옳다고도 틀렸다고도 잘라 말할 수 없다. 이들은 그저 혁신에 대한 서로 다른 정의를 갖고 있을 뿐이다. 혁신에 대한 이러한 생각의 차이들은 혁신에 대해 좀 더 숙고하게 만들고, 혁신의 의미를 극대화시키기도 하지만 한편으로는 사실상 혁신의 의미를 혼동시킨다.

이러한 혼동의 원인은 비극적일 만큼 간단하다. 시간이 지나면서 혁신이라는 단어는 하이브리드 자동차처럼 진정한 돌파구라 할 수 있는 것에서부터, 그저 '새롭다'라고 이름 붙일 수 있는 정도밖에 안 되는 수준으로 제품의 특징이나 과정을 수정하는 것을 포함한 모든 것들을 뭉뚱그려 통칭하는 용어로 쓰이게 되었기 때문이다. 하지만 개선 renovation과 혁신은 결코 같지 않다. 제품을 인기 있게 만들거나 경쟁사의 제품을 따라잡기 위해 몇 가지 특징을 덧붙임으로써 기술을 조금 수정하고 개선한다고 해서 혁신이 되는 것은 아니다. 진정한 혁신이 되기 위해서는 어떤 제품이나 서비스, 기업이 다음과 같은 세 가지 필수 요소를 모두 갖추어야 하는데, **고유성unique**, **가치valuable**, 그리고 **교환 가치worthy of exchange**가 그것이다.

고유성

혁신에 대해 생각할 때 우리는 흔히 '고유함'보다는 '새로움'이라는 용어를 떠올리기 쉽다. 둘의 차이는 언뜻 미미해 보이지만 혁신의 세계에서 그 차이는 어마어마하다. 혁신의 시대에서 **고유함unique**은 독특하고 하나밖에 없는 것을 의미한다. 즉 과거에 누구도 해 내지 못한 것이어야 한다. 반면 **새로움new**은 새롭거나 활기차게 새로 시작하는 것을 의미한다. 혁신이 되기 위해서는 반드시 고유해야 한다.

동물 보건 분야에서 고유하고 독특한 뭔가를 찾아내는 일은 결코 쉬운 일이 아니다. 과학이 새로운 기술을 진보시키고 이를 거대한 규모에서 유용하게 만들기 위해서는 수년 혹은 수십 년이 걸리기도 한다. 하지만 세계적인 동물약품 회사인 메리알Merial은 하나의 분자를 제품으로 바꾸어 애완동물 산업에 혁명을 일으킴으로써 일을 쉽게 풀어낸 듯했다. 고양이나 개를 기르고 있는 사람들은 아마 들어보았음직한 그 제품은 바로 프론트라인Frontline이다.

상당히 오랜 기간 동안 벼룩을 퇴치하는 일은 지저분하고 결코 효율적이지도 못했다. 처방의 효과가 며칠도 채 가지 못했음에도 불구하고 벼룩을 퇴치하기 위해 샴푸와 파우더, 그리고 벼룩을 없애는 목걸이가 시장을 점령하고 있었는데, 그 이유는 다른 선택의 여지가 없었기 때문이다. 하지만 새로운 프론트라인의 과학으로 메리알은 벼룩 문제를 매우 다른 방식으로 해결했다. 애완동물 주인들이 애완동물의 목 뒤쪽에 약 한 방울을 떨어뜨려 발라주기만 하면 간단히 벼룩으로부터 동물들을 지킬 수 있었다. 벼룩들은 약을 바른 지 12시간 내에 죽었고, 그렇게 함으로써 벼룩의 번식 주기가 멈추었기 때문이다. 게다가 그 효과는 한 달이나 지속되었다. 모든 것이 제대로 되기만 했다면, 메리알은 업계 평정을 넘보았을 테지만 문제가 한 가지 있었다.

프론트라인이 출시됨과 동시에 또 다른 한 회사가 다른 분자를 기반으로 한 독자적인 상품을 선보였기 때문이다. 각각의 제품은 고유한 이점이 있었지만 둘 중 한 제품만이 살아남을 수 있을 것 같았다. 그래서 다시 한 번, 메리알은 독특하고 유일한 뭔가를 제시했는데 이번에는 마케팅으로 접근한 것이다. "그 제품은 벼룩을 퇴치하는 새로운 방식의 제품이었기 때문에 높은 가격에 팔릴 필요가 있었죠. 그래서 우리는 애완동물을 기르는 주인들을 교육시키는 일이 시급하다는 사실을 깨달았습니다. 또 우리는 사람들이 애완동물과 강한 감정적 유대감을 갖고 있다는 사실을 잘 알고 있었기에 그들에게 신뢰감을 주어야 했습니다. 우리는 양동 작전을 써서 수의사 등의 전문적인 약물 배급 통로에 적극적으로 제품을 제공하는 동시에, 다른 한편으로는 소비자들에게 직접적인 마케팅을 벌였습니다." 메리알의 최고 마케팅 경영자인 브루노 잭텔Bruno Jacktel은 이렇게 말했다. 그 결과는 메리알뿐만 아니라, 수의사들과 애완동물 병원, 애완동물 상점 및 약국 모두에게 엄청난 성공을 가져다주었다.

프론트라인은 원래 2억 달러를 목표로 했지만 2000년까지 매년 15~20퍼센트씩 성장을 이루었고, 2007년에는 동종 분야에서는 누구도 도달하지 못했던 10억 달러 매출을 달성했다.[2] 반면 경쟁사는 그런 어마어마한 성공에 도달할 수 없었다.

가치 있을 것

프론트라인은 애완동물을 기를 때 나타나는 벼룩 문제를 해결하는 것 이외에도 몇 가지 해결 과제들을 안고 있었다. 프론트라인이 성공을 거둘 수 있었던 것은 그저 약의 효력 때문만은 아니었다. 잭텔은 이렇게 말했다. "사람들은 자신이 기르는 애완동물을 진심으로 염려합니다. 그렇기 때문에 프론트라인이 단지 해충을 관리해 줄 수 있다는 것만이 전부가 아닙니다. 사랑과 책임감 역시 중요한 요소라 할 수 있지요. 사람들은 애완동물에 대해 긍정적인 느낌을 가질 때 자기 자신에 대해서도 긍정적으로 느끼게 됩니다." 다시 말해, 프론트라인에는 돈 이상의 가치가 있다는 말이다. 그리고 이러한 가치야말로 혁신의 두 번째 요소라 할 수 있다. 가치value는 "제품이나 서비스 혹은 기업이 개인의 삶에 끼치는 긍정적인 영향"으로 정의될 수 있으며, 이는 혁신의 핵심요소이다. 사실 바로 그러한 본성상, 혁신은 현재 가능한 것을 개선하거나 향상시킬 수 있게 된다.

화장품 회사인 에스티 로더 컴퍼니즈는Estee Lauder Companies는 여성들이 스스로 아름다움을 느낄 수 있도록 돕는 것을 기본바탕으로 한다. 이들의 사업은 기본적으로 메이크업과 피부 관리의 예술적, 과학적 측

면에 동시에 초점을 맞춘다. 에스티 로더의 연구실에서는 여성의 생각과 감정, 그리고 기대에 부응하는 제품을 개발하고 있다. 이러한 과정에는 패션 및 노화에 대한 신체적·정신적 문제, 사회적 분위기 등을 연구하는 것도 포함되어 있다. 제품 혁신가로서 에스티 로더 컴퍼니즈는 최고 기업들 중 하나이지만 이 기업이 다른 기업과 달리 정말로 특별한 점은 소비자들에게 자사 제품을 경험해 볼 수 있게 해 준다는 점이다.

에스티 로더의 회장이자 CEO인 파브리지오 프레다Fabrizio Freda는 이렇게 말했다. "우리는 여성들이 우리 제품을 제대로 경험해 보았으면 합니다. 우리는 고객들이 자신의 아름다움을 찾기를 원합니다. 그렇기 때문에 우리 제품의 판매직원들은 고객들이 가장 나은 모습을 찾을 수 있게 도와주고, 이후에도 고객들의 사적인 컨설턴트가 되어 고객들과 꾸준히 연락을 유지함으로써 고객에게 많은 시간을 할애합니다. 그리고 이것들은 우리의 시장조사 자료가 됩니다. 고객들은 우리의 가장 직접적인 연결고리이며, 우리의 눈과 귀가 되어 줌으로써 우리가 소비자에 대해 깊이 이해할 수 있도록 도와줍니다."

소비자를 깊이 이해하기 위해 고객들과의 직접적인 접촉을 강조하는 이러한 철학은 '맞춤화된 쇼핑 전략'이라는 에스티 로더만의 혁신이 어떻게 탄생했는지 설명해 준다. 화장품 판매직원들은 매장을 찾은 손님이 재빨리 제품만 몇 개 골라 사 가려는 사람인지, 아니면 30분 정도 제대로 된 메이크업 상담을 받고 싶어 하는 사람인지 가늠할 수 있도록 훈련을 받는다. 지레짐작으로 대충 하는 일은 없다. 그리고 더 이상 모든 사람들이 직접 상점에서 쇼핑하지 않는다는 사실을 깨달은 에스티 로더는 실제 면대면 상담에서 얻을 수 있는 것만큼이나 상세한 자료가 담긴 양방향 웹사이트를 개발했다. 이를 통해 에스티 로더는 소비자들과 항상 긴밀히 접촉함으로써 개개의 여성 고객들이 필요로 하는 올바른 해결책을 제시해 줄 수 있었다.

예컨대 2010년 에스티 로더의 브랜드 마케팅 부서는 많은 여성들이 소셜 네트워킹 사이트에 사진을 올리는 일에 매우 큰 부담을 느끼고 있다는 사실을 알게 되었다. 그래서 회사에서는 "당신의 아름다움, 당신의 스타일, 당신의 프로필"이라는 이벤트를 시행하여 회사의 유명 메이크업 아티스트 중 한 명이 이벤트에 참여한 여성들에게 완벽한 모습의 메이크업을 해 주었다. 그리고 전문 사진작가가 이들의 사진을 찍은 후에 이를 해당 고객에게 이메일로 보내주었고, 사진을 받은 여성들은 그 사진을 자신이 원하는 사이트에 즉시 업로드 할 수 있었다.

이러한 이벤트 자체는 무료였지만 특별한 모습을 가꾸는 데 사용된 메이크업 제품 및 피부 관리 제품의 구매를 통해 얻어진 수익은 상당했다. 하지만 수익을 떠나서 그러한 이벤트들이 만들어 낸 진정한 가치는 바로 고객과 기업 모두에게 이익이 되었다는 점이다. 이벤트에 참여한 여성들은 자신감과 아름다움을 느끼고 존중받는 느낌을 받았으며, 회사는 시장 점유율을 얻고 제품에 대한 고객들의 열정적인 분위기를 조성할 수 있었다. 프레다는 이렇게 말했다. "맞춤화된 쇼핑 프로그램은 우리 사업방식에 엄청난 변혁을 일으켜 왔습니다. 이러한 혁신은 마침내 우리의 사업 모델을 송두리째 바꾸었고, 고객 만족과 고객당 판매율을 극적으로 개선할 수 있었습니다. 또 우리 경쟁사들의 사업 방식 역시도 바꾸어 놓았지요."

교환 가치를 가질 것

혁신의 세 번째 요소인 동시에 가장 간과되기 쉬운 요소는 바로 '교환 가치worthy of exchange'이다. 설사 혁신의 처음 두 요소가 만족될 때(진정한 가치를 전달하는 고유한 무언가를 당신이 갖고 있을 때), 사람들은 당신이 갖고 있는 것을 얻기 위해 기꺼이 뭔가를 주거나 맞바꾸려고 하게 될 것이다. 이러한 교환은 대체로 금전적인 것이겠지만 대학이나 연구자들이 발견을 공유하는 식의 지적知的인 것이 될 수도 있다. 혹은 혁신적인 해비테트Habitat for Humanity(열악한 주거환경과 막대한 주거비용으로 어려움을 겪는 무주택 가정의 서민들에게 자원봉사자들이 무보수로 설계와 노동을 제공하여 집을 지어주는 전 세계적인 공동체 운동 – 역자 주)같은 자선활동과 관련해서 이루어지는 시간, 충성심, 지지 등과 같은 감정적인 것이 될 수도 있다.

그러나 비즈니스 문화에서는 상업적인 성공, 혹은 적어도 돈을 벌 수 있는 기회를 갖거나, 투자를 통해 상당한 보수를 받을 수 있는 가능성이 혁신 여부를 판단하는 일반적인 기준이 된다. 만일 그것이 상업적으로 성공적이지 않거나 교환 가치가 없다면 이는 혁신이라 할 수 없다. 이 원칙을 보여 주는 최고의, 그리고 오랫동안 회자되는 예시는 20세기 초로 거슬러 올라가서 찾을 수 있다.

개인이 원하는 대로 어디든지 자동차로 여행한다는 아이디어는 20세기 초에 실제로 이를 실현시킬 제품이 개발되기 전까지 1300년대 이래로 발명가들이 꿈꿔오던 일이었다. 머릿속으로 꿈꾸던 아이디어를 발명을 넘어서 혁신으로 이루어 낸 인물은 바로 헨리 포드Henry Ford였다. 그가 금전적으로 성공할 수 있었던 것은 그의 차가 가장 혁신적이기 때문만은 아니었다. 혁신은 그가 자동차를 생산해 낸 방식에 있었다.

최초에 포드는 대중들이 원하는 곳은 언제나, 어디든지 자유롭게 여행할 수 있도록 해 주는 자동차를 만들어 내는 것을 꿈꿨다. 그것은 다른 사람들도 함께 공유한 훌륭한 비전이었지만 한 가지 심각한 문제가 있었는데 일반 대중들은 혼자 힘으로 차를 살 만한 여유가 없다는 점이었다. 다른 사람들의 말을 빌자면, 자동차는 부자들을 위한 장난감일 뿐이었고 앞으로도 오랫동안 그럴 것일 터였다. 하지만 상류 계층만이 자동차를 점유할 것이라는 예측에도 불구하고 포드는 포기하지 않았다. 진정한 혁신가였던 포드는 만일 일반 대중들이 자동차를 살 여유가 없다면, 더 싼 차를 만들기만 하면 된다고 생각했다.

조립 라인assembly line을 개발하고, 노동자들을 만족시키고, 이들의 높은 생산성을 최대로 이끌어 낼 정도의 높은 급여를 지불함으로써 포드는 모델 T의 가격을 1,000달러에서 400달러까지 낮출 수 있었다. 포드는 자신의 꿈을 실현했으며, 미국의 자동차 보급률은 그의 상상보다 훨씬 빠른 속도로 증가했다.

1920년 한 해에만, 포드 자동차 회사는 모델 T 자동차를 100만 대 생산했다. 각각의 자동차들은 모두 합리적인 가격대인 동시에 실용적이고 내구성도 뛰어났다. 이는 포드가 꿈꾸었던바 그대로였다. 다음 몇 해 동안 노동자들은 모델 T를 수백만 대 이상 대량 생산해 냈고, 소비자들은 앞다투어 이 자동차들을 구매했다.

포드는 **고유한** 제조과정과 조직구조를 창조하고, 소비자들에게 기존에 상상할 수 없었던 **가치**value를 안겨 주었으며, 이 두 가지 요소를 상업적 성공으로 이끌었으며(즉, 제품에 **교환 가치**를 불어넣어 주었으며), 그 과정에서 수백만 달러를 벌어들임으로써 자신의 목표를 실현했다. 현재 포드는 최악의 재정난이라고 일컬어지는 기간 동안에도 미국의 자동차 회사 중에서 유일하게 긴급구제자금을 거부했으며, 2010년 상반기에만 47억 달러의 수익을 냈다.[3] 포드는 다른 모든 사람들이 허

둥지둥 갈피를 잡지 못할 때, 포드 초창기의 혁신에서 실마리를 찾음으로써 그러한 성과를 낼 수 있었던 것이다.

"지난 몇 년간 칠흑 같은 암흑의 나날 동안, 우리는 연구 개발을 위한 자금을 늘렸습니다. 우리는 혁신을 최우선 순위에 두고 혁신이 살아남아 활개칠 수 있도록 보호하고, 산업을 선도하기 위해 제품 개발에 매진했습니다." 빌 포드는 이렇게 말했다. 그 결과 포드는 새로운 디자인을 소개하고 하이브리드 자동차 개발에도 진전을 보일 수 있었다. 사람들이 구매할 수 있을 만한 적정한 가격의 제품을 만들어 대중들이 가고 싶은 곳에 쉽고 자유롭게 갈 수 있도록 해 준 것은 포드의 '교환 가치' 공식의 핵심이다. 고객들이 혁신적인 제품을 얻기 위해서는 힘들게 번 돈을 기꺼이 지불한다는 사실을 아는 것은 마케팅과 판매에 큰 도움이 될 뿐만 아니라, 때로는 이전에는 존재하는지도 몰랐던 새로운 문을 활짝 열어 줄 수도 있다.

혁신의 4단계

포드가 약 100년 전에 했던 일의 중요성은 그저 자동차를 대량 생산했던 일에 국한되는 것만은 아니다. 헨리 포드가 도입했던 거대한 규모의 제조분야에서의 혁신은 문자 그대로 세상을 송두리째 바꾸는 동시에 엄청난 기회를 탄생시켰다. 일단 사회의 패러다임이 변하거나 혹은 합리적인 가격의 자동차가 대량 생산된 것처럼, **변혁적 혁신** Transformational Innovation이 일어나면 혁신은 더욱 발전하고 확장되어 완전히 새로운 산업과 시장, 그리고 사업 방식을 창조하게 된다.

예컨대 일단 사람들이 가까운 거리를 여행하는 데에 대한 제약이 사라지자, 사람들이 세상을 보는 방식도 완전히 달라졌다. 이들은 과거와는 전혀 다른 방식으로 업무, 여가, 상업, 단합 등을 위해 여행하게 되었다. 그 결과 도로와 주유소, 자동차 정비소, 자동차 보험, 도로 주변의 숙소 등의 수요가 생겨났고, 이러한 것들은 각각 온전한 산업들을 낳았다. 그리고 이들 각각의 산업들에서는 대형 광고판 같은 시장적 기회나 자동차 대리점 및 공급망 같은 운영적 기회들이 열리게 되면서 자체적인 후속적 혁신들이 생겨났다. 이 모든 성장은 일반인들이 쉽게 탈 수 있는 자동차의 보급이라는 변혁적인 혁신이 이루어졌기 때문에 가능한 것이었다.

이러한 관점에서 본다면, 혁신은 매우 이질적인 동물이라 할 수 있다. 혁신은 그저 큰 사냥감 한 마리를 잡고 끝나는 것이 아니다. 혁신은 세상을 변화시키는 돌파구를 얻는 것만으로 끝이 아니라, 제대로만 찾는다면 혁신으로부터 얻을 수 있는 보물들은 어디서든, 끝없이 찾을 수 있다. 혁신이라는 광활한 기회의 땅을 인식하고 탐험하기 위해서 우리는 혁신의 네 가지 형태, 즉 변혁적Transformational 혁신, 범주적Category 혁신, 시장적Marketplace 혁신, 그리고 운영적Operational 혁신의 특징과 사업적 속성을 정의한 모델을 만들었다. 각각의 단계는 모두 독자적이며 가치가 있다. 하지만 이 네 가지 단계들은 각각 서로 뚜렷이 다르며 서로 다른 시간 범위와 다른 시장 환경에서 적용된다. 당신의 기업이 어떤 라이프사이클에 있건 간에, 당신의 기업이 최고의 가치를 창출할 수 있게 해 주는 혁신의 유형을 결정하는 것은 매우 중요하다.

변혁적 혁신

변혁적 혁신은 혁신의 할아버지라 할 수 있다. 이러한 혁신은 너무나

표 1.1   혁신 모델

변혁적 혁신

특징의 정의	사업적 속성
호기심과 발견을 통해 추진된다	전체적인 시장 가능성을 정의하기 어렵다
기존의 사회와 삶을 변화시킨다	손익계산이나 일정을 정할 수 없다
우리 문화와 지역사회에 혜택을 준다	다른 형태의 혁신보다 위험 보상 비율이 기하급수적으로 높다
한편으로는 파괴적, 혁명적이고, 한편으로는 지속가능하다	얼마나 많이 적용될지 명확하지 않다
범주적, 시장적, 운영적 단계에서 후속적 혁신을 파생시킨다	성공을 측정하는 각종 지표들의 잣대로부터 보호받지 못한다면, 거대 기업 환경에서 살아남을 수 없다
우리가 의존하는 것이 된다	현재 상황을 유지하는 대신, 유산을 제공한다
우뇌적 사고와 창의성에 주력한다	

시장적 혁신

특징의 정의	사업적 속성
경쟁적 시장의 요구에 의해 추진된다	주로 수익 증대를 가져온다
일반적으로 새로운 특징이나 혜택이라고 정의된다	가장 높은 수익성을 얻는 경향이 있다
소비자나 고객에게 즐거움을 주는 새로운 방식을 만들어 낸다	시장에서 빠른 효과를 낸다
많은 범주categories에 영향을 준다	반드시 핵심 제품이나 서비스일 필요는 없다. 부정기적인 일일 수도 있다
범주적 혁신을 새롭고 인기 있게 유지하도록 해 준다	회사와 소비자 모두에게 흥미롭다
기회주의적이며 시장의 변화를 예측하거나 시장의 변화를 만들어낸다	다기능 참여를 최대한 활용한다
좌뇌적 창의성에 주력한다	주로 사업에 단기적으로 영향을 미치지만 장기적 영향을 미칠 수도 있다

범주적 혁신	
특징의 정의	사업적 속성
소비자나 고객의 욕구를 이해하고 꿰뚫어 봄으로써 추진된다	수익 가능성이 있다
변혁적 혁신으로부터 만들어진다	수익과 일정이 예측가능하다
발명보다는 혁신적인 적용과 관계가 있다	월가의 기대와 잘 일치한다
탄탄한 사업이유에 의해 이끌어진다	주로 기술보다는 마케팅에 의해 촉발된다
시장적, 운영적 단계에서 후속적 혁신을 파생시킨다	마케팅과 연구 개발이 서로 관련이 잘 될 때 가장 성공적이다
좌뇌와 우뇌를 모두 활용한 창의성에 주력한다	변혁적 혁신에 비해서는 위험 관리가 더 용이하다

운영적 혁신	
특징의 정의	사업적 속성
사업을 위한 효율성, 효과성, 수익성을 위한 내적 통찰로부터 추진된다	회사의 운영을 개선하는 데 초점을 맞춘다
조직 구조나 절차를 새롭게 만들거나 변화시킨다	세부적인 것을 지향하고 지표에 초점을 맞춘다
모든 사람을 이롭게 하는 효율성을 불러온다	생산성에 의해 추진된다
직장 생활을 개선시킨다	회사와 고객들에게 이득을 주는 비용 절감을 할 수 있게 한다
생산성을 향상시킨다	기업의 사업이유를 개선한다
재무적 수행을 개선시킨다	지속가능성을 지향한다
더 나은 절차를 통해 고객의 경험을 개선시킨다	재무적 회수금액을 상당부분 예측할 수 있다
좌뇌적 사고에 주력한다	혁신에서 위험도가 가장 낮으며, 모든 사업에서 항상 활용할 수 있다

거대하고 강력해서, 변혁적 혁신이 끊임없이 확장되기 위해서는 몇 세대가 걸리기도 한다. 사실상 이는 변혁적 혁신의 전형적인 특징 중 하나이기도 한데, 변혁적 혁신은 사회를 변화시키는 파괴적 돌파구 disruptive breakthrough 역할을 한다. 변혁적 혁신은 우리의 생활 방식에 막강한 영향을 미치고, 점차 우리는 그것 없이는 도저히 살아갈 수 없다는 사실을 깨닫게 된다.

우리는 앞에서 이미 전구나 대량생산된 자동차를 통해 변혁적 혁신의 자격에 대해 일부 언급한 바 있다. 우리는 역사적으로 전구나 자동차가 어떻게 사회를 송두리째 바꿔 놓았는지 알고 있기에, 아마도 변혁적 돌파구를 장악했을 때 실권을 잡고 싶지 않는 CEO는 아마 단 한 명도 없을 것이다. 하지만 사실 이를 이루기 위해서는 오랜 시간이 걸리고, 거기에 도달하기 위해서는 CEO들을 연속적으로 잘 양성해야만 한다. 비록 우리 대부분은 결코 변혁적 혁신의 근처에도 갈 수 없겠지만, 그럼에도 불구하고 이미 존재하는 가능성들을 활용하기 위해서는 변혁적 혁신에 대해 제대로 알 필요가 있다.

인터넷이 세상의 기능을 얼마나 바꾸어 놓았는지에 대해서는 의심의 여지가 없다. 인터넷은 변혁적 혁신의 결정적인 예다. 인터넷 발달 초창기에 우리가 삶에 대해 갖고 있던 사고방식과 오늘날 현재 우리가 삶에 대해 갖고 있는 사고방식은 완전히 다르다. 인터넷은 우리가 쇼핑하는 방식, 음악을 듣는 방식, 뉴스를 접하는 방식, 돈을 지불하는 방식, 새 친구를 사귀는 방식, 소통 방식, 여행 방식, 길을 찾는 방식, 투자 관리 방식, 게임 방식, 심지어는 책을 읽는 방식까지 바꾸어 놓았다. 인터넷은 사실상 엄청나게 많은 후속적 혁신을 낳았는데, 이는 최초로 인터넷이 구상되었던 50년 전에는 누구도 상상하지 못했던 것이었다.

인터넷의 기원은 1950년대 후반 미국 국방부의 고등연구계획국ARPA: Advanced Research Projects Agency이라는 프로그램에서 찾을 수 있는데, 이곳에서 최초로 인터넷에 대한 아이디어가 탄생되었다. '고위험 고수익 미래 지향형 투자'로 정의되는 이 프로젝트는 아르파넷ARPANET(미국 국방부에서 연구 기관과 국방 관련 사업체 등 관련 기관 간의 정보 공유를 지원하기 위해 추진한 ARPA 프로젝트에 의해 개발된 컴퓨터망 연동망 – 역자 주)의 근간이 되었다. 아르파넷이 설립되던 시기에 전 세계의 컴퓨터는 모두 합쳐 고작 만 개도 채 되지 않았고 가격도 엄청나게 비쌌다. 하지만 정부는 공통의 언어와 공통의 규약을 통해 컴퓨터들 간에 서로 소통이 가능한지에 대해 관심을 가졌다. 이들은 대학들 사이의 컴퓨터로 실험을 했고 마침내 성공을 거두었다. 이는 캘리포니아대학과 로스앤젤레스대학 간의 최초의 연결망이 설치된 지 11년 만이었고, 그로부터 8년 후에는 오늘날 인터넷이라고 부르는 것으로 진화되었으며 현재까지도 진화는 계속되고 있다. 보고된 바에 따르면 21세기에 들어선 지 10여 년 즈음 지난 오늘날에는 12억 명 이상이 사이버스페이스에 접속한다고 한다.

엄청난 파도가 다가오고 있다는 것을 깨달은 사람들은 이베이eBay, 아마존Amazon, 구글Google, 야후Yahoo 등과 같은 환상적인 이름만큼이나 환상적인 수익을 낳아 줄 새로운 제국을 형성할 수 있는 거대한 기회를 얻을 수 있었다. 이러한 발 빠른 적응자들은 인터넷이 세상을 지배하리라는 데 내기를 걸었고, 결국 그들은 보답을 받았다. 반면 인터넷의 가능성을 깨닫지 못한 사람들은 점점 사이버 세상으로 변해가는 지구 위에서 발붙일 곳을 찾느라 고군분투하며 상당한 어려움을 겪어야 했다. 오늘날에는 인터넷으로 할 수 있는 일이 무엇이냐는 더 이상 문제가 되지 않는다. 중요한 것은 인터넷이 제공하는 기회와 인터넷이 만들어 낸 도전과제들을 어떻게 이용할 것인가 하는 것이다.

범주적 혁신

변혁적 혁신이 혁명적revolutionary인 반면, 범주적 혁신은 점진적, 진화적이다. 혹은 리모니 프로퓨머리Limoni Profumerie(이탈리아의 화장품 회사 - 역자 주)의 이사회 회장인 마르코 제시Marco Jesi의 말을 빌자면 "과거와는 다른 새로운 무엇"이라고도 할 수 있다. 산업적 수준에서 발생하며, 이미 입증된 변혁적 혁신에서 떨어져 나온 범주적 혁신은 일반적으로 발명을 통한 창조라기보다는 아이디어나 제품, 서비스를 새롭게 적용하는 방식에 의해 이루어진다. 이러한 단계의 혁신은 기본적으로 시장 주도적이며, 때로는 소비자들이 자신들의 요구를 깨닫기도 전에 소비자의 욕구 충족을 위해 이루어진다.

소비자들이 느끼거나 감지하거나, 혹은 미처 상상하지도 못한 요구들을 가장 잘 깨달은 기업은 아마 애플Apple일 것이다. 우리 시대의 가장 혁신적인 기업 중 하나로 평가받는 애플에 대해서는 이 책 전반에서 상당 부분 다룰 것이다. 하지만 우리는 그저 애플이 이뤄낸 것에 많은 페이지를 할애하기보다는 왜, 그리고 어떻게 그것을 이루었는지에 대해 더 많이 다룰 것이다. 역사상 다른 대부분의 혁신적인 기업들과 마찬가지로 애플은 열정— 특히 애플의 경우에는 기술에 대한 열정— 을 갖고 시작했다.

애플의 창업주 중 한 명인 스티브 잡스Steve Jobs는 스탠포드대학의 졸업식 연설에서 자신은 단지 부모를 기쁘게 하기 위해 대학에 들어갔다고 이야기하며 다음과 같이 말을 이었다.[4] "대학에 간 지 6개월 후에 나는 그곳에서 전혀 가치를 찾을 수 없었습니다. … 나는 인생에서 무얼 하고 싶은지 알 수 없었고, 대학이 어떻게 내게 그 답을 줄 수 있을지도 몰랐습니다. … 그래서 나는 대학을 포기하기로 결심했고, 그저 모든 것이 다 잘되리라 믿었습니다. 내가 포기하던 그 순간부터, 나는 내가 일말의 관심조차 가질 수 없었던 필수 과목 수업을 더 이상 듣지 않아 도 되었고, 그때부터 나는 내가 훨씬 더 흥미를 느낀 과목들을 듣기 시 작했습니다. 내가 호기심과 직감을 쫓아 관심을 가진 것들은 대부분 훗 날 값을 매길 수 없는 귀중한 것들로 바뀌었습니다."

그는 뒤이은 연설에서 당시 그의 학교였던 리드 칼리지가 미국 전체 에서 가장 뛰어난 캘리그래피(글자를 아름답게 쓰는 기술 - 역자 주) 교육을 제공했다는 것을 회상했다. 캠퍼스 전체의 모든 포스터와 서랍 에 붙은 라벨은 매우 아름다운 손글씨 서체로 되어 있었는데 여기에 매 료된 그는 캘리그래피 수업을 듣기로 결심했다. 그는 세리프체와 산 세 리프체에 대해서 배웠고, 서로 다른 글자조합에 따른 글자간 공백의 차 이, 그리고 아름다운 서체를 구성하는 것은 무엇인가에 대해 배웠다. 당시 그는 그것들이 자신의 삶에 실제로 적용되리라고는 꿈도 꾸지 못 했지만 10년 후 그것은 엄청난 방식으로 그의 삶에 적용되었다. "우리 가 최초의 매킨토시 컴퓨터를 디자인 할 때 그때 배웠던 모든 것을 적 극적으로 활용했고, 우리는 맥의 디자인에 모든 것을 쏟아부었습니다. 매킨토시는 아름다운 서체를 가진 최초의 컴퓨터였지요. 만일 내가 대 학을 포기하지 않았더라면 나는 결코 캘리그래피 수업을 듣지 않았을 것이고, 그랬다면 개인용 컴퓨터는 결코 이토록 아름다운 서체를 갖지 못했을 것입니다."

맥에서 사용하기 위해 개발된 서체는 후에 마이크로소프트가 모방했고, 또 다른 혁신을 일구어 낸 회사였던 어도비Adobe의 최초의 제품에서 중요한 역할을 했다. 애플과 어도비는 데스크탑 프린팅의 새로운 시대를 연 포스트 스크립트프린터(포스트스크립트 인터프리터를 내장한 프린터로, 포스트스크립트 언어를 스스로 해석하여 내장 하드 디스크 등에 미리 글꼴 데이터를 축적해 둠으로써 여러 가지 글꼴을 단시간에 인쇄 할 수 있다 - 역자 주) 언어를 위해 라이선스 계약을 체결했다.

몇 년 후, 기술 분야에서 산업계 전체를 뒤흔드는 킬러 애플리케이션 killer application(등장하자마자 다른 경쟁 제품을 몰아내고 시장을 완전히 재편할 정도로 인기를 누리는 상품이나 서비스 - 역자 주)을 내놓기를 좋아하는 애플은 아이맥iMac, 아이팟iPod, 아이폰iPhone, 그리고 아이패드iPad를 차례로 세상에 선보였다. 이 제품들은 모두 새로운 산업까지 영향을 미쳤다. mp3 플레이어 기술에서 발전된 아이팟은 음반 산업을 완전히 새로운 시대로 바꾸어 놓았다. 아이튠즈iTunes 같은 뒤이은 혁신들과 아이팟의 필수 액세서리들은 애플에 수십억 달러를 안겨 주었다. 또 아이폰은 회사에 엄청난 돈을 벌게 해 주었을 뿐만 아니라, 독립적인 백만장자 앱 개발자들을 양산하기도 했다.

애플이 그토록 커다란 성공을 거둘 수 있었던 것은 혁신은 밖에서부터 안으로 이루어진다는 것을 제대로 간파했기 때문이다. 애플은 때로는 소비자가 그걸 필요로 한다는 걸 미처 깨닫기도 전에, 소비자가 필요로 하는 것에 초점을 맞추었다. 그리고 인터넷과 mp3 기술 같은 변혁적 혁신과 기타 범주적 혁신들의 이점을 최대한 살려, 그러한 아이디어를 실현하는 수단으로 삼았다. 그리하여 애플은 산업의 정의를 몇 번이고 다시 씀으로써 그에 합당한 전설적인 지위를 얻을 수 있었다.

시장적 혁신

범주적 혁신이 새로운 산업을 창조해 내는 것인 반면, 시장적 혁신은 새로운 시장을 만들거나 확장하는 것이다. 제품의 특징, 이점, 판매와 관련된 시장적 혁신은 매력적인 방식으로 소비자를 즐겁게 하는 새로운 방식들을 만들어 내는 것을 뜻한다. 시장적 혁신의 목표는 제품, 서비스, 배송 방식의 독자적인 개선안을 내놓음으로써 사람들의 삶에 긍정적인 영향을 미치는 것이다. 캔 따개에서부터 매직 이레이저(먼지나 이물질을 깨끗이 닦아주는 청소 도구 - 역자 주) 등을 포함한 많은 것들이 시장적 혁신의 자격을 갖추고 있지만, 우리가 가장 좋아하는 이야기는 과거에서 찾을 수 있다. 앞으로 소개할 이야기는 우리의 시각을 넓혀 주는 동시에 고객의 욕구와 때로는 고객의 변덕에 초점을 맞춤으로써 우리에게 천재성과 교훈을 주는 사례라 할 수 있을 것이다.

우리는 앞에서 헨리 포드의 뛰어난 통찰력에 대해 살펴보았다. 그는 자동차 제작 방식 및 직원을 다루는 방식을 변화시킴으로써 자동차를 합리적인 가격으로 공급할 수 있는 방법을 찾았다. 그의 혁신은 문자 그대로 세상 전체를 굴러가게 만들었다. 하지만 불행히도 그의 비전에는 작은 흠이 있었다. 작업 단가를 낮게 유지하기 위해서는 모든 자동차가 동일한 색상이어야 했고 그 결과 새로 지어진 고속도로 위를 굴러다니는 포드 자동차는 한결같이 검은색의 보수적인 외형을 갖추고 있었다. 하지만 이는 포드에게는 아무 문제가 되지 않았다. 포드의 입장에서 중요한 것은 적정한 가격의 차를 만드는 일이었으니까.

하지만 시간이 지나면서 동일성과 합리성은 포드의 고객들에게 서서히 빛을 잃어가기 시작했다는 사실을 그는 간과하고 있었다. 자동차는 소비자들에게 독립성을 가져다주었고, 포드 및 자동차와 관련된 경제로 인해 만들어진 일자리들 덕분에 소비자들이 수중에 돈을 쥐게 되면서 점차 자동차의 색깔의 중요성을 강조하는 분위기가 조성되었다. 그러던 중 알프레드 P. 슬론Alfred P. Sloan이 등장하였다.

제너럴 모터스General Motors는 자동차 산업에서 포드의 아성을 깨기 위해 몇 년 동안이나 고군분투 했지만 고전을 면치 못하고 있었다. GM은 일찍부터 개선된 장비를 탑재한 다양한 명칭의 신 모델을 제공함으로써 포드와는 다른 시장 혁신을 꾀했지만, 포드의 보수적인 자동차들이 내세우는 '값싸고 합리적인' 자동차의 이미지는 이미 자동차 시장의 보편적인 기준으로 확고히 버티고 있었다. 게다가 자동차는 쉽게 닳지 않는다는 사실 때문에, GM은 포드를 상대로 힘든 싸움을 해야 한다는 사실을 알고 있었다. 그리하여 GM은 기존의 마케팅 상식을 내던지고, 포드의 보수적 가치를 공유하던 중장년층 세대의 시장을 너머서서, 현대적이고 재미를 찾는 젊은 운전자들에게 초점을 맞추었다. 포드는 자신이 미처 깨닫지도 못하는 사이에 GM에게 완벽한 출발 기회를 열어준 셈이다.

언제가 헨리 포드는 "소비자들은 원하는 색깔을 고르려면 얼마든지 고를 수 있지. 단지 원하는 게 검은색이라면 말이지"라고 중얼거린 적이 있다고 한다. 이를 겨냥한 GM은 관계사인 듀폰DuPont에게 젊은 세대들에게 어필할 수 있도록 완벽한 색조를 지닌 색색의 도료들을 만들 것을 요청했다. 듀코Duco라고 이름 붙인, 숨 막힐 듯한 아찔한 색조를 자랑하는 그 도료는 포드의 운명을 결정지었다 해도 과언이 아니었다. 그리하여 1927년, 눈이 휘둥그레질 정도로 멋진 빛깔과 호화로운 장식을 자랑하며 쉐보레Chevrolet가 첫선을 보였다. 그건 더 이상 지루한 검은색이 아니었고, 부모 세대처럼 따분해 보이지도 않았다. 제너럴 모터스는 젊은 운전자들에게 평범함을 벗어던진 선명한 초록색이나 레몬빛이 도는 샛노란 자동차들을 소개했다. 처음으로 더 많은 사람들이 포드보다 GM을 선택하기 시작했다. 심지어는 더 비싼 가격을 지불하면서까지 말이다. 이는 순수하게 질 좋고, 신뢰성이 있으며, 저가격이라는 기본 원칙만 지킨다면 고객들이 영원히 함께 있어 주리라 철석같이 믿었던 포드에게는 커다란 실망감을 안겨주었다. 그가 놓친 것은 영원한 것은 아무것도 없다는 사실이었다. 사람들은 진화하고, 사람들이 가치 있다고 느끼는 것 역시 진화하기 마련이다. 시장의 변화에 재빠르게 대응하지 않는다면 기업은 절대 성장을 지속할 수 없다. 이는 1920년대에 포드가 염두에 두었어야 했던 사실인 동시에, 오늘날 우리가 반드시 이해해야 할 중요한 사실이다.

시장적 혁신은 끊임없는 과정이어야 한다. 사실 시장적 혁신은 우리 주변 곳곳에서 찾아볼 수 있다. 시장적 혁신에 대해 관심을 갖고 둘러본다면, 프리토레이Frito-Lay가 썬칩 과자 봉지를 땅속에서 분해되는 식물성 원료로 만든 것과 같은 친환경 포장의 사례에서부터, 홈디포Home Depot가 영수증을 분실한 고객들을 위해 구매 내역을 추적하는 소프트웨어를 개발한 것과 같은 프로세스의 시장적 혁신 사례 역시 발견할 수 있다. 또한 애플의 아이폰과 연동된 엄청난 수의 앱들이 개발된 것도 눈에 띄는 시장적 혁신의 사례이며, 포드가 2010년에 뉴 피에스타 차종 출시를 위해 실행했던 혁신적인 소셜 네트워크 마케팅 프로그램 역시 마찬가지이다.

피에스타가 대리점에 도착하기 전에 포드는 약 120명의 지원자들에게 6개월 동안 피에스타를 직접 몰며 테스트하고, 자신들의 경험을 기록해 달라는 요청을 했다. 차가 차고지에 도착하기도 전에 만 명 이상의 사람들이 여기에 응모했다. 과거를 되풀이하기라도 한 듯, 가장 인기 있는 색상은 상큼한 라임색이었다.[5] 뛰어난 혁신가들은 미래를 볼 줄 알 뿐만 아니라 과거를 통해 배우고, 그러한 깨달음을 자신들의 제품이나 서비스, 그리고 기업을 새롭게 하는 데 활용할 줄 아는 사람들이다. 만일 당신이 끊임없이 혁신을 하지 않는다면, 언젠가는 당신이 가장 확실하게 믿던 것들조차도 쓸모없어 질 지도 모른다는 것을 잊어서는 안 될 것이다.

운영적 혁신

진부화obsolescence는 모든 기업이 마땅히 두려워해야 한다. 특히나 혁신의 마지막 형태인 운영적 혁신에 있어서는 더욱 그렇다. 운영적 혁신은 단순히 사업방식을 의미하는 것만은 아니다. 기업은 절차, 운영 그리고 관계에서 효율적이고 시대에 뒤떨어지지 않으며 혁신적이어야 하며, 이는 대박 상품이나 서비스를 보유하는 것만큼이나 중요하다. 모든 기업들과 직원들은 늘 운영적 혁신에 전념해야 한다.

그것이 시간을 절약해 주는 효율화 방안을 찾고 제품의 질을 개선하며 생산성을 증대시키고 작업 환경을 개선하는 것이든, 혹은 경쟁 상대를 제압하기 위해 기술을 업그레이드하고 전진경영을 하는 것이건 간에, 지속적인 성공을 위해서는 기업이 끊임없이 진화해야만 한다. 하지만 다른 모든 혁신들과 마찬가지로, 운영적 혁신은 그저 돈을 절약하거나 버는 것에 그치는 것이 아니라, 소비자에게도 이득을 주어야 한다. 그래서 이러한 운영적 혁신은 기본적으로는 기업 내부에 초점을 맞추되, 소비자들과 고객들이 살고 있는 바깥 세상에 등을 돌려서도 안 된다. 그것은 한 영리한 젊은이가 경쟁자들보다 훨씬 더 일찍 깨달은 매우 중요한 사실이었다.

1980년대 중반, 가정용 컴퓨터 시장의 강자들은 텍사스 대학의 한 중퇴자를 주목했지만 곧 무시해 버렸다. 그들은 델이 설립한 PC 리미티드PC's Limited라는 회사와 그의 '행상' 방식은 결코 자신들에게 위협이 될 수 없으리라 믿었으며, 델의 회사는 "진정한 첨단 기업이 되기에는 부적절하다"[6]고 입을 모았다. 당시에만 해도 컴퓨터는 매장에서만 판매되었고 소비자들은 제조업자들이 의미 있다고 결정한 특징만을 담고 있는 특정 사양의 컴퓨터만 구매해야 했다. 물론 정확히 딱 한 가지 사양밖에 없었던 것은 아니지만, 거의 그런 것이나 마찬가지였다.

그 중퇴자는 바로 놀라운 운영적 혁신으로 컴퓨터 시장을 뒤흔든 마이클 델Michael Dell이었다. 물류와 공급망에 대해 정확히 꿰뚫어 본 마이클 델은 과거 컴퓨터 시장에서 결코 이루어지지 않았던 새로운 방식으로 부품과 공정, 그리고 자재를 결합시켰다. 그 계획은 중간 상인 없이 고객들이 원하는 방식으로 맞춤형 컴퓨터를 제조하여 고객들에게 직접 보낸다는 계획이었다. 그 계획은 상상보다 훨씬 잘, 그리고 빨리 돌아갔다. 델의 컴퓨터는 다른 기업들의 컴퓨터와 가격 경쟁이 되지 않을 정도로 쌌고, 그리하여 델은 말 그대로 경쟁이라는 말의 정의를 다시 썼다. 그 과정에서 델은 산업의 판도를 완전히 바꾸었다. 짧은 시간 내에 델은 휴렛패커드Hewlett-Packard 같은 쟁쟁한 회사들을 초라하게 만들었으며, IBM을 개인용 컴퓨터 시장에서 쫓아내 버렸다.[7]

델이 한 일 중 가장 중요한 일은 소비자들의 문제, 즉 비싼 컴퓨터 가격 문제를 해결하기 위해 운영적 접근을 취했다는 점이다. 그의 혁신은 그저 자기 기업의 비용을 절약하기 위해서 이루어진 것은 아니라, 개인용 PC를 대중들에게 보다 가까이 다가갈 수 있도록 하기 위해 이루어진 것이다. 이는 매우 중요한 차이이다. 즉, 어떤 변화가 고객에게 어떤 영향을 미치고 기업에 어떠한 성공을 가져올 것인지에 대한 고려가 없는 운영적 변화는 혁신이라 할 수 없다. 그리고 그러한 고려 없는 운영적 변화는 종종 치명적인 결과를 맞게 된다.

2007년 서킷 시티Circuit City(미국의 전자제품 유통업체 – 역자 주)는 가장 경험 많은 3,400명의 판매사원들을 해고하고 그 자리에 전문성이 떨어지고 교육도 덜 된 저임금 직원들을 투입했다. 서킷 시티는 이를 두고 회사를 위한 새로운 시대가 열렸다고 대대적으로 홍보했다. 이전까지 서킷 시티는 소비자들이 복잡한 전자기기를 살 때 도움이 된다는 명성을 얻고 있었지만, 저가 노동력 정책 이후에는 서비스의 질이 급격하게 떨어졌고, 급기야는 그로부터 2년이 채 되기도 전에 서킷 시티는 파산하고 말았다![8]

서킷 시티는 그것이 경기 침체의 결과 때문이었다고 믿고 싶어 하지만, 서킷 시티가 마지막 몇 해 동안 많은 실수를 저질렀으며, 무엇보다도 혁신에 실패했다는 것은 부정할 수 없는 사실이다. 우리 모두는 과거의 영광 속에 살다가 침체된 기업들을 알고 있다. 휴렛패커드를 비롯한 다른 기업들이 매끈한 모양의 새로운 기종의 컴퓨터를 내세우며 고객들을 매장으로 끌어들일 때, 마이크 델은 지난 십여 년 동안 연구 개발에 중점을 두지 않음으로써 과오를 저질렀다는 사실을 순순히 인정했다. 잘 나가던 시절의 영광에 안주하거나, 연구 개발 예산을 줄이고 운영비용을 낮추는 데 집중하고픈 유혹에 빠져 결국 재정적으로 곤경을 겪게 된 기업들은 헤아릴 수 없을 만큼 많다. 이러한 죽음의 소용돌이에 빨려 들어가지 않기 위해서는 과거로부터 배우고, 미래에 집중하며 시대의 흐름을 따르는 수밖에 없다.

폭포효과

이 장에서 우리는 혁신의 전개과정에서부터 혁신의 필수 요소들과 네 가지 혁신 단계의 개념에 이르기까지, 각각의 혁신의 요소들을 잘 드러내 주는 기업과 제품, 그리고 서비스에 관한 일화들을 살펴보았다. 혁신 모델의 또 다른 부분은 바로 **폭포효과**cascading라 불리는 것인데, 폭포효과는 어떻게 혁신이 앞에서 설명한 네 가지 단계에서 이루어지는지, 또 혁신이 어떻게 폭포처럼 하나의 단계에서 다음 단계로 흘러가는지 밝혀준다.

이를 좀 더 자세히 설명하기 위해 다시 전기의 사례로 돌아가 보자. 일단 전기가 활용되기 시작하면, 전기라는 변혁적 혁신으로부터 전구 제조, 전력 회사, 전신주 설치 같은 범주적 혁신이 가능해진다. 이러한 산업들은 시장의 요구를 채우게 되고, 이러한 범주적 혁신은 포장이나 전기기사를 위한 특수 도구들, 크리스마스에 상점의 윈도우를 밝히는 조명들과 색색의 네온사인 등에서의 혁신을 통해 소비자들을 유혹하는 시장적 혁신을 불러온다. 여기에 대해서는 끝도 없이 이어나갈 수 있겠지만, 독자들은 이쯤 되면 혁신의 한 단계가 어디서 시작되고, 또 어떻게 다음 단계로 흘러가는지에 대한 패턴을 이해할 수 있을 것이다.

이따금씩 아래로 흘러가던 것이 다시 위로 올라가는 경우도 있다. 애플이 아이폰을 만들었을 때, 아이폰은 시장적 혁신으로 시작되긴 했지만, 기존에 휴대 전화가 만들어 낸 시장을 한층 더 발전시킴으로써 아이폰을 변혁적 지위로 올려놓았다. 아이폰의 어마어마한 성공은 사람들의 소통방식과 음악을 듣고 인터넷을 하는 방식을 완전히 바꾸었으며, 문화적 장벽을 없애는 데 도움을 준 동시에 "아이폰을 위한 앱이다"라고 말하는 크고 작은 앱 개발자들에게 엄청난 기회를 열어 주었다. 심지어 아이폰 때문에 마이크로소프트 같은 거대 기업도 윈도우에 집착하는 걸 포기하고, 처음으로 돌아가서 스마트폰으로 혁신을 꾀하고자 노력하고 있다.

아래가 아닌, 위를 향해 움직인 또 다른 사례는 월마트Wal-Mart에서 찾아볼 수 있다. 월마트가 소비자들과 노점상을 연결하는 공급망을 혁신화함에 따라, 월마트는 소비자들에게 고유한 가치를 제공한다는 약속을 지킬 수 있었다. 월마트가 의류와 기기에서부터 음식과 원예도구, 약품에 이르기까지 다양한 상품을 취급하며 종적 횡적으로 확장되자 다른 상점들은 월마트의 경쟁 상대가 되지 못했다. 월마트의 운영적 혁신은 결국 범주적 혁신으로 바뀌었고, 그리하여 월마트는 세계에서 가장 강력한 소매업체로 자리잡게 되었다. 혁신이 폭포처럼 흘러내리는, 즉 액체와 같은 유동적인 특징을 갖고 있다는 사실을 이해한다면 엄청난 탐구와 깨달음의 기회가 열릴 것이다.

진정한 변혁적 혁신들은 드물게 일어나며 그러한 혁신들을 발견하고 상업적으로 자본화하기까지는 수십 년이 걸린다. 하지만 당신이 혁신의 네 가지 단계에서 당시의 기업의 진정한 능력을 연마하기 위해 혁신 모델을 제대로 이용한다면, 어마어마한 결과를 얻는 동시에 재정적으로도 큰 도움이 될 것이다. 지금은 보잘것 없는 자그마한 아이디어처럼 보일지 몰라도, 시간과 자원이 주어진다면 그런 작은 아이디어들이 이제까지는 상상도 할 수 없었던 엄청난 가능성을 가질 수도 있다.

뉴욕 니스카유나에 위치한 GE 글로벌 리서치 센터의 연구자들은 10년 이상이나 하이브리드 기관차를 만들어 내기 위한 기술연구에 박차를 가해 왔다. 그러한 기차에 동력을 가하기 위해 가능한 모든 기술을 살펴본 끝에, 연구자들은 거리와 무게의 어려움을 극복하기 위한 새로운 전력원을 개발하기로 결심했다. 이러한 노력은 혁신적인 나트륨 전지의 개발로 이어짐으로써, 결국 하이브리드 기관차라는 하나의 아이디어로 시작했던 일이 결국에는 훨씬 더 엄청난 것을 낳게 되었다. GE 글로벌 리서치 첨단 기술 부사장인 마이크 아이델칙Mike Idelchick은 다음과 같이 설명했다.

"우리의 관심사가 기관차에서 전지로 옮겨 갔을 때, 우리는 그 수요가 지나치게 적다는 사실을 깨달았습니다. 우리는 그저 철도를 위한 전지만을 생산하기 위해 공장을 세우기에는 경제성이 없다는 걸 알았지요. 그래서 우리는 주위를 둘러보며 '좋아, 이 사업 기술을 어디에 써먹을까?'라고 자문하기 시작했죠. 그리하여 우리는 마침내 이 고정식 전원 장치stationary powered applications가 기차뿐만 아니라 무전원 전원장치(UPS:정전이 되었을 때 전원이 끊이지 않고 계속해서 전원이 공급되도록 하는 장치. 내장된 전지를 충전하여 전원 차단시 그 전원으로 사용한다 - 역자 주)와 전기통신산업 같은 분야에 적합하다는 것을 발견했습니다. 결국 전지 그 자체가 독립된 하나의 사업이 된 겁니다. 이제 최초에 그 프로젝트를 시작하게 만든 기관차는 전지를 상업화하는 데 고작 5~10퍼센트 정도에 그칠 것입니다. 그리고 나머지 수요는 고정식 전원장치와 배달 트럭으로부터 나올 것입니다."

하나에서 시작된 이러한 사고과정(이 경우에는, 철도사업을 위한 요구를 충족시키는 것)을 끝까지 펼쳐 보거나, 혹은 생각지 못한 곳으로 흘러가게 하는 것은 GE나 애플, 혹은 월마트만 해낼 수 있는 일은 아니다. 그것은 산업의 크기나 사업의 종류와는 상관없이 통용되는 공통적인 사고체계이다. 당신이 이런 방식으로 마음을 연다면, "내가 과연 혁신을 이뤄낼 수 있을까?"라는 질문보다는 "내가 어디서부터 시작하면 될까?"라는 질문을 더 많이 하게 될 것이다.

우리는 이 장에서 혁신의 유형 및 특징들을 이해할 수 있도록 정리한 모델을 당신이 적극적으로 활용해 보았으면 한다. 혁신의 특징들을 이해함으로써 당신의 사업에 집중하고 당신에게 가장 중요한 사람들, 즉 당신의 고객들과 소비자들의 말에 귀를 기울여 보자. 고객과 소비자야말로 당신에게 깨달음을 주고 길을 안내해 주며, 궁극적으로는 당신의 아이디어가 고유하고, 소중하며, 교환 가치가 있는 것인지 결정지어 줄 사람들이니 말이다.

02 깨달음을 얻으라

빛이 있으라!

당신이 무얼 보느냐는 중요치 않다.
중요한 것은 당신이 어떻게 이해하느냐 하는 것이다.

—헨리 데이비드 소로

고객 서비스의 세계에서 흔히 하는 농담이 있는데, 그건 바로 "고객만 없다면 정말 멋질 텐데…"라는 말이다. 사실 고객들이 골치 아픈 대상인 것만은 분명하다. 하지만 모든 위대한 혁신가들이 한결같이 입을 모으는 게 있다면, 그것은 고객들과 고객들을 통해 얻는 깨달음이야말로 혁신의 **가장** 핵심적인 동력이라는 사실이다. 만일 당신의 고객들이 소중하게 생각하는 것을 기본으로 삼지 않는다면 당신은 아무도 원치 않는 것을 만드느라 수백만 달러를 낭비할 수도 있다. 반면, 진심으로 고객에 대해 깊이 있게 이해함으로써 혁신에 대한 깨달음을 얻는다면, 당신은 새로운 역사를 쓰게 될 지도 모를 일이다. 예컨대 비자VISA는 고객을 위해 직불카드를 주력상품으로 만들어야겠다는 비전을 그림으로써 금융거래시장에서 거대한 지분을 점유했을 뿐만 아니라, 현재 우리 대부분이 쇼핑하는 방식을 형성하는 데도 기여했다.

앞 장에서 우리는 꾸준한 혁신의 중요성에 대해 말한 바 있다. 이 장에서 우리는 이러한 혁신을 이룰 수 있도록 해 주는 번뜩이는 깨달음이 어디서 나오는지 살펴볼 것이다. 독자에게 사고의 틀을 마련해 주기 위해, 우리는 아이디어가 가득한 깨달음을 얻기 위한 다섯 가지 접근방식과 이러한 접근방식이 혁신만이 채워줄 수 있는 소비자의 욕구와 필요성을 어떻게 밝혀내는지를 살펴볼 것이다. 이를 설명할 때, 우리는 그러한 접근방식이 어떻게 한 기업의 시야를 넓히고 확장하는데 영향을 주었는지 사례를 들어 보여 줄 것이다.

깨달음을 얻는 일은 그저 시작에 불과하다. 일단 당신이 진실의 한 조각을 얻게 되면, 그걸 어떻게 활용해야 할지 알아야 한다. 그것이 혁신의 어떤 모델에 들어맞을지, 또 그것이 다음 분기에 영향을 미칠 수준의 시장 돌파구를 갖고 있는지 혹은 회사를 완전히 바꾸어 놓을 커다란 사업 아이디어인지 등을 살펴보아야 한다. 어디서 깨달음을 얻어야 할지 알고, 아는 것을 어떻게 활용할 지를 평가하고, 그것이 당신의 전반적인 사업 전략에 제대로 들어맞는지 이해하는 것은 당신의 기업이 꾸준한 혁신을 이루기 위한 다음 행보가 될 것이다. 하지만 이를 위해서는 먼저 깨달음insight의 의미부터 알아야 할 것이다.

"아하, 그렇구나!"

우리는 흔히 혁신은 세상을 바꾸는 아이디어들로부터 나오며, 그러한 깨달음은 번개처럼 순간적으로 얻어져야 한다고 생각하는 경향이 있다. 하지만 전형적으로 깨달음은 새로운 아이디어가 베일을 벗듯 드러나거나, 혹은 새로운 시각으로 사물을 봄으로써, "아하, 그렇구나!"라고 깨닫는 형태로 나타난다. 밝은 색색의 조각들로 가득 찬 긴 원통형의 만화경을 생각해 보자. 만화경을 돌릴 때마다 반사에 의해 다양한 무늬가 변화되며 새로운 형태의 아름다운 패턴이 만들어진다. 깨달음의 속성 역시 마찬가지이다. 모든 것을 뒤섞은 후에, 마음을 열고 다른 방식으로 주위 세상을 보고 듣고 인식한다면 모든 것이 달라질 것이다. 당신이 얻은 깨달음이 사소한 시장적 혁신이나 운영적 혁신이든, 혹은 엄청난 변혁적 혁신이거나 범주를 바꾸는 엄청난 성공으로 이어지든 간에, 때로는 가장 기대치 못한 순간에 엄청난 발견들이 당신을 기다리고 있을 것이다.

시각을 바꾸면 보이는 것들

독특한 사고방식이나 행동방식을 일깨우기 위해서는 깨달음이 필요하지만, 이러한 깨달음을 발견하는 일은 결코 쉽지 않다. 토마스 에디슨이나 헨리 포드, 스티브 잡스, 혹은 아마존의 제프 베조스Jeff Bezos 같은 일부 사람들은 결과를 미리 마음속에 그려볼 수 있는 직관적인 능력을 갖고 있었던 듯 보인다. 그들은 전구나 가상의 서점이 세상에 나오기 전에 미리 마음속으로 보았고, 혁신이 이루어지는 과정에 대해서도 훤히 꿰뚫고 있었던 것 같다. 하지만 우리 대부분은 도움이 필요하다. 그러나 다행히도 우리가 마음을 열고 있기만 하면 모든 곳에서 깨달음을 얻을 수 있다. 이러한 과정을 더욱 쉽게 만들어 주기 위해 우리는 고객들을 깊이 이해할 수 있게 해 주는 깨달음의 다섯 가지 접근 방법을 알아볼 것이다. 우선 가장 중요한 것은 "아하, 그렇구나!"라는 깨달음의 순간이 어디서 시작되느냐 하는 것이다.

호기심

"~라면 어떨까?"라는 물음은 초기 인류가 부싯돌 한 점을 집어 들고 "이걸 어떻게 쓸모 있는 도구로 만들 수 있을까?"라고 생각했던 시절부터 오늘에 이르기까지 혁신적인 깨달음을 얻는 가장 핵심적인 질문이다. 아이작 뉴턴 Isaac Newton 경은 머리 위로 떨어진 사과를 본 후에 "만일 ~라면 어떨까?"라고 생각하며 중력에 대한 연구를 시작했고, 라이트 형제 역시 그런 식의 물음을 가졌기에 비행기를 발명해 낼 수 있었다. 또 캠벨 수프 Campbell's soup가 백년이 넘도록 사랑받고 있는 이유도 그러한 물음에서 답을 찾을 수 있다.

수프는 사람들이 음식찌꺼기를 냄비에 한데 모아 끓여 먹는 데서 기원했다. 하지만 시간이 지나면서 수프는 그때그때 직접 만들어 먹는 음식이 아니라 집안의 식료품실에 항상 저장되어 있는 음식의 형태로 진화했다. 수프를 냄비가 아닌 찬장 속으로 보내버림으로써 오늘날의 거의 모든 가정에 영향을 미치게 된 것은 호기심과 열정으로 충만했던 한 젊은 화학자의 노력 때문이었다.

존 도런스 John Dorrance는 물질의 구성과 특징 및 반응을 다루는 자연과학의 한 분야였던 물질과학에 푹 빠져 있었다. 매사추세스 공과대학 MIT에서 화학 학위를 받고 독일의 괴팅겐 대학에서 박사학위를 받은 그는 그동안 자신이 얻은 지식을 적용하겠다는 만반의 준비를 갖춘 채 고향으로 돌아왔다. 저명한 학자였던 존 도런스는 높은 보수를 주는 일류 교수직을 제안받았지만 사실 그는 큰아버지였던 아서 도런스의 캠벨 저장식품 회사에서 일하고 싶었다.

이는 좀 생뚱맞은 선택이긴 했지만, 사실 젊은 존 도런스는 외국에서 사는 동안 유럽인들이 먹는 수프와 소스의 풍미에 푹 빠져 있었다. 그런 그에게 큰아버지의 회사에서 일하는 것은 물질에 대한 매력과 수프에 대한 열정을 결합시킬 절호의 기회였다. 그는 큰아버지를 찾아가 제발 자신을 고용해 달라고 몇 번이나 시도한 끝에야 승낙을 얻어 냈지만 그의 급여는 7달러 50센트에 불과한데다, 실험실 장비를 직접 가져와야만 했다.[1]

존이 그 회사에 합류했을 때, 회사가 기본적으로 판매하고 있던 제품은 저장식품, 케첩, 겨자, 소스, 그리고 소고기 토마토 수프였다. 1890년대 후반에 수프는 꽤나 인기 있는 식품이긴 했지만, 유럽과 미국에서는 부유층만이 수프를 즐길 수 있었다. 물론 이미 만들어져 나오는 수프도 있긴 했지만 이러한 제품들은 생산가격은 그리 비싸지 않았음에도 불구하고, 매우 무거워서 운송비가 비쌌기 때문에 저소득층이나 중산층 가정에서 애용하기에는 그다지 실용적이지 못했다.

도런스는 그 문제를 생각하면서 단순한 질문을 떠올렸다. 만일 수프를 더 가볍게 만들 수 있다면 어떨까? 그렇게 한다면 수프 가격이 낮아지고 시장성도 갖출 수 있지 않을까? 여기에 착안하여 그는 실험을 시작했다. 시간이 지나면서 그는 수프의 가장 무거운 성분인 물을 제거한다면 무게 문제를 해결할 수 있다는 사실을 깨달았다. 하지만 여기에는 또 다른 문제가 있었는데, 바로 맛의 문제였다.

일단 물을 나중에 넣게 되면 수프 맛이 밍밍해졌는데, 이는 음식 업계의 기본을 더럽히는 것이나 마찬가지였다. 음식은 맛이 있어야 하는데, 그렇지 않으면 누가 그것을 사겠는가? 그리하여 삼년이라는 시간이 흘렀고 마침내 그는 수수께끼를 풀어냈는데 그것은 수프를 풍미와 맛이 아주 진한 소스 형태로 만드는 것이었다. 거기에다 물을 부어 따뜻하게 만들면 맛있는 수프가 되었고 가격은 캔 하나당 30센트에서 10센트로 낮아졌다. 무게가 줄어들자 제품의 운송과 판매, 보관이 더 쉬워졌을 뿐만 아니라 식사 준비도 매우 간편해졌다. 존의 급여는 주당 9달러로 올랐고, 그 뒤의 이야기는 굳이 말하지 않아도 알 것이다.[2]

캠벨 수프의 개발 일화에서 가장 주목할 점은 그 수프가 과학적 호기심에서 시작되었으며, 많은 사람들에게 도움이 되는 뭔가를 만들어 낼 잠재성이 있었다는 점이다. 이러한 호기심과 가능성은 순수하게 과학적인 물음을 혁신의 길로 인도한다. 그리고 그것은 모두 "~하면 어떨까?"라는 질문에서 시작되었다.

백여 년 전 캠벨 수프가 엄청난 인기를 얻게 만든 것과 동일한 조합이 유사 업종에서 또 다른 창의적인 기업가에 의해서도 이루어졌는데, 그것은 음식과 백신, 의약품, 심지어는 한 잔의 물까지도 전기 및 어떤 종류의 연료 없이 시원하게 보관하는 새로운 방식을 개발해 내는 것이었다.

이를 시도한 기업가의 이름은 바로 애덤 그로서Adam Grosser였다. 그를 포함하여 스탠포드 대학에서 자칭 괴짜들로 이루어진 한 집단은 세상을 변화시킨 50달러짜리 냉장고를 만들어 냈다.[3] 그들의 깨달음은 애덤이 '세상에 퍼뜨릴 만한 가치 있는 아이디어'를 공유하기 위한 비영리 재단인 TED 컨퍼런스에서 들은 강연으로부터 나왔다. 매년 개최되는 이 이벤트에서는 세계의 매력적인 사상가들과 행동가들이 자신들의 인생 이야기를 18분 동안 이야기하도록 되어 있다.

2005년에 TED 컨퍼런스의 한 강의에서는 냉장 보관이 필요 없는 백신이 절실하게 요구된다는 목소리가 나왔다. 전 세계에서 15억 명이 넘는 인구가 전력과 냉장 시설 부족에 처해 있으며, 이로 인해 꼭 필요한 백신 역시 부족하다는 이야기였다. 비영리단체들은 이러한 백신을 개발하기 위해 수백만 달러를 쏟아 붓고 있었지만, 벤처 기술 자본가였던 애덤 그로서는 약품을 바꿀 것이 아니라 냉장고를 바꾸면 된다고 생각했다.

그리하여 애덤 그로서는 스탠포드 대학의 열역학 팀과 함께, 열로 작동되는 냉각기를 탑재한 보온병 크기의 장치를 개발했다. 냉각기가 차가워지면 냉각기는 차가운 냉습포로 변해서 병에 담긴 것이 무엇이건간에 병 안을 24시간 작동하는 미니 냉장고로 바꿀 수 있었다. 이 새로운 '냉장고'는 사용 중에도 한 시간 만에 충전할 수 있었고, 필요할 때마다 가지고 다닐 수 있을 만큼 크기도 작았다. 가격은 소량 제조시 개당 50달러였고 대량으로 제조하면 개당 25달러까지도 낮출 수 있었다. 그로서가 만든 장치는 개발도상국에 사는 사람들이 약품을 보관하기 쉽게 해 줄 수도 있었고, 더운 날 시원한 음료를 즐길 수 있는 즐거움을 줄 수도 있었다. 과거에 냄비 속에 든 수프가 캔에 담겨지게 된 것처럼, 미래의 냉장고가 물병 안으로 들어오게 된 것은 호기심과 뭔가를 더 좋게 바꿀 수 있다는 믿음에 의해 이루어진 놀라운 돌파구를 보여주는 사례라 할 수 있다. 호기심에서 깨달음을 얻고 이를 진정한 혁신으로 이어가는 것은 모두에게 이득이 된다.

당신은 사업과 제품 그리고 고객을 볼 때 현재 모습과 상황만을 보는가? 아니면 눈을 감고 "~라면 어떨까?"라는 물음을 던지는가? 혁신은 해답을 찾는 것 그 이상을 보는 것이며, 우리 주위의 세상에 언제나 마음을 열고 있는 것이기도 하다. 설사 우리가 보고 듣는 것이 전혀 기대하지 못한 것이라 할지라도 말이다.

새로운 정보와 아이디어에 열려 있을 것

정보가 끊임없이 유입되는 세상에 살고 있는 우리는 정보들에 파묻히기 쉽다. 쏟아지는 속보, 연구자료, 비즈니스 이론, 그리고 소비자들의 의견들은 우리를 맥 못 추게 한다. 한 마디로 우리는 온갖 정보들에 압도되어 있다. 이처럼 쇄도하는 정보 속에서 우리는 이들이 주는 가능성에 문을 열기보다는 새로운 아이디어나 조언에 문을 닫아 버리기 쉽다. 특히 그러한 생각들이나 조언이 듣고 싶지 않은 것이라면 더더욱 말이다.

몇 년 전 어느 날, 피터 다비Peter Darbee의 부인은 체육관 러닝머신에서 운동을 하고 있었다. 그날 그녀는 퍼시픽 가스 앤 일렉트릭PG&E로고가 적힌 셔츠를 입고 있었는데, 그녀의 옆에서 운동을 하고 있던 한 여인이 셔츠를 흘깃 보며 "그 회사에서 일하세요?"라고 물었다.

"아뇨, 남편이 내게 준 건데요." 다비 부인이 대답했다.

"전 그 회사에서 일하는 사람은 당최 못 믿겠더라고요. 사람들을 이용하려고만 하는 사기꾼들 같으니라고." 그 여자가 내뱉듯이 말했다.

그 말을 들은 다비 부인은 머리를 얻어맞은 듯했지만, 그녀가 그 회사와 있었던 끔찍한 경험을 이야기하는 내용을 가만히 듣고 있었다. 그날 밤 다비 부인은 막 PG&E의 새로운 CEO자리에 취임한 남편에게 그날 있었던 사실을 이야기했다.

"아내는 매우 당황해했고, 그건 저도 마찬가지였죠. 그건 내가 갖고 있던 우리 회사의 모습이 아니었죠. 하지만 그게 진실이건 아니건, 그날 밤 나는 고객이 우리를 바라보는 방식을 바꾸어야겠다고 맹세했습니다." 훗날 피터 다비는 이렇게 회상했다. 그리하여 그는 소비자들이

PG&E에 대해 어떤 생각을 갖고 있으며, 고객들이 어떤 종류의 서비스를 받고 있는지 알아내는 것을 최우선 과제로 삼았다. 그가 한 걸음 물러서서 고객들의 시선에서 사업을 바라본 결과, 그는 불만족스러움을 느꼈다. "나는 다시는 우리 회사의 로고가 적힌 옷을 입고 당황하게 되는 사람이 없길 바랐습니다. 그래서 나는 2만 명의 직원들 모두에게 우리가 우리의 로고를 자랑스러워 할 수 있도록 만드는 것이 나를 포함한 모두의 소임이라는 사실을 알렸습니다."

그날 이후, 다비와 그의 팀은 무신경한 거대 기업이라는 이미지를 갖고 있던 PG&E를 JD 파워스 소비자 만족상을 수상한 기업으로 바꾸는 데 성공했다. 그들은 현재 수준의 역량에 대해 고민하는 한편, 소비자의 경험에 초점을 맞춤으로써 그러한 결과를 일구어 낼 수 있었다. 일차적인 이윤추구가 기업의 목표였던 과거와는 달리, 고객과 지역사회 중심으로 기업의 관심을 변화시킴으로써 PG&E는 현재 캘리포니아에서 가장 존경받는 기업 시민이자, 깨끗하고 재생가능한 에너지를 옹호하는 중요한 기업으로 인정받고 있다. 사실 PG&E는 1테라와트(1조 와트)에서 10테라와트 사이의 전력을 생성할 수 있는 가능성을 갖춘 에너지원인 파력발전(파도의 상하운동 에너지를 이용해서 동력을 얻어 발전하는 방법 – 역자 주)의 상업적 가능성을 탐구하기 위한 최초의 주요 공공사업 중 하나이다. 쉽게 설명하자면, 1테라와트로 10억 가구에 에너지를 공급할 수 있다. 파력발전의 성공적인 상업화가 이루어진다면 인터넷과 대중적인 자동차 같은 변혁적 혁신들이 남긴 족적과 견줄 만한 엄청난 변화가 일어날 것이다. 이러한 힘을 정복하는 것은 오랜 시간이 걸리겠지만 적어도 PG&E나 그와 비슷한 다른 기업들과 같은 미래의 공상가들은 그 일을 해 낼 가능성을 조금씩 앞당기고 있다.

다비 부인이 체육관에 갔던 그 날 이후에 일어났던 PG&E의 엄청난 변화에 비추어 볼 때 한 가지 의문이 드는 것이 있는데, 과연 이러한 회사의 변화들과 혁신에 대한 집중이 과연 그날 다비 부인이 우연히 겪은 하나의 사건으로부터 비롯된 것일까 하는 점이다. "어느 정도는 그렇습니다. 나는 그 여성이 그렇게 함으로써 나를 눈뜨게 해 준데 대해 그녀에게 언제나 감사하고 있습니다. 비록 그녀는 모르겠지만 그녀는 우리 회사의 방향을 바꾸어 놓았죠." 다비가 한 말이다.

이러한 깨달음은 우리의 우선 사항, 목표, 가능한 비전을 만들어낸다. 당신 역시 다비처럼 어떤 대화나 관찰 혹은 한 건의 뉴스가 당신을 어디로 이끌지 전혀 알 수 없을 것이다. 확실한 것은, 당신이 언제나 마음을 열고 있다면 끊임없는 긴장 속에 줄타기를 하는 듯 느껴질 테고, 이는 성장과 확장 과정에 꼭 필요한 마음가짐이라는 점이다. 늘 유연한 마음가짐을 갖고 현실성과 가능성 두 가지 모두에 주의를 기울인다면 매일매일의 우연한 마주침을 상업적 기회로 바꿀 수 있을 것이다.

피터 다비는 자신의 2만 일꾼들에게 고객의 입장에서 회사의 눈과 귀가 되어 줄 것을 요청함으로써 시장에서 가장 강한 장점들을 불러일으킨 셈이다. 직원들에게 고객을 잘 관찰하고 고객이 무슨 말을 하든 고객의 말을 경청하라고 함으로써, 그 기업은 엄청난 시장 변화와 기회를 만드는 데 꼭 필요한 깨달음을 얻게 되었다. 그리고 그 힘은 모든 사람에게 열려 있다.

필요성

피터 다비가 우연한 일로부터 얻어진 기대치 못한 깨달음에 마음을 열었던 반면, 당신은 종종 자기 자신과 대화를 시작해야 한다. 영감을 찾고자 할 때, 가장 중요한 질문은 "우리의 고객이나 소비자들에게 정말로 **필요한 것**은 무엇인가?"하는 것이다. 어떻게 하면 고객들의 어려움을 해결해 주거나, 그들의 일을 좀 더 쉽게 만들어 줄 수 있을까? 어떻게 하면 고객들이 자기 자신에 대해 더 좋은 기분을 느끼고, 더 행복한 삶을 살게 해 줄 수 있을까? 소비자가 느끼고 기대하는 요구들을 물심양면으로 채워 주는 것은 혁신으로 가는 가장 커다란 동기와 무한한 가능성을 제공한다. 만일 당신이 고객의 욕구를 충족시키는 방향으로 혁신을 이룰 수 있다면, 절반은 성공한 셈이다. 다음에 소개할 현대의 신데렐라 같은 이야기는 여성들의 가장 기본적인 욕구, 즉 아름다워지고자 하는 욕구에 대한 깊은 성찰로부터 나왔다.[4]

다른 여성들과 마찬가지로 사라 블레이클리Sara Blakely도 잡지나 옷가게에서 아주 멋져 보였던 옷을 사긴 했지만, 그런 옷들을 막상 입어 보면 팬티라인과 신체의 결함이 고스란히 드러나 보였다. 그녀는 이런 옷들 중 대부분이 '언젠가 몸매가 완벽해지면 그때 입을 옷'으로 분류되어, 옷장 한구석에 처박힐 운명이 될 거라는 걸 알았다.

낮에는 판매 교육 담당자로 일하고, 밤에는 스탠드 업 코미디언으로 활동하던 사라는 어느 날 크림색의 바지를 입고 싶었다. 하지만 그녀는 바지를 입었을 때, 자신의 팬티라인이 울퉁불퉁 보기 싫게 드러나는 걸 보고 곧 진저리가 쳐졌다. 그녀는 끈팬티는 좋아하지 않았기에 팬티 스타킹을 착용해 보았는데, 그건 효과가 있었다. 하지만 그녀는 샌들을 신고 싶었다. 나일론 스타킹에 샌들 차림은 그다지 멋져 보이지 않았기에 그녀는 또다시 좌절했다. 그래서 그녀는 가위를 집어 들고 팬티스타킹의 발목부분을 싹둑 잘라내 버렸고, 그러자 문제는 해결되었다. "나는 보기 싫은 팬티라인과 불편한 끈팬티가 날 발명가로 만들어 주리라

곤 상상조차 못했죠." 사라 블레이클리는 이렇게 말했다. 그녀가 알았던 유일한 사실은, 그처럼 편안하고 기능적인 것이 아직 세상에 나오지 않았다는 사실이었고, 그래서 그녀는 그러한 세상을 바꾸기로 결심했다.

등록 상표, 특허권, 그리고 호저리(양말이나 스타킹의 총칭 - 역자 주) 제조업체 등에 대해 조사하느라 조지아 공과대학 도서관에서 며칠 밤을 새운 후에 그녀는 자신의 아이디어에 대한 특허와 견본제작에 착수했다. 대부분의 변호사들은 그녀의 아이디어가 정신 나간 것이라고 생각한 나머지, 그 모든 것이 장난인 줄로만 알았다고 뒤늦게야 인정했다. 제조업자들과도 난항을 겪기는 마찬가지였다. 다시 한 번 그녀는 그런 제품은 말도 안 되고 전혀 팔리지도 않을 거라며 차갑게 거절당했다. 하지만 그로부터 얼마 후에 그녀는 그녀의 '정신 나간' 상품 제작을 받아들이겠다는 한 공장 주인의 전화를 받았다. 그가 마음을 바꾸게 된 이유는 그에겐 딸이 둘 있었는데, 이 딸들이 사라의 아이디어를 긍정적으로 받아들였기 때문이었다.

그녀가 스팽스Spanx라고 이름붙인 제품의 견본을 완성하는 데는 꼬박 일년이 걸렸다. 그녀는 완성된 제품을 손에 넣자마자 니만 마커스 Neiman Marcus(세계 최대 백화점 - 역자 주)의 구매업자에게 전화를 해서 자신을 소개했다. "전 그녀에게 당신 고객들이 죽고 못 살 어떤 상품을 개발했다고 말했어요. 그리고 제게 십분만 시간을 내준다면 즉시 댈러스로 달려가겠다고 말했죠. 그녀는 승낙했고, 나는 부엌에서 지퍼백을 꺼내 견본 제품을 담고, 그걸 내 행운의 빨간 백팩에 던져 넣고는 비행기에 올랐어요. 미팅을 할 때 나는 부끄러움이라곤 없었죠. 나는 그녀를 화장실로 따라오라고 한 후, 그녀에게 내 크림색 바지를 입은 모습이 스팽스를 착용하기 전과 후가 어떻게 다른지 보여주었죠. 그리고 삼 주 후에 스팽스는 니만 마커스에 진열되었죠!" 2006년에 타겟 Target(미국의 대형 할인점 – 역자 주)은 스팽스와 합작하여 보정속옷 혁명을 일으켰는데 그리하여 탄생한 것이 바로 에셋ASSETS(스팽스의 하위 브랜드 – 역자 주)이다.

블레이클리의 좌절을 딛고 세워진 그녀의 회사는 현재 각 라인에서 백개 이상의 제품을 보유하고 있다. "저는 여성들에게 편안함과 자신 감을 주는 제품을 개발하고 발전시키는 데서 에너지와 영감을 얻습니 다. 고객의 피드백은 우리 사업의 가장 핵심적인 동인입니다. 스팽스 파워 팬티와 하이 펄루틴 풋레스는 고객의 제안을 반영해서 만든 제품 이고 앞으로는 그런 제품들이 더 많이 나올 것입니다." 그녀는 이렇게 말했다.

사라는 고객으로서의 자신의 경험으로부터 혁신을 이루어냈지만, 당 신은 고객의 입장으로 직접 들어가 봄으로써 동일한 깨달음의 순간을 얻을 수도 있다. 단순히 당신의 일이나 당신의 제품의 용도를 위해서가 아니라 당신의 제품이 누군가의 행복과 건강에 어떤 영향을 미칠지 알 기 위해, 고객들의 말에 주의를 기울이고 고객들의 행복에 중요한 것 이 무엇인지 질문하고 당신이 무엇을 줄 수 있는지 이해한다면 아이디 어의 세계에 마음을 열 수 있을 것이다. 즉, 보는 것이 아니라 이해하는 것이 중요하다.

영감을 얻기 위해 고객들의 삶 속으로 들어간 것으로 가장 잘, 그리 고 가장 널리 알려진 기업은 바로 프록터 앤 갬블Procter & Gamble(P&G: 미국의 대표적인 비누·세제, 기타 가정용품 제조업체 – 역자 주)이 다. 프록터 앤 갬블은 리빙인Living In 프로그램을 실시하여 P&G 직원 들이 고객의 집에서 사람들이 실제로 제품을 갖고 생활하는 모습을 관찰하며 혁신 방법을 찾아보게 했다. 또 상대적으로 덜 알려진 어떤 프로젝트는 사람들이 세탁기가 아닌, 손빨래를 하는 지역에서 이루어지기도 했다. 관찰자들은 이들 고객들이 쓰는 세제가 세탁기용으로 개발된 세제여서 빨래통 안에서는 잘 녹지 않는다는 사실을 알게 되었다. 그 때문에 비누가 낭비되고, 옷에 잔류한 세제를 씻어내기 위해 빨래를 몇 번 더 헹구어야 했다. 그 과정에서 또 상당한 물과 시간이 낭비되었다. 하지만 고객 중 누구도 이러한 문제를 언급하지 않았는데 그 이유는 "원래 빨래는 그렇게 하는 것"이기 때문이었다. 고객들이 제품을 사용하는 방법을 직접 지켜본 결과, P&G는 "단 한 번 만에 헹굴 수 있는" 제품을 출시하며 고객과 환경에 긍정적인 영향을 줄 수 있었다.[5]

본질적으로 P&G가 가정방문과 리빙인 프로그램을 통해 한 일은 탐정 업무와 비슷하다. 그런 일은 설사 다국적 기업이 아니라도 누구나 할 수 있다. 스스로에게 "어디에 단서가 숨어 있을까?"라고 자문해 보자. 단서는 고객들의 집에 있을까, 직장에 있을까? 식료품점의 통로에 있을까 아니면 소도시의 거리에 있을까? 토요타Toyota는 직원들을 고물집적소에 보내어 파손된 차량들이 전형적으로 어디에 어떤 피해를 입었는지 살펴보게 했다. 그리하여 이들은 사이드미러가 부서진 차량이 가장 흔하다는 것을 알아냈고, 이를 바탕으로 토요타는 접이식 사이드미러를 개발했다. 그리고 엄마들이 아이들의 배변훈련을 시키는 동안 엄마와 아이와의 상호작용을 관찰한 연구 끝에 하기스Huggies가 탄생했다. 또 휴렛패커드의 한 제품 개발자는 수술 중인 외과의사를 관찰함으로써, 수술하는 동안 의사의 눈앞에 화면을 매달 수 있는 수술용 헬멧 같은 장치를 개발했다. 이러한 새로운 장치는 사람들이 지나다니면서 외과의사의 시야를 가릴 수도 있는 기존의 모니터를 대체했다.

이처럼 소비자의 요구를 바탕으로 영감을 얻을 때 기억해야 할 점은, 때로는 사람들 스스로도 자신이 원하는 것이 무언지 정확히 모른다는 것이다. 그렇기 때문에 숨어 있는 소비자의 요구를 발견하는 것은 당신의 몫이다. 사람들은 쉽게 헹구어지는 세탁 세재나, 접이식 사이드미러 혹은 혁명적인 보정속옷을 개발해 달라고 요구하지는 않았지만, 이제 이것들은 소비자들에게 없어서는 안 될 꼭 필요한 것이 되었다. 그러니 고객의 요구를 찾는다면 깨달음은 저절로 따라올 것이다.

현재 존재하는 아이디어를 기초로 할 것

아이들이 사랑해 마지않고, 엄마들이 늘 소파 아래에서 발견하곤 하는 색색의 쌓기 블록 놀이를 해 본 적이 있을 것이다. 처음에는 단 하나의 블록으로 시작해서 여기저기에 블록을 하나씩 쌓아나가다 보면 끝없는 작품이 만들어진다. 혁신 역시 그런 방식으로 이루어진다. 현재 존재하는 아이디어를 기반으로 하는 것은 당신 바로 옆에 있을 지도 모르는 중요한 영감의 원천이다. 아마 당신은 생각보다 성능이 좋지 못하거나 완전한 실패작이거나, 혹은 노후화되거나 적절치 못한 제품 또는 서비스를 만들어 낸 적이 있을지도 모른다. 만일 그렇다면 당신은 그것들의 먼지를 털어버리고 새롭게 단장하기를 원할 것이다. 혁신의 렌즈를 통해 바라본다면, 오래되거나 심지어는 실패한 아이디어 속에서도 엄청난 기회들을 찾을 수도 있다. 그리고 그것이 바로 3천만 달러짜리 제품을 5억 달러가 넘는 브랜드로 변모시킨 세계에서 가장 큰 완구업체중 하나인 해즈브로Hasbro가 한 일이었다.

트랜스포머Transformers 브랜드는 2000년, 해즈브로의 현재 회장이자 최고경영자인 브라이언 골드너Brian Goldner의 지휘 아래에서 눈에 띄게

활기를 보이기 시작했다. 광고 에이전시 J. 월터 톰슨 J. Walter Thompson
의 광고전문가이자 파워레인저 시리즈의 제조사인 반다이 아메리카
Bandai America에서 일했던 골드너는 지난 십여 년간 혁신이라고는 눈
곱만치도 찾아볼 수 없던 해즈브로가 혁신을 향한 새 출발을 하려는 시
점에 해즈브로에 합류했다. 당시 해즈브로는 업계를 선도하기보다는
포켓몬 모조품과 라이선스를 얻은 영화 속 장난감들을 만드는 데만 집
중하고 있었다. 트랜스포머와 지아이 조GI Joe 같은 브랜드는 "놀이방
바닥이나 부엌 식탁에서나 갖고 노는 장난감으로 밀쳐져 있었죠. 하지
만 이들 브랜드의 역사는 우리가 알고 있는 것보다 훨씬 더 광범위했습
니다"라고 골드너는 말했다. 그리하여 그는 역사 속에 묻혀 있던 장난
감들을 혁신을 위한 어마어마한 기회로 삼았다.

1984년에 해즈브로의 가족이 된 트랜스포머는 탈 것이나 다른 첨단
기술로 변신하는 로봇들로 구성되어 있다. 트랜스포머는 용맹한 오토
봇과 사악한 디셉티콘이 자신들의 고향 행성인 사이버트론을 떠나 지
구로 와서 서로 전쟁을 벌인다는 이야기 구조를 갖고 있었다. 신화를
바탕으로 한 풍성한 이야깃거리를 갖고 있는 만큼, 트랜스포머 이야기
는 더 큰 영역으로 자연스럽게 확장될 소지가 있었다.

이를 위해 해즈브로는 변신하는 로봇이라는 이 장난감의 기본 전제
를 처음부터 다시 살펴보기 시작했다. 변신로봇은 너무 협소하고 한물
간 소재라고 생각한 해즈브로는 고객들에 대한 깊은 깨달음에서 답을
찾았다. 이를 통해 해즈브로는 "보이는 것이 전부가 아니다"라는 본래
의 정의를 "겉만 보고 판단해서는 안 된다"라는 강한 도덕적 주제로 확
장시켰다. 제품의 이러한 확장된 비전은 트랜스포머 브랜드에 대한 새
로운 열정을 불붙인 블록버스터 영화 〈트랜스포머〉에 영감을 주었다.

트랜스포머의 제품 판매액은 2006년도에 1억 달러였으나 2008년에는 거의 다섯 배가 뛴 4억 8,400만 달러까지 성장했다. 그리고 2009년에는 5억 달러를 넘어섰다.[6]

해즈브로는 G.I.조나 너프Nerf 같은 다른 브랜드에도 동일한 전략을 적용하였고, 그 결과 사업 구성이 완전히 바뀌었다. 2000년도에 해즈브로는 가장 잘 나가는 여덟 개 브랜드에서 총 약 3억 달러의 수익을 벌어들였지만, 그로부터 십여 년 후에는 수익이 20억 달러로 크게 증가했다.

"우리는 우리가 그저 제품 관리인이 아니라는 사실을 이해해야 했습니다. 우리는 고객에게 답이 있다는 사실을 인정해야 했죠. 우리는 고객들의 상상력에 불을 지피고, 보다 완전한 경험을 창조하기 위해 우리의 지적 자산을 적극 활용해야만 했습니다. 심지어 고객이 다섯 살 밖에 되지 않은 아이라 해도, 우리한테 바라는 게 있고 이를 표현해 낼 수 있었습니다. 우리는 그러한 풍부한 영감의 원천을 혁신을 이루는 데 제대로 활용하지 못하고 있던 것뿐이었습니다." 골드너는 이렇게 말했다. 해즈브로는 고객에 대한 새로운 깨달음을 얻기 위해 깊이 파내려간 덕분에 평범한 완구회사 그 이상의 자리에 오를 수 있었다.

점잇기

깨달음을 얻기 위한 마지막 접근 방식은, 우리가 지금까지 말했던 깨달음을 얻기 위한 독자적인 도구를 갖고, 효과적인 마지막 단계로 나아가는 것이다. 점잇기Connecting the Dots란 고유하며 소중하며 교환 가치가 있는 무언가를 창조하기 위해 지금까지 얻은 깨달음을 모두 연결하는 것을 말한다. 이는 수익을 늘리거나 고객들에게 더 좋은 서비스를 제공할 수 있는 운영적 절차가 불현듯 떠올랐을 때 이루어진다. 또한 이는 개발하고자 하는 새로운 시장과 막 시작한 서비스가 뜻밖에 맞아 떨어질 때 이루어진다. 그리고 이는 실패는 새로운 시대에 꼭 필요한 새로운 제품을 개발하기 위해 반드시 필요한 도약의 발판이라는 사실을 깨달을 때 이루어진다. 점들이 연결되면 이들은 놀라운 사업상의 결과를 보여줄 것이다. 반면 점들이 연결되지 않는다면 얼마 지나지 않아 어려움을 겪게 될 것이다.

인터넷이 사람들의 집으로 들어오기 전 20년이 넘는 시간 동안 컴퓨터 과학자들은 P2P라는 기술을 통해 파일을 공유했다. 기본적으로 이는 두 개의 컴퓨터에 주소를 지정해 줌으로써 서로 '대화'할 수 있도록 연결하여 방대한 양의 데이터를 전송할 수 있게 하는 것을 의미한다. 그것은 매우 일반적인 방식이었고, 덕분에 스웨덴 기업가인 니클라스 젠스트롬Niklas Zennstrom과 그의 덴마크인 친구인 조나스 프리스Jonas Friis는 그 일을 멋지게 해치울 수 있었다. 기술과 소비자의 요구 사이의 점dots들을 연결시킨 이 두 사람은 2000년에 카자KaZaA라는 인터넷 파일 공유 서비스를 시작했고, 카자는 무료 음원 파일을 교환하는 선두주자가 되어 냅스터를 추월함으로써 악명을 떨치기 시작했다. 그들의 성공은 논란이 되었으며, 음반 회사로부터 소송을 당하기도 했고, 그리하여 이들은 샤만 네트웍스Sharman Networks에 서비스를 팔게 되었다. 이후 두 사람은 종적을 감추었다가 혁신적인 새로운 개념을 갖고 다시 세상에 나타났다. 이들의 생각은 만일 주소나 파일, 문서, 음악, 영화 같은 걸 공유할 수 있다면 음성 형태의 데이터를 찾고 전송하는 것도 가능하지 않을까? 하는 것이었다. 그리고 그 답은 "안 될 이유가 없다"였다.

"우리가 스카이프Skype를 시작했을 때, 우리의 비전은 전 세계 사람들이 공짜로 통화할 수 있게 함으로써 기본적으로 전기통신 산업을 완전히 뒤바꾸고, 엄청난 영향력을 미칠 사업을 개발하는 것이었습니다. 우리는 위대하고 지속가능한 통신 사업을 창조하길 원했죠."[7] 공동 창업자인 프리스는 이렇게 말했다.

스카이프가 개시된 지 14개월 만에 PC와 리눅스에서 스카이프를 실행할 수 있게 해 주는 소프트웨어 다운로드 수가 2,800만 건에 육박했다. 2005년까지 스카이프는 5,400만 사용자를 보유함으로써 인터넷 서비스 시장에서 유래 없는 급성장을 보였다. 모든 점들이 제대로 연결된 것이다. 사실 스카이프는 매우 매력적이었기에 인수를 원하는 기업들이 속속 나타났고, 최종 승자는 이 시건방진 회사를 위해 무려 26억 달러를 제시한 이베이eBay였다.[8]

하지만 구매 시점에서 분석가들은 이러한 합병의 논리와 점들이 어떻게 연결되었는지 좀처럼 이해할 수 없었다. 사실 스카이프를 창립한 두 사람 역시, 애초에 양측의 생각에 공통점이 거의 없었다는 사실을 인정했다. "하지만 우리가 일단 대화를 시작하자 우리는 '아하, 그렇구나'라는 경험을 했습니다. 우리는 우리의 생각들을 화이트보드에 미친 듯이 그려 내려가기 시작했죠."

그 회의가 끝난 후에 그들은 기존에 이베이가 취약했던 분야에 발을 들여놓을 수 있게 스카이프가 도움을 줄 수 있는 있는 반면, 이베이는 이베이 옥션 페이지의 스카이프 버튼을 통해 판매자와 직접 전화통화를 할 수 있는 서비스를 제공함으로써, 미국 시장 접근에 다소 제한적이었던 스카이프의 영역을 확대시켜 줄 수 있을 것으로 예측했다. 이베이는 이러한 시장 혁신으로, 구매자와 판매자 사이의 직접적인 커뮤니케이션의 시대를 열 새로운 채널이 열릴 것으로 내다보았다. 또 젠스트 롬과 프리스는 계속해서 스카이프의 경영을 맡기로 했기 때문에 스카이프의 지속적인 혁신 기회는 기하급수적으로 확대되었다.

처음에는 이 모든 것이 완벽하게 맞아 떨어지는 듯이 보였다. 4년 만에 스카이프는 4억 8천만 명의 가입자를 보유할 정도로 성장했으며 1억 7천만 달러의 수익을 달성했다.[9] 스카이프는 세계에서 가장 보편적인 국제전화 시스템으로 자리잡았다. 하지만 화상과 음성을 함께 전달함으로써 사람들이 온라인을 통해 직접 얼굴을 보고 대화할 수 있도록 해 준 계속적인 혁신에도 불구하고, 스카이프는 이베이에 직접적인 이득을 주지는 못했다. 사실 옥션이 사람들의 마음을 끌 수 있었던 것은 바로 입찰의 짜릿함 때문이었다. 반면 이들은 판매자와 대화하는 데는 그다지 관심이 없었고, 대부분의 판매자 역시 매일 자리를 지키고 앉아 전화로 구매자들에게 일일이 설명해 주는 것을 원치 않았다.

뿐만 아니라 스카이프와 이베이는 핵심 기술 소유권을 둘러싼 법적 공방에 휩싸였고, 결국 사업의 65퍼센트를 20억 달러 이상의 가격으로 소규모 개인 투자가들에게 팔게 됨으로써 둘 사이의 불행한 결합은 2009년에 종지부를 찍었다. 이베이 측은 "스카이프는 이베이의 핵심 시장 부문에 들어맞지 않았다"[10]고 설명했다. 말하자면 결국 점들이 제대로 연결되지 않았던 것이다.

스카이브와 이베이가 최초에 느낀 직감은 분석가들의 그것과 비슷했다는 점을 기억해 보면 흥미롭다. 양측은 전략적인 합병이 이루어지기에는 시장이 서로 겹치는 부분이 그다지 많지 않다고 생각했었다. 하지만 두 기업들은 다른 방식으로 스스로를 납득시켰다. 이들은 고객과 분석가들, 그리고 자사 직원들의 의견을 제대로 듣지 않았다. 그들은 가능성에 대한 자기 자신만의 생각 속에서 나온 긍정적인 대답만을 들었을 뿐, 일이 결국 너무 늦어질 때까지 "아니오"라는 답은 듣지 못했다.

월스트리트의 분석가들과 마찬가지로, 이베이에서 물건을 직접 판매하고 구매하는 고객들 역시 두 기업 사이의 시너지 효과를 제대로 이해하지 못했다. 긍정적인 면은 작은 반면 위험이 너무 컸으며 결국 양측 모두 이익을 얻는 데 실패했다. 이 이야기에서 얻을 수 있는 두 가지 교훈은 다음과 같다. 첫 번째 교훈은 "아하, 그렇구나!" 라는 깨달음이 반드시 위대한 결과로 이어지지 않는다는 점이다. 모든 혁신에는 위험이 내재한다. 두 번째로는 상식을 무시해서는 안 된다는 점이다.

깨달음을 바탕으로 하여 혁신으로 도약하는 능력은 한 회사가 조직 문화와 조직원들에게 일구어 줄 수 있는 가장 귀중한 자산이다. 하지만 어떤 아이디어가 그저 매력적이고 정치적으로 올바르거나 혹은 그것이 자신의 아이디어라는 이유만으로 거기에 집착하는 것과 순수한 깨달음 사이에는 엄연한 차이가 있다.

혁신이 실제로 실행되는 것보다는 말로만 혁신을 외치는 경우가 더 많은데, 그 이유는 많은 기업들이 진정한 깨달음을 발견하지 못한 채, 그 가능성만 평가하기 때문이다. 마음을 여는 것과 위험을 다룰 줄 아는 것 사이에는 미묘한 차이가 있다. 당신이 가진 모든 수를 동원해서 고객들의 마음을 읽고, 그것이 보상을 받을지 희생이 될지를 적절히 결정할 수 있다면, 그때가 바로 혁신의 두려움을 닫고 가능성에 도전할 때이다.

03 위험 예측과 관리
예측의 시간

위험은 혁신의 또 다른 이름이다.

—비랄 카파라니

어떤 아이디어에 시간과 돈, 자원을 언제 투자해야할지, 그리고 언제 손실을 줄일 것인지를 아는 것은 모든 기업에게 가장 힘든 도전과제라 할 수 있다. 위험은 혁신의 일부이며, 알 수 없는 것에 베팅을 하며 재무 및 리더십에서 성공을 보여주기 위해 위험과 보상 사이의 아슬아슬한 균형을 맞추는 것은 CEO들이 매일 마주하는 현실이다.

거기에다 이사회, 주주, 언론은 큰 그림과는 상관없이 대개 리더의 자그마한 행보들을 바탕으로 리더의 실행력을 끊임없이 평가한다. 사정이 이러하다 보니, 적지 않은 수의 리더들이 혁신에 소극적이라는 점은 딱히 놀랄 만한 일도 아니다. 사실『포춘*Fortune*』지가 선정한 100명의 CEO 중 한 명은 그 회사의 혁신 책임자에게 "나는 조사 결과, 상업적으로 100퍼센트 성공할 만한 신제품에만 투자할 것이다"라고 말하기도 했다. 그러한 기대는 참으로 어처구니없는 것이지만, 적어도 우리는 그 말에서 오늘날 리더들은 실패를 피해야 한다는 엄청난 압박감에 시달린다는 사실을 짐작할 수 있다. 혁신은 결코 쉬운 일이 아니다. 사실 가장 간단한 혁신일지라도 위험관리는 혁신을 창조하는 것만큼이나 중요한 요소이다.

이 책의 저자인 제인의 아버지는 그녀가 자랄 때, "인생은 균형 잡기의 연속이란다. 네가 뭔가를 얻을 때마다 그것을 얻기 위해 네가 바꾸어야 했던 것이 무엇인지 기억하렴. 네가 그 교환을 위해 거래했던 것이 무엇인지 반드시 확인해야 한단다"고 입버릇처럼 말했다곤 한다. 그 말은 인생 전반에서 도움이 되는 멋진 조언이기도 하지만, 혁신과도 관련이 있다. 만일 앞에서 언급한 조심성 많은 CEO가 시도했던 것처럼, 당신이 위험을 최소화하고 싶다 할지라도 엄청난 보상을 얻기 위해서는 위험과 보상의 크기가 서로 균형이 맞아야 한다. 혁신에서는 위험이 클수록 보상도 엄청나다. 비록 혁신에서 확신할 수 있는 것은 없다 할지라도, 이것만은 확실하게 보장할 수 있다. 위험은 사업의 일부이며 위험은 결코 완전히 제거될 수는 없지만, 위험을 용인 가능한 한도 내에 잡아 둘 수 있는 방법은 있다.

혁신의 네 가지 단계별 위험도

사람이 각각 저마다의 재능과 아량을 갖고 있는 것과 마찬가지로, 혁신의 4단계도 각각의 고유한 능력과 위험성을 갖고 있다. 최선의 결과를 얻기 위해서는 사람들과 함께 일할 수 있는 방법을 이해해야 하는 것과 마찬가지로, 혁신의 네 가지 단계가 가장 좋은 결과를 내기 위해서는 각각의 혁신의 특징을 제대로 이해해야만 한다. 위험과 혁신의 4단계에서 늘 적용되는 간단한 경험 규칙이 있는데 이는 시장 규모나 기술, 가격처럼 알려진 요소가 많을수록, 이러한 요인들의 결과를 직접적으로 관리할 수 있게 됨으로써 위험은 낮아진다는 것이다. 역으로, 당신이 알고 있는 것이 적으면 적을수록 위험은 더 커진다. 당신의 위험 수준이 어느 정도인지 안다면, 계획과 투자에 도움이 될 뿐만 아니라 현실적인 기대 수준을 결정하는 데도 도움이 된다. 특히 변혁적 혁신처럼 예측하기 어려운 것일수록 말이다.

변혁적 혁신의 위험도

변혁적 혁신에서는 위험이 전부라고 해도 틀린 말은 아니다. 변혁적 혁신은 전형적으로 가능성에 대한 호기심이나 발명으로부터 나온다. 즉 시작 단계에서 변혁적 혁신은 그저 가치 있다고 여겨지는 아이디어에 불과하다. 우리는 그게 어떤 상품일지, 그리고 고객들이 누가 될지, 심지어는 그걸로 돈을 벌어들일 수 있을지조차 확신할 수 없다. 하지만 그럼에도 불구하고 거기에는 쉽게 포기할 수 없는 뭔가가 있다. 그것이 바로 변혁적 혁신의 본질이다.

그렇다면 오늘날처럼 위험을 싫어하는 시대에 어느 누가 변혁적 혁신에 자신의 운을 맡기려 하겠는가? 하지만 아무도 그러한 도전을 하지 않는다면, 사회는 정체되어 버리고 말 것이다. 세계는 끊임없이 진화하고 있고, 우리가 원하고 필요로 하는 것 역시 진화하고 있다. 하지만 혁신이 없다면 우리의 미래 세대들은 우리가 현재 그러하듯 침체와 마이너스 성장에 발목을 잡힐지도 모른다. 우리는 모든 기업들이 변혁적 혁신을 할 수 있다고 생각하지는 않지만, 기꺼이 위험을 감수하고 장기간의 가능성에 투자하는 사람들이 필요한 것만은 분명하다. 만일 당신이 기꺼이 변혁적 혁신에 도전하는 선지자 중 한 사람이 되고자 한다면, 먼저 위험과 관련하여 몇 가지 꼭 알아 두어야 할 것들이 있다.

우선, 변혁적 혁신은 전통적인 기업지표에서는 살아남을 수 없다는 사실이다. 스티브 잡스의 기업가 정신과 소규모 사업 통제로부터 운영되는 애플 같은 일부 유명한 예외적인 경우를 제외하고, 대부분의 기업적 환경은 변혁적 혁신의 죽음을 불러온다. 변혁적 혁신을 위해서는 빠른 기간 내에 결과를 내놓으라는 독촉 없이, 가능성을 타진할 수 있을 만한 여지가 필요하다. 하지만 대부분의 기업에서는 구조화된 투자 과정 및 효율적인 생산전략 때문에 그러한 자유를 가질 수 없다. 하지만 고위험적인 속성을 갖고 있는 변혁적 혁신은 이를 육성하는 방식으로 가능성을 배양하고 일구어 나가는 독자적인 과정이 요구된다. 그 외의 다른 방식으로 변혁적 혁신을 이루겠다는 것은 결국 새둥지에서 알을 하나 꺼낸 후에, 비행기에서 그 알을 떨어뜨려 그 알이 날 수 있는지 알아보려는 것만큼이나 무의미한 짓이다.

알 속의 새를 날 수 있게 하기 위해서는 먼저 알을 따뜻하게 해 주다가 일단 알에서 아기 새가 부화하면 주위에 새를 잡아먹을 만한 무서운 것들이 없는지 잘 살펴보아야 한다. 그러다 아기 새가 자급자족 할 수 있을 때까지 자라면 아기 새를 둥지 밖으로 살며시 밀어 그 새가 날 수 있는지 확인해 보아야 한다. 그런 방식이 아니고서 새를 날게 할 다른 가능성은 시도해 볼 가치조차 없을 것이다.

여기서 말하고자 하는 핵심은 변혁적 혁신을 위해서는 계산된 위험으로부터 보호될 수 있는 환경이 제공되어야 한다는 점이다. 그런 환경이 없다면, 상업적 적용이 이루어지기까지 예측불가능성과 장기간의 지평을 도저히 버티어 나갈 수 없을 것이다. 인터넷이 상업적으로 가능해지기까지는 몇 십 년이 걸렸다. 인터넷의 상업성을 위해서는 기술, 제품 아이디어 및 소비자 집단이 발전되어야 할 뿐만 아니라, 시장 활성화를 위한 요소들까지 갖추어져야 한다. 대개 진정한 변혁적 제품이나 서비스가 시장을 장악하고 사회적으로 적용되기까지는 매우 긴 시간이 걸린다. 진정한 성공은 이 모든 것이 합쳐졌을 때 이루어진다. 당신이 이러한 위험을 기꺼이 감수할 때, 보상은 어마어마할 것이다.

구글, 아마존, 이베이의 재정적 성공을 생각해 보자. 이 세 기업들만으로도 시장 자본이 2,000억 달러를 충분히 넘는다. 그렇다 2,000억 달러이다! 그리고 이들 중 어떤 기업도 인터넷이라는 변혁적 혁신 없이는 존재할 수 없었을 것이다. 혁신에 이러한 고위험 고수익 요소가 없다면 우리가 당연하게 받아들이는 많은 것들, 즉 신용카드, 비행기, 전기, 페니실린, 백신 그리고 앞으로 나오게 될 모바일 페이먼트mobile payments같은 것들은 존재하지 않을 것이다.

웨스턴 유니언Western Union은 모바일 페이먼트 산업에 엄청난 투자를 하고 있는 기업이다. 이 기업의 CEO인 크리스티나 골드Christina Gold는 그녀가 은퇴를 선언하기 바로 전에 이러한 잠재적 변혁적 혁신에 대한 그녀의 견해를 밝혔다.

"모바일 페이먼트는 아직 제대로 확정되지 않은 사업입니다. 하지만 누군가는 그걸 확정지을 테고, 그렇게 되면 모바일 페이먼트 사업은 세상을 뒤바꿀 것입니다. 비록 우리가 아직 그걸 해내지 못했지만 우리는 수백만 명의 사람들이 은행 업무와 지불 서비스에 접근이 제한되어 있는 아프리카에서 커다란 진전을 보였습니다. 웨스턴 유니언의 비전은 모바일 장치로 찍고 지불하는tap-and-pay 방식을 사용하여, 사람들이 실물과 서비스를 얻기 위해 송금할 수 있도록 해 주는 것입니다. 이러한 새로운 기술을 바탕으로, 사용자들은 상대의 휴대전화 번호만 알고 있으면 세계 어디에서든 다른 사람에게 돈을 송금할 수 있게 될 것입니다. 언뜻 보기에는 쉬운 일처럼 보이지만 사실 이는 아주 복잡합니다." 그녀는 이렇게 말했다.

성공적인 모바일 머니 서비스는 일반적으로 단일국가를 기본으로 이루어진다. 한 나라 안에서 "모바일 금융서비스 에코시스템mobile finance ecosystme"이라는 단일화된 시스템에서 세 가지 서비스 제공자들이 함께 작업하는 식이다. 이러한 시스템은 이동 통신망 사업자를 잘 알려진 소비자 브랜드 및 거대한 수의 휴대폰 가입자와 결합시켜 준다. 이러한 시스템에서는 자금을 저장해 놓을 법적인 규제력을 가진 금융기관, 소비자의 전화기와 무선 네트워크, 그리고 금융기관 사이의 거래를 가능하게 해주는(주로 m-지갑 또는 m-뱅킹이라고 불리는) 모바일 시장 제공자가 필요하다. 이것들은 결코 쉬운 일이 아니지만, 이러한 네트워크를 간소화하는 방법을 찾아 전 세계적으로 이용할 수 있게 하는 사람은 엄청난 성공을 거머쥘 것이다. 웨스턴 유니언은 안정적인 속도와 신뢰성을 가진 글로벌 브랜드 밑에서 송금 능력을 제공하는 에코시스템을 연결하기 위해 노력하고 있다. 이는 믿을 만한 판매 회사를 확정짓고 이 모든 것을 함께 모을 수 있는 기술적 전문성을 제공해야하기 때문에 결코 만만한 일이 아니다.

"저는 늘 스스로에게 '우리가 이걸 해 낼 수 있을까?'라고 자문합니다. 아마도 세계에서 우리만큼 지불에 전문성을 갖춘 동시에, 세계적인 기업은 없을 것입니다. 우리는 또한 세계의 가장 외딴 지역으로 송금하는 문제에 대해서도 잘 이해하고 있습니다. 모바일 페이먼트 사업은 아주 커다란 도박이 될 수 있는 투자이지만, 그렇다고 우리가 뒷짐지고 구경만 할 수는 없습니다. 나는 '우리'라고 했지만, 궁극적으로, 나는 이 사업에 필요한 투자를 하고, 이 사업 개발을 적극적으로 보호해 줄 것입니다. 왜냐하면 위험/보상 시나리오가 너무 장기적이기 때문에 지역 리더들은 앞으로 3개월에서 12개월 내에 성공할 수 있는 혁신 이외에 사업 자금을 댈 여력이 없습니다. 결국 예외적인 지원이 없다면 이러한 프로젝트는 결코 성공할 수 없습니다. 이 사업은 비록 위험이 높지만, 성공하기만 한다면 전 세계 사람들이 돈을 다루는 방식을 완전히 바꿔 놓을 것입니다." 골드는 이렇게 말했다.

사정이 그러하다면 이러한 모바일 페이먼트 사업이 당신의 사업에 어떤 영향을 미칠지, 그리고 당신이 다음 단계에서 어디에 투자해야 할지 고려해 보는 것도 시기상조는 아닐 듯하다. 과거에 변혁적 혁신의 끄트머리에라도 몸을 실은 자들은 자신의 제국을 세웠다. 그러니 모든 아이디어에 마음을 열고 기꺼이 도약해 보자.

범주적 혁신의 위험도

변혁적 혁신이 위험이 전부였다면, 범주적 혁신은 위험과 기회가 반씩 섞여 있다. 전구, 인터넷 혹은 모바일 페이먼트 같은 성공적인 변혁적 혁신으로부터 나온 것이라 할지라도, 범주적 혁신은 새로운 적용과 새로운 소비자 집단을 갖게 된다. 범주적 혁신은 본질적으로 당기 수익 흐름을 증가시킨다. 물론 그 보상이 불확실하기는 하지만, 만약 제대로만 된다면 아이폰과 같은 어마어마한 것이 나올 수도 있다.

그 이유는 범주적 혁신에는 늘 예측되지 않거나 정해지지 않은 요소들이 있기 때문이다. 기술이 위험요인이 될 수도 있고, 시장이 정해지지 않거나 수량화될 수 없을 수도 있다. 운반비용 문제도 있다. 겨우 그 정도가 생산이나 서비스를 개시하기 전까지 할 수 있는 최선의 추측이다. 각각의 프로젝트가 제 나름의 가능성을 갖고 있기 때문에 초기 단계에서는 정확한 예측을 하기 힘들다. 그렇기 때문에 그토록 많은 리더들이 더 낫거나 믿을 만한 정보를 얻기 전까지 결정을 유보하는 것이다. 하지만 이처럼 파악하기 힘든 요소들을 제대로 파악할 때까지 결정을 유보하는 것은 되레 위험할 수도 있다. 리더가 신기술이나 뜨는 시장 요소에 대해 수량화된 위험 관리 자료를 초기에 내 놓으라고 압박한다면, 이는 시장에 대해 가장 잘 이해하고 있는 사람들에게 두려움만 심어 주는 꼴이 될 수도 있기 때문이다.

확실히 범주적 혁신은 리더의 용기를 시험한다. 하지만 실패 없이는 큰 성공을 이룰 수 없다. 성공의 비결은 당신이 정말 알고 있는 것이 무엇인지 알고, 관련된 사람들이 신뢰할 만한지를 제대로 평가하는 것이다. 그런 후에 당신이 대답할 수 없는 질문들을 통해, 위험의 정도를 결정한다. 일단 그렇게 한다면, 당신은 위험 수준과 당신의 사업 상태를 더 잘 결합시킬 수 있을 것이다. 당신의 투자가 실패할 여지가 있는가? 앞으로 더 나아가지 않을 만큼 여유가 있는가? 혹은 가장 핵심적인 문제이겠지만, 추락하기 전에 위험을 완화시키기 위해서는 어떻게 해야 할까?

궁극적으로, 범주적 혁신은 시장에서 사업에 대한 본능과 믿음을 바탕으로 의사 결정에 자신감을 갖는 것과 관련이 있다. 설사 당신 머리가 도마 위에 얹혀 있다 하더라도 말이다. 그 진실을 증명하는 오래된 속담이 있는데 "뜨거운 걸 못 참겠다면, 부엌을 떠나라"는 말이 그것이다. 성장 엔진을 가동시키기 위해서 오늘날의 리더들은 공포가 아니라 가능성의 분위기를 만들어 내야 한다. 공포에 바탕을 두고 실수를 절대 용납할 수 없다는 태도를 가진 조직은 **결코** 지속가능한 혁신이나 성장을 이루어 낼 수 없을 것이다.

오늘날 포드는 효율적으로 혁신을 이룬 조직으로 상승세를 타고 있지만 언제나 그랬던 것은 아니었다. 힘들었던 시기를 빌 포드만큼 고통스럽고 솔직히 기억하고 있는 사람은 없을 것이다. 포드가 재정난에 처했을 때, 포드의 하이브리드 자동차 개발은 매우 중대한 시기를 맞고 있었다. 하지만 그 시기에 포드 자동차의 판매는 급감했고, 제품들은 일본이나 독일의 대안 자동차들만큼 가치 있어 보이지도 않았으며, 과거 십여 년 동안 혁신적 성공이 없었던 탓에 그로 인한 어려움을 고스란히 겪고 있었다. 그 결과 두려움은 점점 높아져 갔고, 단기적인 사고만 이루어지는 분위기였다. 모든 사람들이 응급조치에만 급급했다.

지금도 그렇듯이 그때도 비용 절감은 가장 중요한 것이었고, 조직의 부서들은 다른 부서와 담을 쌓고 내부 이익만을 추구했다. 기술부서는 마케팅부를 비난하기 시작했고, 마케팅부는 영업부를 비난했다. 대리점들은 본사를 비난했고, 제조부는 용기마저 잃었다. 조직은 빌 포드가 '진흙층the clay layer'이라고 이름 붙인 것에 갇혀 버린 것이다. 그것은 장애물을 제거하고 조치를 취할 수 있는 결정권을 가진 리더들과 실무자들 사이를 가로막는 거대한 장벽이었다.

빌은 자신이 포드의 리더로 있는 동안 자신이 할 수 있는 유일한 일은 '진흙층' 때문에 도중에 물거품이 될 수도 있는 하이브리드 자동차 사업을 보호하고 후원하는 것이라는 결론을 내렸다. 하이브리드 자동차는 현존하는 기술과 짝을 이루는 새로운 과학 기술인 동시에, 그로

인해 형성될 시장의 크기는 정확히 한정지을 수 없었기 때문에 그는 커다란 내기를 해야만 했다. 대부분의 자동차 회사들이 경기 침체기 동안 겪었던 어려움을 생각해 보면, 그 위험은 포드가 어쩔 수 없이 감수해야만 했던 것이었다는 사실이 이제는 확실해진다.

하지만 짚고 넘어가야 할 점은, 우리는 긍정적인 면과 부정적인 면을 예측하고 이해하는 데 도움을 주는 수량화된 요소들이 없는, 즉 알려지지 않은 것에 정기적으로 큰 내기를 걸어야만 한다고 주장하는 것은 아니라는 점이다. 여기에 대해 빌 포드는 이렇게 말했다. "나는 위험을 감수하는 일이 일반적인 길은 아니라고 생각합니다. 우리에게는 설익은 아이디어를 앞세우며 위험을 감수하던 리더들이 있었고, 이들은 고객들이 우리에게 요구하는 질문에 답을 해 주지 않았죠. 즉 그들은 잘못된 방향으로 혁신을 하고 있었던 겁니다.

"혁신은 위대한 아이디어를 확인하고, 소비자가 정말로 원하고 필요로 하는 것이 무엇인지 이해하고, 그것이 어떻게 시장에서 전달될지 아는 것입니다. 아이디어를 확인하고 이러한 아이디어들을 상업화시키기 위한 우리의 뛰어난 능력은 엔지니어와 제품 개발, 그리고 마케팅 부서 사이의 진정한 팀워크에서 나옵니다. 전보다 더 많은 질문에 답하고, 공동 작업을 통해 올바른 예측을 통해 위험을 최소화하기 위해서는 그런 파트너십이 필요합니다."

수량화된 위험 평가 자료를 만드는 방식에 대해서는 이 장의 후반부에서 좀 더 알아 볼 것이다. 위험 평가를 당신의 혁신적 사고의 중심축으로 만든다면, 성공 기회가 있고, 예측 불가능한 것을 예측 가능한 것으로 만들어 줄 수 있는 투자를 더 잘 보호해 줄 수 있을 것이다. 파산의 길을 걷기 전에 말이다.

시장적 혁신의 위험도

시장적 혁신의 세계는 위험이 비교적 통제 가능한 영역이다. 왜냐하면 시장적 혁신은 새로운 고객층을 만들어 내는 것이라기보다는 기존의 고객층을 넓히고 부활시키는 것이기 때문이다. 제품이나 기술에 관해서도 마찬가지이다. 즉 시장적 혁신은 뭔가 새로운 제품이나 기술을 만들어 내는 것이 아니라, 이미 존재하는 것을 업데이트하거나 맞춤화하는 것이다. 물론 시장적 혁신을 할 때에도 위험은 존재하지만 그 위험은 변혁적 혁신이나 범주적 혁신에 비하면 낮은 편이다. 왜냐하면 시장적 혁신은 기존의 과학 기술이나 디자인 투자를 기반으로 할 수 있을 뿐만 아니라, 기존 고객들로부터 얻어진 피드백을 바탕으로 할 수 있기 때문이다. 설사 시장적 혁신이 완전히 새로운 것이라 할지라도(즉 기존의 것을 바탕으로 하고 있지 않더라도) 그 위험은 범주적 혁신이나 변혁적 혁신에 비하면 상대적으로 낮은데, 그 이유는 비용이 적게 들기 때문이다.

시장적 혁신은 시간 전망time perspective(지금의 행동과 의사결정이 미래에 끼칠 영향력 – 역자 주)적으로도 덜 위험하다. 시장적 혁신은 대개 빨리 일어나며, 필요로 하는 자원도 적은 편이다. 덕분에 위험 역시 자동적으로 낮아진다. 그러니 만일 당신이 점증적 성장을 원하거나, 혹은 당신이 계속해서 노력하지 않는다면 곧 경쟁자들에게 빼앗겨 버릴지도 모르는 분야에서 대체 수익을 찾고 있다면, 이는 좋은 소식이라 할 수 있다. 이 단계는 기업과 기업이 제공하는 제품이나 서비스를 늘 새롭게 하는 방향으로 혁신하지 않을 경우의 위험 수준을 따져 보는 단계이다. 만일 어떤 상품이 산업이나 사회에서 관련성을 잃거나 혹은 침체기가 되었다면, 당신에게는 선택의 여지가 없다. 즉 문자 그대로 혁신이냐 정체냐의 기로에 서게 된다.

몇 년 동안 크래프트Kraft사의 필라델피아 크림치즈는 베이글과 시너지 효과를 내며 함께 성장해 왔다. 하지만 베이글의 성장세가 점차 감소되자 필라델피아 크림치즈 역시 같은 길을 걸었다. "우리는 더 이상 성장하지 못했습니다. 사실상 성장은커녕 쪼그라질 위기였지요. 우리는 구매를 촉진시키고 새로운 기회를 만들기 위한 또 다른 수단을 찾아야 했습니다." 당시 크래프트에서 일하던 비랄은 이렇게 말했다.

"그래서 우리는 이미 알고 있는 것부터 점검하기 시작했습니다. 베이글의 판매 정체는 부분적으로는 거의 매일 뉴스거리가 되고 있는 심장 건강 문제 때문이었습니다. 사람들은 점점 자신들이 섭취하는 지방 함유량에 신경 쓰게 되었죠. 우리는 또 대부분의 사람들이 아침식사 때 필라델피아 크림치즈를 활용하고 있다는 사실도 알았습니다. 하지만 우리는 크림치즈가 한 가지 용도로, 특정 시간대에만 사용되길 원치 않았습니다. 그리고 그게 시작이었죠.

"그래서 우리가 시작한 질문은 필라델피아 크림치즈와 함께 먹는 게 또 뭐가 있을까? 하는 것이었습니다. 사람들은 크림치즈를 뭐에 발라 먹을까? 칩, 빵, 막대 비스킷, 크래커, 야채, 과일? 일단 우리가 답을 찾고 난 후에, 우리는 크림치즈를 이런 음식들에 발라 먹는 데 만족하는지 물어 보았습니다. 우리가 다른 제품을 만들어야 할 **이유**가 있을까? 설사 우리가 '그렇다'라는 대답을 원한다 하더라도, 여기에 대해 확신할 수는 없었기에 우리는 시장 조사를 했습니다. 우리는 또한 크림치즈를 주로 먹는 시간대, 즉 아침식사 시간에 대해서도 조사했습니다. 아침식사 때 주로 먹는 것 중에서 크림치즈와 가장 환상적인 궁합을 이루는 것은 뭘까?"

답은 토스트였다.

토스트는 거의 매일 아침식사로 나왔고, 필라델피아 크림치즈는 사람들이 흔히 빵에 발라먹는 버터보다 더 건강했다. 이러한 깨달음을 얻고 난 후에, 혁신이 뒤따랐다. 크래프트는 새로운 과학 기술을 개발하여, 단단하고 두꺼운 전통 크림치즈를 빵에 기분 좋게 잘 발리는 형태로 바꾸었고, 이는 아침식사 때 빵에 발라 먹을 수 있을 뿐만 아니라 디저트나 간단한 야외 파티, 그리고 야식으로 스낵을 먹을 때도 폭넓게 활용할 수 있는 것으로 끊임없이 진화했다. 본래 토스트용 필리Philly for Toast라는 별명이 붙은 이 제품은 나중에는 오늘날 우리 대부분에게 친근한 이름인, 휘핑 필리Whipped Philly가 되었다.

시장적 혁신의 전형적인 사례인 이 이야기는 문제에 대한 깨달음을 해결책으로 연결시킴으로써 엄청난 영향력을 미쳤다. 시장적 혁신을 통해 필라델피아 크림치즈의 핵심 고객층은 더욱 넓어지기도 했지만, 이는 또한 베이글을 기피하는 소비자들을 대체했다. 게다가 그 제품은 새로 만들어졌지만 비용은 그리 많이 들지 않았다. 왜냐하면 최초의 개발 비용을 최대한 활용했고, 새로운 사용 창구platform를 만들어 냄으로써 시장을 재활성화시켰기 때문이다.

이 같은 시장적 혁신은 모든 사업에서 주요 요소가 되어야 한다. 그것이 제품 혹은 서비스이건, 아니면 이전에 한 번도 시도된 적이 없는 마케팅 및 영업 혁명이든 간에, 이러한 기획은 사람들을 흥분시키고 혁신 마인드를 발달시키는 데도 도움이 된다. 시장적 혁신이 잘 이루어지면 비용 효율이 높고, 점진적 성장이 이루어지며, 예측성도 꽤 높기 때문에 크게 손해 볼 것이 없다. 무엇보다 가장 좋은 점은, 시장적 혁신은 종종 다음 분기의 시장 분석 회의를 하기도 전에 이루어지기도 한다는 점이다. 시장적 혁신에 위험이 없진 않을까? 물론 다음에 다룰 운영적 혁신과 비슷한 수준의 위험이 있긴 하지만, 그 긍정적 효과를 따져 보면 충분히 시도해 볼 가치는 있다.

운영적 혁신의 위험도

만일 우리가 지난 백년 이상 동안 이루어진 혁신의 목록을 만든다면, 많은 위대한 성취들이 운영적 혁신에 속한다는 사실을 확실히 알게 될 것이다. 운영적 혁신은 다른 형태의 혁신들보다 정의하기도 쉽고, 효과적으로 다룰 수 있다. 그 이유는 다음과 같다. 첫째, 운영적 혁신은 회사 내부에 초점을 맞춘다. 즉 효율성, 유효성, 한결같은 품질, 그리고 비용가치 등에 초점을 맞춤으로써, 이러한 요소들을 보다 잘 관리할 수 있다. 두 번째로, 운영적 혁신은 보다 예측성이 강하다(내가 이걸 하면, 저런 일이 생길 것이다). 마지막으로, 운영적 혁신에 필요한 투자는 결과와 관련짓기가 쉽다(내가 여기에 돈을 소비하면 내 수익은 어떠할 것이다). 하지만 설사 운영적 혁신이 표면적으로는 덜 위험하다 할지라도, 운영적 혁신을 우습게 생각하는 것은 금물이다. 진정한 운영적 혁신은 기업의 경영 방식과 고객들에게 더 좋은 서비스를 제공하는 것과 같은 중요한 문제들과 씨름하는 것이다. 또한 운영적 혁신은 다른 모든 사람들이 혁신을 망설이는 순간에도 과감하게 현재 상태를 바꾸거나, 사람과 과학 기술에 투자하는 것을 의미하기도 한다.

2007년 이래 지금까지 다수 항공사들은 계속되는 불확실성 및 치솟는 비용, 그리고 경기 침체 등의 문제들을 안고 있었다. 하지만 이러한 힘든 시기에도 불구하고 예외적으로 좋은 시절을 만끽하고 있는 기업이 하나 있다. 두바이에 본사를 둔 에미레이트 항공Emirates Airlines은 몇 십 년 만에 지역 항공사에서 세계 3위 안에 드는 대형 항공사로 성장했다. 이 회사의 성공의 핵심은 프랑스에서 만든 혁신적인 제트 여객기인 에어버스 A380에 있었다. 500명의 승객을 수용할 수 있는 에어버스는 고객 1인당 비용을 상당 부분 낮춤으로써 라이벌인 보잉Boeing사의 새로운 747기종보다 무려 12퍼센트 정도 낮은 비용으로 운영될 수 있었다. 게다가 원거리 운행 능력 덕분에 에미레이트 항공은 두바이에 근거를 둔 지리적 이점을 적극 살릴 수 있게 되었고, 그리하여 북아메리카에서 아시아까지, 그리고 유럽에서 아시아와 오스트레일리아까지 가는 대륙 간 운항을 점유할 수 있었다.[1]

그러한 비용 절감과 노선 점유를 통해 에미레이트 항공은 라이벌인 루프트한자Lufthansa와 에어 프랑스-KLM, 그리고 싱가폴 항공 같은 기존의 라이벌 항공사들에 비해 운임은 낮추는 반면, 수익은 증가시킬 수 있었다. 에미레이트 항공은 2010년 3월 동안 9억 6,400만 달러의 순이익을 보고했다. 그런 후에 에미레이트 항공은 110억 달러 가치에 달하는 32대의 A380기를 추가로 주문함으로써 다른 항공사보다 가장 많은 초대형 여객기를 보유하게 되었다. 루프트한자가 보잉 747기를 30대 확보하는 데 40년이 걸렸다는 걸 고려해 보면 이는 엄청난 성장이라 할 수 있다.[2]

이러한 야심찬 운영적 투자와 혁신에는 위험이 있었음에도 불구하고 이러한 투자와 혁신은 오늘날 산업에 엄청난 영향을 미쳤으며 미래를 위한 가능성을 새롭게 정의했다. 새로운 신기술 덕분에 단 한 번의 정차만으로 지구상의 모든 두 지점을 연결할 수 있게 되었고, 그러한 도약을 가능케 하는 항공사는 엄청난 이점을 갖게 될 것이다. 영리한 기업이라면 앞을 볼 줄 알아야 한다. 사실, 운영적 혁신에서 가장 큰 위험은 아무 것도 하지 않는 것이다.

　이러한 운영적 혁신은 모든 산업에서 언제나 일어나야 하는 종류의 혁신이다. 운영적 혁신은 혁신 엔진이 제대로 굴러가도록 뒷받침하는 역할을 한다. 하지만 여기서 주의할 점이 한 가지 있다. 성장을 촉진하기 위해서는 운영적 혁신이 필요하지만, 운영적 혁신을 추진하기 위해서는 시장적, 범주적, 혹은 변혁적 혁신 또한 필요하다는 점이다. 에미레이트 항공의 운영적 혁신은 이 초대형 여객기를 모두 채울 수 있을 정도로 고객을 유인하는 시장적 혁신이 뒷받침되어 있어야만 나올 수 있다. A380에는 다른 항공사에서는 일등석에만 제공되는 침대형 좌석을 비즈니스 좌석에까지 제공했을 뿐만 아니라, 샤워 시설과 발밑의 외부세계를 감상할 수 있는 디지털 단말장치를 갖추고 있다. 이처럼 한 단계에서 다음 단계로 혁신이 자연스럽게 흐름으로써 에미레이트 항공의 혁신은 극대화될 수 있었다. 다시 말해, 시장적 혁신은 고객들을 끊임없이 끌어들였고, 운영적 혁신은 그러한 고객의 수요에 맞춰 충분한 좌석을 확보한 셈이다. 이러한 원원 전략은 위험을 최소화하고, 모든 사업에 꼭 필요한 여러 단계의 혁신을 지속할 수 있게 해 준다. 사실 여러 단계의 혁신이 이루어지지 않는다면, 어떤 사업도 성장을 촉진하는 혁신에 매진한다고 말할 수 없다. 각각의 단계에서 얻을 수 있는 위험(개별적인 위험이든 결합된 위험이든 간에)과 보상에 대해 제대로 이해한다면, 혁신의 균형을 맞추고 중대한 결정을 내리는 데 큰 도움이 될 것이다.

혁신에 투자할 것인가, 하지 않을 것인가 그것이 문제로다

변혁적 혁신이나 범주적 혁신 같은 위험한 사업제의든, 아니면 시장적 혁신이나 운영적 혁신처럼 좀 더 예측 가능한 것이든 간에, 투자는 늘 중요한 문제이다. 종종 손익계산서를 들여다보면, 거기에는 위험을 감수할 여지가 거의 없기 마련이며, 특히나 변혁적 혁신이나 범주적 혁신 같은 상위의 혁신에 대해서는 더더욱 그렇다. 그렇기 때문에 혁신에 투자하는 것은 종종 회사의 일상적인 운영을 떠나서 이루어질 필요가 있다. 만일 수익을 내는 데 일 년 이상 걸린다면, 금고를 좌지우지할 힘을 가진 사람의 보호 없이는 혁신에 돈을 쓸 수 없을 것이다. 제너럴 일렉트릭General Electric은 이러한 투자의 어려움을 인식하고, 위험대비 보상이 잠재적으로 승산이 있는 사업에 자금을 댈 수 있도록 보장하는 방법을 개발해 온 기업 중 하나이다. 이 책을 쓰는 동안 우리는 투자 여부 및 어떤 아이디어를 살리고 어떤 아이디어를 죽일지를 결정하는 GE의 혁신 리뷰 세션review session에 참여할 기회를 얻었다.

이는 GE의 회장이자 CEO인 제프리 이멜트Jeffrey Immelt가 자신보다 두 서너 단계 낮은 직책의 사람들에게 변혁적 혁신이나 범주적 혁신에 대한 개요를 자신에게 직접 발표할 기회를 주는 GE만의 독특한 회의였고, 이는 글로벌 사업 부문 및 부서의 리더들로부터 감독을 받지 않고 진행되었다. 이러한 개인적 보고는 잠재적인 고객층과 분석, 깨달음, 직관을 바탕으로 한 잠재성이 있는 시장에 대한 최선의 추측, 그리고 대략적인 가격과 비용 및 진입 장벽 등을 포함하고 있었다.

프레젠테이션이 끝나면 이멜트 회장은 그 프로젝트가 특별 자금을 대 주면서까지 지지할 가치가 있는지를 결정하기 위해 잠재적인 위험과 기회에 대해 심도 있게 파고들었다. 그리하여 최종적으로 투자하고 보호해야 할 가치가 있다고 결정된 프로젝트는 이멜트 회장과 마케팅 및 기술 책임자의 보호를 받으며 계속 진행될 수 있었다.

이런 회의에서 변혁적 혁신 프로젝트가 제기되었을 때, 이들은 그 프로젝트의 가능성이 위험을 평가할 수 있는 단계까지 구축될 수 있을지에 대해 가장 큰 관심을 두었다. 그리고 범주적 혁신 프로젝트가 제기되었을 때 가장 큰 관심사는 시장성과 잠재적 위험성이었다. 이는 매우 탁월한 관점이었다. 만일 어떤 프로젝트가 갖고 있는 가능성이 현실로 만들고 싶을 만큼 충분히 훌륭하지 않다면, 굳이 그걸 시도할 위험을 감수하고 싶지 않을 것이다. 반면, 그러한 가능성이 너무나 흥미로워서 그러한 가능성들을 계속해서 시도해 보고 싶다면, 그 사업은 다음 단계로 진행할 가치가 있다. 그리고 시간이 지나면, 아마도 그 사업이 상업화로 연결되기 위한 사업 투자의 위험성을 평가할 수 있을 만한 충분한 데이터가 나올 것이다.

GE가 그러한 평가 과정을 통해 한 일은 해즈브로의 CEO인 브라이언 골드너가 했던 것과 유사하다. 즉, 브라이언 골드너 역시 안 될 만한 사업은 애초에 포기하고, 될 만한 사업은 천천히, 그리고 비용을 들여서 진행할 것을 주장했다. 골드너는 또 '마티니 글라스 투자법'이라고 이름 붙인 방식을 추천했다.

골드너는 이렇게 말했다. "마티니 잔을 머릿속에 그려 보세요. 당신이 가장 많은 아이디어를 모으고자 하고, 그것들이 정말로 추구할 가치가 있는지 여부를 결정하는 곳은 마티니 잔의 가장 넓은 부분입니다. 아이디어의 승자와 패자를 조기(잔의 가장 넓은 부분)에 결정함으로써 당신은 실제로 진행되고 투자해야 할 컨셉트를 훨씬 잘 관리할 수 있습니다. 이러한 접근방식은 시간과 돈을 줄여줄 뿐만 아니라, 앞으로 진행할 제품을 결정하는 데 도움을 주는 훈련방식이기도 합니다. 왜냐하면 좀 더 아랫단계, 즉 마티니 잔의 폭이 점점 더 좁아지는 부분으로 가면 갈수록 비용은 급격하게 증가하기 때문입니다."

만일 이러한 사고를 혁신의 단계에 적용해 본다면, 마티니 잔의 가장 넓은 입구부분은 투자 위험이 낮은 시장적 혁신이나 운영적 혁신에 대한 투자를 대변한다. 마티니 잔의 가장 넓은 부분에서 이루어지는 혁신은 3개월에서 1년 내의 단기간 내에 재정적 수익을 기대할 수 있다. 그 다음 단계, 즉 마티니 잔의 폭이 좁아지는 단계는 범주적 혁신을 위한 투자를 대변하며, 3년에서 5년 정도 이후에나 수익을 기대할 수 있다. 그리고 마티니 잔의 가장 아랫부분, 즉 가장 폭이 좁은 부분은 변혁적 혁신에 대한 투자라고 볼 수 있다. 이 단계에서는 육성과 보호가 필요하며 전통적인 기업 지표에 얽매이지 않는 투자가 필요하다. 당신이 단계별 및 시간대별로 투자를 바라본다면 당신의 돈이 어디로 가야 할지 훨씬 더 쉽게 결정할 수 있을 것이다.

하지만 그것만으로 끝은 아니다. 위험에 대해 좀 더 깊이 있게 평가하기 위해서, 우리는 당신이 가고 싶지 않은 곳, 그리고 당신이 대답하길 원치 않는 질문들을 하는 또 다른 차원으로 당신을 더 깊이 이끌고자 한다. 설령 내키지 않는다 할지라도 당신이 그렇게 하기만 한다면, 더없이 달콤하고 좋은 것이 당신을 기다리고 있을 것이다.

04

혁신의 실행

'최적지점' 찾기

나는 팔리지 않을 것은 발명하고 싶지 않다.

—토마스 에디슨

마틴 글렌Martin Glenn이 2006년에 버즈아이Birds Eye(미국에 본사를 둔 세계적인 냉동식품회사 – 역자 주)에 합류한 이유는 아마도 그가 도전을 좋아했기 때문일 것이다. 당시 콩의 흉작 및 비싼 기름값, 그리고 치솟는 우유 가격으로 비용이 높아짐에 따라 대표상품인 크림 시금치의 수익이 감소한 버즈아이는 중대한 변화를 시도할 필요가 있었다. 글렌이 CEO에 취임한 첫 몇 달 동안 그는 비용을 조사하고, 제품을 확장하고 새로운 시장을 개척할 방법을 찾았다. 하지만 모든 것을 둘러 본 결과 그는 한결같은 답을 얻을 수 있었는데 그 답은 바로 생선이었다.

영국에 본사를 둔 버즈아이의 고객들은 생선살을 막대 모양으로 잘라 튀김옷을 입혀 튀긴 냉동식품인 피시 핑거에 사뭇 진지한 관심을 갖고 있었다. 연구 자료에 따르면 고객들은 버즈아이가 50년 동안 판매하고 있는 대구살 핑거에 매우 만족해하고 있었고 그러한 취향을 바꿀마음이 전혀 없었다. 하지만 글렌은 대구 대신 대구의 일종인 알래스칸폴락이라는 생선이 대구보다 더 풍부한 동시에, 대체하기 쉽다는 사실을 발견했다. 대구에서 알래스칸 폴락으로 원재료를 바꾸면 회사의 비용이 절감될 뿐만 아니라 환경에도 더 유익했다. 그렇게 하는 것은 사업적, 과학적으로도 합리적이었으며, 사회적 관심사에 대한 조사와도일치했다. 하지만 한 가지 문제는 소비자들이 그러한 변화에 그다지 만족해하지 않았을 뿐만 아니라 심지어는 반감을 표했다는 점이었다.

버즈아이는 대구가 알래스칸 폴락보다 더 우월한 생선이라는 사람들의 생각에 맞서야 했는데, 사실 사람들이 그렇게 생각하는 것은 대구가 **알래스칸** 폴락보다 더 친숙한 생선이기 때문이기도 했다. 사람들이 기존의 것에 더 만족한다면 변화를 감수하려들지 않을 뿐만 아니라, 대중들은 수 년 동안이나 대구가 최고라는 이야길 들어왔다. 사람들은 자신이 믿는 것을 믿었고, 결국 버즈아이는 사람들의 생각을 바꿀 필요가있었다. 그리하여 마침내 버즈아이는 알래스칸 폴락의 건강적인 이점과 환경의 지속가능성을 내세우는 광고 및 홍보 캠페인에 착수했다. 버즈아이는 알래스칸 폴락은 늘 먹던 대구와는 달리 차갑고 신선한 특별한 곳에 사는 특별한 물고기라는 점을 내세웠고, 몇 달이 지나자 소비자들은 자신들이 보통의 대구보다 뭔가 더 나은 것을 먹는다는 자신감을 갖게 되었다. 이러한 문화적 적용에 초점을 맞춤으로써 버즈아이는 5퍼센트 적자였던 상황에서 5퍼센트 흑자로 돌아섬으로써 불과 1년 내에 10퍼센트의 변동을 이끌어 냈다.[1]

버즈아이와 글렌이 한 일은 기적이 아니라 철저하게 계산된 것이었다. 이들은 사업에서 어려움에 부딪쳤을 때, 이를 해결하기 위해 혁신으로 돌아섰고, 마침내 그들이 해결책을 발견했을 때, 그들은 소비자들을 이해시켰다. 다시 말하면, 그들은 성장이 가장 필요한 시기에 성장 가능성을 획기적으로 개선하고, 위험을 낮춤으로써 기초를 탄탄하게 다졌다. 1부의 마지막 장인 이 장에서, 우리는 혁신 프로젝트가 시장에서 살아남을 수 있는 최적의 기회를 가질 수 있도록, 몇 가지 체크할 항목과 균형 맞추기를 통해 당신을 안내해 줄 프레임워크를 소개할 것이다. 이는 혁신의 네 가지 단계 개념과 마찬가지로, 매우 단순하지만 강력한 모델이다.

누구, 무엇, 왜

대부분의 사람들은 www라고 하면 자동적으로 월드와이드 웹world wide web을 떠올린다. 하지만 지금부터는 www를 볼 때마다 **누구**who, **무엇**what, **왜**why를 떠올리며 혁신에 대해 생각했으면 한다. 이 세 단어들은 그 어떤 것보다도 혁신에 대한 위험을 보는 방식을 바꾸어 놓을 것이다.

다음에 있는 세 개의 원 안에는 각각 혁신과 관련된 요소들이 있다. 첫 번째 원은 소비자, 즉 당신이 제공하는 것들을 구매하는 **사람**who과 관련되어 있다. 그리고 두 번째는 당신이 개발하는 것what, 즉 당신의 제품이나 서비스, 그리고 그것들을 산출하는 데 필요한 모든 것과 관련되어 있다. 그것이 과학이든, 기술이든 과정이든 능력이든 상관없다. 그리고 세 번째 원은 **왜**why와 관련되어 있다. 당신이 하고자 하는 혁신이 어째서 사업에 필요한가? 여기서는 당신이 혁신을 추구할(혹은 추구하지 않을) 결정을 내리기 위해 고려해야 할 점, 즉 비용과 자원, 타임라인, 그리고 잠재적인 긍정적인 면 등과 관련되어 있다. 이 세 개의 W에 대해 많이 알면 알수록 위험은 낮아지고 수익은 증가할 것이다.

　이는 우아하리만큼 간단하다. 사실 대부분의 기업들은 이미 이 컨셉트를 활용하고 있을 가능성이 매우 높다. 단지 그들은 이 세 가지 요소들을 함께 고려하지 않을 뿐이다. 대신 그들은 이들 요소들을 마케팅이나 연구, 개발, 엔지니어링, 그리고 재무 전반에서 독자적으로 다루고 있을 뿐이다. 하지만 이들이 독자적으로 다루어진다면, 혁신의 위험을 늘림으로써 비전을 분열시킬 뿐만 아니라 때로는 혁신 자체를 죽이기도 한다. 고려해야 할 것은 각각의 항목이 아니라, 세 가지 요소가 합해져서 얻어지는 배열이다. 세 개의 원을 따로따로가 아니라 합쳐서 보면 각각의 요소가 서로를 떠받치고 스며든다는 것을 알 수 있다. 이를 통해 우리는 혁신을 위해 감수해야 할 위험의 진면목을 발견할 수 있다. 다시 말해, 우리는 최선의 결정을 얻기 위해 사진 한 장을 얻는 대신, 진정한 3D 영화를 얻는 셈이다. 세 개의 원들이 합쳐질 때, 실제로 세 가지를 모두 만족하는 면을 갖게 되는데 이것이 우리가 3장에서 언

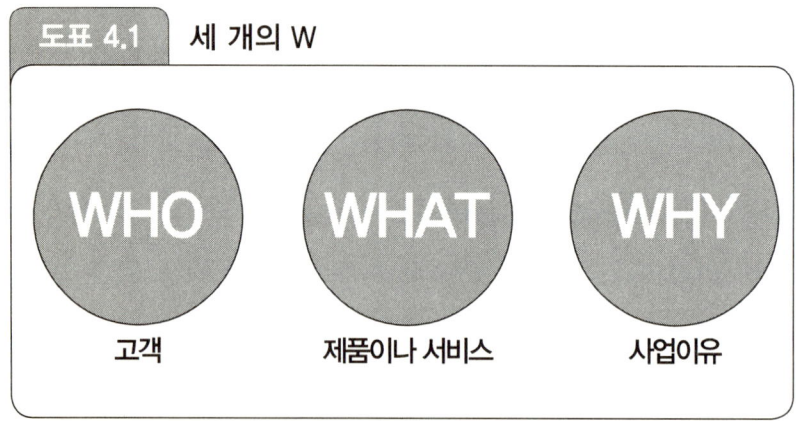

도표 4.1　세 개의 W

WHO　WHAT　WHY

고객　제품이나 서비스　사업이유

급했던 최적지점sweet spot이다.

여기에 대해 좀 더 자세한 이야기는 각각의 원에 대한 이야기가 끝난 후에 할 것이다. 하지만 우선, 이 원들을 살펴볼 때 기억해야 할 두 가지가 있다. 첫 번째는 질質의 문제이다. 이 책 전반에서 우리는 혁신이 성공하기 위한 가장 중요한 요소는 고객이라는 사실을 반복해서 강조하고 있다. 이는 일반 원칙적으로는 사실이지만, 위험 평가에 있어서는 세 가지 중 어느 하나가 특별히 더 중요하다고 말할 수 없다. 즉 각각의 W는 동등한 무게를 갖고 있다.

두 번째로 기억해야 할 것은 당신이 세 가지 W 중 어디부터 시작하든 상관없다는 점이다. 시작점은 당신이 추구하는 것이 어떤 형태의 혁신인지에 따라 달려 있다. 그렇기 때문에 당신이 운영적 혁신을 할 것인지, 시장적 혁신을 할 것인지, 범주적 혁신을 할 것인지 변혁적 혁신을 할 것인지 제대로 아는 것이 중요하다. 만일 시장적, 혹은 범주적 혁신을 추구한다면, 고객이 누가 될지, 그리고 고객들이 소중하게 생각하는 것은 무엇인지에 대한 깨달음을 얻고자 할 것이다. 그러니 고객을 시작점으로 하는 것이 합리적이다. 반면 범주적 혁신이나 변혁적 혁신에서는 당신의 고객이 누가 될지 한동안은 알지 못할 테니 고객에서 답을 찾는 것은 시간낭비일 뿐이다. 그러니 범주적 혁신이나 변혁적 혁신의 시작점은 거의 대부분 과학, 기술과 관련된 호기심이거나 혹은 뭔가를 하는 고유한 방식이 된다.

당신이 어디서 출발하던 간에, 당신은 각각의 원에 대해 제대로 알아야 한다. 이를 돕고, 자칫 중요한 것을 빼먹지 않도록 하기 위해 우리는 각각의 영역에서 던질 수 있는 일련의 질문들을 미리 설정해 두었다. 가능한 많은 질문을 완성하고, 질문에 대답할 수 없는 것 옆에는 물음

최적지점

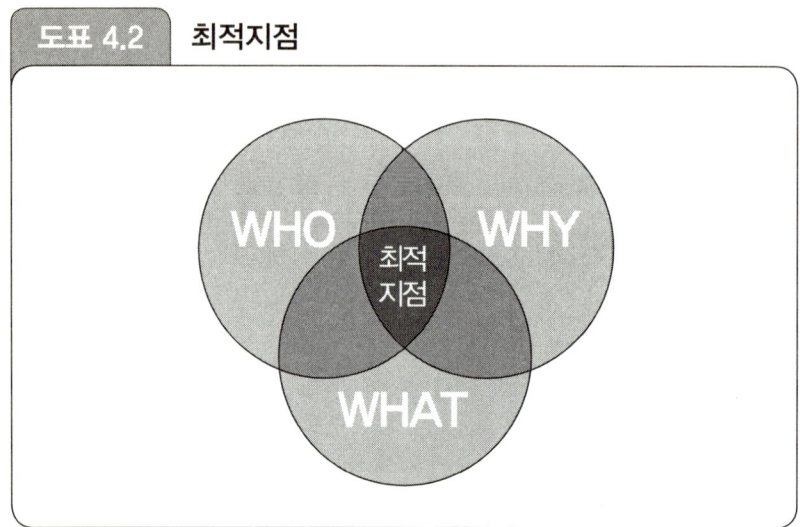

표를 그려라. 마지막에 우리는 이 세 가지를 한데 묶어 의심의 그림자를 지우고, 이 세 가지 W에 집중하는 것이 어떻게 최악의 시기를 축복의 시기로 바꾸어 놓는지 보여 줄 것이다.

누구

모든 혁신에는 누군가 그걸 사 줄 사람이 필요하다. 이는 지극히 당연한 이야기이다. 물건을 사 줄 소비자나 기업에 대해 알지 못한다면 당신은 제대로 된 시장을 계획할 수 없을 뿐만 아니라, 개발을 완성하지도 각종 지표를 적용할 수도 없을 것이다. 이는 우리가 2장에서 이야기 했던 이해와 깨달음에서 이미 했던 이야기이다. 표 4.1에 나온 질문들을 활용하여 고객들에 대한 깨달음을 얻어 보도록 하자. 하지만 이러한 질문들은 규정이 아니라 가이드이기 때문에, 여기에 당신의 고객이나 소비자, 혹은 기업들과 관계있는 질문들을 덧붙여도 좋다. 중요한 점은, 위험을 결정짓기 위해서는 고객에 대해 가능한 많은 것을 알아야 한다는 것이다.

표 4.1	고객 Who
질문	**상기할 것**
당신의 고객은 정확히 누구인가?	분석, 깨달음, 직관을 갖고 대답을 찾을 것.
인구학, 민족학, 소비자심리학은 어떠한가?	사업의 크기, 지리학, 이윤 폭, 성장목표, 신뢰성, 시너지, 인접성, 변화에 대한 적응 능력을 분명히 할 것.
고객들의 현재 소비 습관은 어떠한가?	고객의 소비 습관이 당신의 혁신에 긍정적인 영향을 미칠지, 부정적인 영향을 미칠지 명확히 할 것.
고객들이 기대하는 자질은 어떠한가?	고객들이 현재 가능한/용인된 것을 기대하는지, 혹은 정말로 원하는 것을 기대하는지 확실히 할 것.
고객들은 가치를 어떻게 정의하고 경험하는가?	가치의 모든 측면, 즉 물리적, 지적, 감정적, 정신적인 측면을 고려할 것. 고객들이 현재 추구하는 가치는 무엇이며 당신의 혁신이 어떻게 고객들의 가치를 증대시킬 수 있을지 명확히 할 것.
어떻게 고객들을 만족시키고, 행복하게 해 주며, 놀라게 해 줄 것인가?	고객들이 현재 기대하는 수준 및 고객들이 불가능하다고 생각하는 것이 무엇인지 고려할 것.
고객들이 당신의 혁신의 중요성을 얼마나 쉽게 이해할 수 있는가?	이는 혁신의 적용률과 직격된다. 이해하기 쉽고 직관적 가치가 있는 혁신은 적용률이 훨씬 빠르다.
혁신이 풀어야 할 문제는 무엇이며, 혁신이 만들어 내는 기회들은 무엇인가?	혁신이 고객들에게 가져다 줄 수 있는 것이 정확히 무엇인지 확실히 할 것. 즉, 혁신이 고객의 삶에 어떤 영향을 미칠 것인가?
현재 경쟁하는 제품의 불만요인이나 한계점은 무엇인가?	다른 이들의 실수에서 배울 것!
	계속

고객 경험과 관련 있는 접점은 무엇이며 틈새는 어디인가?	포장, 구매의 편의성, 서비스의 수준, 사용의 편의성, 보관, 처리 등 모든 사항을 고려할 것. 서비스의 경우 대기 시간, 배달 여부, 그리고 사후 관리까지 고려할 것
과거에 있었던 비슷한 혁신의 적용률은 어떠했는가?	당신이 제공하는 것과 유사한 사례에서, 혁신을 방해하는 것과 혁신에 도움이 되는 것을 결정할 것. 초기 인터넷처럼, 사람들에게 낯선 것이라면 적용되기까지 긴 시간이 걸리지만 모바일 장치처럼 사람들이 이미 알고 있는 것일 경우에는 아이폰의 경우처럼 엄청난 성공을 거둘 수 있다.

일단 당신이 가능한 한 많은 질문에 대답을 해 보았다면 다음 요소로 넘어가도 좋다. 하지만 설사 모든 질문에 대답할 수 없다 해도 걱정할 필요는 없다. 이는 당신이 위험을 감수할 만큼 자신감을 갖고 있다는 의미일 수도 있고, 아니면 위험을 최소화하기 위해 좀더 기다려야 한다는 의미일 수도 있다.

무엇

무엇what이라는 요소는 혁신 그 자체를 의미한다. 이것은 작동하는 제품이나 서비스를 내놓기 위해 취하는 모든 것을 포괄한다. 때때로 이는 새로운 과학이나 기술을 창조하는 것일 수도 있고, 헨리 포드가 최초로 적정한 가격의 자동차를 내놓았을 때나, 크래프트가 발라먹는 크림치즈를 발명한 것처럼 혁신적인 프로세스를 창조하는 것일 수도 있다. 혹은 사라 블레이클리가 스팽스를 내놓은 것처럼 새로운 디자인이 될 수도 있다. 또한 이는 제품이나 기술이 아니라, 위험을 낮추기 위해 정한 규정이나 법률이 될 수도 있다. 그게 무엇이든 간에, 여기서 찾아야 할 것은 바로 그것이다.

표 4.2　무엇 What

질문	상기할 것
현존하는 제품인가 혹은 새롭게 개발된 기술, 과학 혹은 서비스인가?	이미 세상에 나와 있는 것과 당신이 기존 것의 수정안, 혹은 최첨단 그 사이 어디쯤 끼어들 수 있는지 이해하라.
고유한 이점은 무엇인가?	당신의 제품의 진정한 차이점이 무엇인지 솔직하게 생각하라.
특허를 받을 수 있거나 기업비밀인가?	당신이 실제로 갖고 있는 보호책에 대해 이해하고, 그것이 경쟁력 있는 리드 타임 (lead time: 상품 생산 시작부터 완성까지 걸리는 시간 – 역자 주)을 충분히 제공할 수 있을지 결정하라.
시간 범위는 어떠한가? 1년, 3년, 혹은 5년 이상인가?	당신이 이행할 수 있는 시기 범위 내에서만 생각해라.
어떤 규제나 순응 조치가 요구되는가?	필요한 승인을 얻기 위한 충분한 권한을 갖고 있는가? 시간 계획은 고려했는가?
소비자의 욕구와 사업의 깨달음이 결합함으로써 사회를 바꿀 수 있는가? 새로운 범주를 창조하는가? 현재 기술을 이행시키는가?	시장과 사업이유 business case가 당신의 제품 개발에 충분히 뒷받침될 경우, 당신의 제품의 영향력을 인지하라. 영향력이 크면 클수록 그것은 위험을 무릅쓸 만큼 매력이 있을 것이다.
다양한 사고를 적용시키는가?	얼마나 다양한 사람들의 조언을 들었는가? 배경과 관점의 다양성에도 불구하고 사람들의 조언과 의견에 일관성이 있는가?
당신의 사업이 개발 시간을 참고 기다릴 수 있는 인내심이 있는가?	당장의 상업적 개발과는 거리가 먼 아이디어를 얻는데 필요한 자원과 리더십의 지원을 갖고 있는가?

누구 Who에서 했던 것과 마찬가지로, 공백을 메워 가면서 가능한 모든 질문에 답해 보자. 단기간의 혁신을 이루고자 한다면, 이들 질문 모

두에 비교적 쉽게 대답할 수 있어야 한다. 반면 새로운 발명이 요구되는 계획이라면 타임라인은 좀 더 길어질 것이다. 완료 시점에 가까워질수록 그것은 좀 더 정의하기 쉬워질 것이고, 그렇게 되면 위험을 낮출수 있는 정보들을 얻을 수 있을 것이다. GE가 철도를 구상하다 혁신적인 배터리를 만들게 된 사례를 떠올려 보자. GE가 맨 처음 그 계획을 시작했을 때만 해도 그것은 단일 산업에만 해당되는 해결책이었다. 하지만 연구가 진행됨에 따라 연구자들은 이를 가까운 곳에 적용할 수 있는 법을 찾게 되었고, 이를 통해 **고객**의 정의를 넓힐 수 있게 되었다. 더 큰 상업적 운송 시장을 찾게 됨으로써 위험은 자동적으로 낮아졌고, 이는 다음에 살펴볼 사업이유why에도 도움이 되었다.

왜

마지막으로 살펴볼 것은 바로 **사업이유**why, 혹은 그것이 어째서 혁신에 착수하기 위해 사업적으로 합리적이냐, 합리적이지 않느냐 하는 것이다. 어떤 기업이 계획에 앞서 사업이유를 따져 보는 것은 지극히 쉽고 당연한 결정이라고 생각하기 쉽지만, 사실 자신들의 사업이유를 현실적으로 정의하지 않아서 혁신에 실패한 기업들은 부지기수이다. 당신이 설사 혁신을 열렬히 원하고 필요로 하고 이해한다고 할지라도, 그것이 계획을 착수할 만한 올바른 이유가 될 수는 없다. 혁신을 위해 위험을 감수할 만한 가치가 있는지 알기 위해서는 어째서 혁신이 재정적, 경쟁적, 그리고 전략적으로 합리적인지 알아야만 한다.

세 가지 원들에 있는 질문에 대답한다면, 당신은 이제 위험이 어디에 있는지 알 수 있을 것이다. 앞에서도 말했다시피 대답하지 못한 채로 남겨진 질문이 많을수록 위험은 더욱 크다. 반면 공백을 메우고 세 개

표 4.3	사업이유 Why
질문	**상기할 것**
1년, 3년, 5년, 10년 후 시장의 잠재성은 어떠한가?	최소와 최대의 경우 모두를 생각하되, 최소를 위해 계획할 것.
당신의 현재, 그리고 미래의 경쟁자는 누구인가?	현재 경쟁사 전반에 관한 깊이 있는 정보를 알고 있을 뿐만 아니라 경쟁사들의 미래 계획까지 예측할 수 있는가?
당신은 고유하고 뭔가 다른 것을 제공하는가?	당신이 제공하는 것이 얼마나 고유하며 가격책정과 접근 등에 따라 어떠한가?
어떻게 돈을 버는가? (이윤, 성장, 상품 비용, 투자 수익)	제품의 비용은 어떠하며 시장성 있는 가격은 얼마인가? 또한 그러한 수익성을 보장하기 위한 필요한 공급망, 배급 체계, 영업 계획에 대해 상세하게 알고 있는지 확인할 것.
상업적 성공을 정의하는 것은 무엇인가?	성공을 가리키는 수치들을 이해할 것.
영향력 있는 브랜드를 갖고 있는가?	브랜드 파워 및 브랜드 파워가 약할 경우에 대해 인지하고 영향력을 발휘할 것.
사업을 어떻게 방어할 것인가?	시장에 진입할 때 어떤 장벽이 있는가? 장기적으로 볼 때 어떤 면에서 승산이 있을지 파악하고 있는가?
사업 계획 및 전략은 무엇인가?	사업의 모든 국면을 완전히 정의하기 위한 시간을 가졌는가? 또한 수익성 있는 사업이유를 위한 전략을 세웠는가?

의 원을 제대로 배열할수록 성공할 확률은 높아질 것이다. 버즈아이의 사례를 다시 떠올려 보자. 버즈아이가 피쉬 핑거에서 혁신을 시도했을 때, 시장이 필요로 하는 제품과 수익성을 증가시키는 사업이유 면에서 셋 중 두 가지 원은 제대로 배열된 셈이다. 하지만 여기서 빠진 것은 바

로 고객이었다. 그래서 버즈아이는 고객who이라는 세 번째 원을 가져와서 여기에 배열시킴으로써 해야 할 일을 했다. 버즈아이는 고객이 여기에 동조하리라 믿으며, 그저 눈길을 끄는 새로운 포장의 상품을 대대적으로 선보일 수도 있었다. 하지만 만일 그랬다면 고객들로부터의 반발은 꽤나 거세었을지도 모른다. 하지만 버즈아이는 고객들에 대해 잘 알고, 이를 보다 넓은 관점인 환경에 대한 책임감과 결부시킴으로써 잠재적인 패자에서 명쾌한 승리자로 돌아설 수 있었다.

대구를 기본으로 한 원래의 제품은 한때 매우 성공적이었고, 세 가지 W에도 잘 부합했다는 사실에 유의하자. 하지만 비용이 증가하면서 시장이 불안해졌고 소비자들은 진화했다. 사업이유가 혁신을 필요로 할 때, 당신은 위험을 최소화하기 위해 어떻게 해야 이 세 가지 원이 제대로 배열될지 알아야만 한다. 이는 기업들이 단기적으로 사고하고, 빠른 수익을 기대하며 지름길을 택하는 시장적 혁신과 운영적 혁신에서 특히 그렇다.

세 가지 원을 고려하고 이와 관련된 질문들에 제대로 대답했는지 확인하는 식의 접근방식은 어떤 원부터 시작하든 혹은 당신이 시도하는 혁신이 어떤 종류의 것이건 간에 상관없이 효과가 있다. 스팽스의 사례에서 보았듯이 때로는 고객에 대한 깨달음이 혁신을 부르기도 하고, 스카이프나 무연료 냉장고처럼 기술이나 과학적 돌파구가 혁신을 부르기도 한다. 세 가지 원 중 각각의 원이 당신을 어디로 이끌건 간에, 세 가지 원을 모두 만족시키는 최적지점을 찾는 것은 제대로 된 혁신을 이루는 핵심이다.

혁신의 적용

혁신의 실행에 대한 논의에서, 우리는 어떻게 누구, 무엇, 왜라는 세 가지 요소들이 어떻게 합쳐지는지에 대해 하나의 기업이 아니라, 거의 한 세기에 걸쳐서 이루어진 어떤 산업 전반에 대한 예시를 들어서 보여 주고자 한다. 비랄은 우리가 뒤에서 소개할 제품에 십 년 이상의 기간을 보냈기 때문에, 우리는 그것이 딱 적당한 예시가 되리라 생각했다.

우리의 모험을 시작하기 위해 먼저 뉴욕 북부의, 예약이 되지 않는 한 레스토랑으로 가 보자. 우리는 1부에서 이야기 했던 교훈들을 상기시키기 위해 이야기 중간 중간에 끼어들어 논평을 할 것이다. 이러한 논평은 당신의 사업에 필요한 핵심 내용을 좀 더 쉽게 적용할 수 있게 도와 줄 것이다. 이 이야기가 비록 소비재에 관한 것이긴 하지만, 기업 간 상호작용에 있어서도 동일한 원칙이 적용된다는 점을 염두에 두었으면 한다. 혁신과 관련된 모든 것은 기본적으로 고객과 소비자로부터 시작된다.

오래된 레스토랑에서 감자칩이 탄생하다

1853년 여름, 조지 크럼George Crum이라는 젊은 남자가 새러토가 스프링스에 있는 고급스러운 문레이크 로지Moon Lake Lodge 리조트의 주방장으로 일하고 있었다. 이 레스토랑에서 인기 있는 메뉴는 포크로 찍어 먹는 길쭉한 프랑스식 감자튀김 요리였다. 어느 날, 크럼은 손님이 자신의 감자튀김을 다시 주방으로 되돌려 보낸 탓에 짜증이 났다. 그것도 한 번도 아닌 두 번씩이나! 손님의 불만사항은 크럼의 감자튀김이 너무 두껍다는 것이었다. 괴팍한 성격으로 이름난 크럼은 감자를 종잇

장처럼 얇고 둥글게 썰어서 기름에 바삭하게 튀긴 후에, 자신의 요리를 모욕한 데 대한 복수심으로 소금을 와장창 뿌려서 이죽거리며 손님에게 가져다주었다. 하지만 그 손님이 일행과 함께 그가 가져다준 요리를 정신없이 먹어치우는 모습을 보고, 크럼은 깜짝 놀랐다. 그들은 크럼의 새로운 요리를 좋아했던 것이다! 마찬가지로 다른 사람들도 크럼의 새로운 요리를 좋아해서 이를 더 주문하기 시작했고, 그리하여 크럼의 '새러토가 칩스'는 그 레스토랑의 가장 인기 있는 메뉴로 자리 잡았다. 즉, 마음을 열고 내면의 소리에 귀를 기울인다면 혁신으로 가는 아이디어는 우리 주변에 있다는 사실을 확인할 수 있다.

비록 크럼은 자신의 감자칩을 혁신이라고 생각하지는 못했을 테지만, 사실 크럼의 감자칩은 새로운 산업을 싹틔우는 시작이자 그를 위한 멋진 사업이었다. 그 까다로운 고객을 만난 지 몇 년 후에 크럼은 자신의 레스토랑을 열었고, 예약을 받지 않는 그의 정책 탓에 늘 길게 줄을 서야 했음에도 불구하고 사람들은 그의 감자칩을 맛보기 위해 기꺼이 기다림을 감수했다. 하지만 벤자민 프랭클린이 피뢰침에 대해 그랬던 것처럼, 발명가이자 요리사였던 크럼은 자신의 감자칩에 대해 특허를 내거나 이를 널리 유통시키려고 애쓰지는 않았다. 덕분에 다른 레스토랑에서도 신선한 감자칩을 내놓기 시작했다. 감자칩의 인기가 점차 높아지자, 야심 많은 제과업자들도 여기에 눈독을 들이기 시작했고, 그리하여 혁신의 폭포현상이 시작되었다.

그러한 제과업자 중에는 오하이오 주, 클리블랜드의 사업가였던 윌리엄 태펜던William Tappendon 도 있었다. 그는 1895년에 처음으로 주방에서 감자칩을 만들기 시작하다가 얼마 후에는 자기 농장의 임시 공장에서 감자칩을 제조하기 시작했다. 그곳에서 그는 손으로 일일이 감자

껍질을 깎고 얇게 저민 후에 커다란 주전자에 감자를 튀겨낸 후, 그것들을 양철통에 담아 식료품점에 배급했다.[2] 식료품점에서는 커다란 통이나 유리 용기 안에 감자칩을 담아 놓고 이를 대량으로 판매했고, 감자칩을 사는 사람들은 이것을 종이로 만든 백에 담아 집으로 가져갔다. 레스토랑에서 판매되던 감자칩이 포장해서 집으로 가져가서 즐기는 방식으로 확장됨으로써, 혁신은 인접한 범주(식당 음식에서 식료품점)로 이동했다. 태펜던은 고객들이 감자칩을 좋아한다는 사실을 알았고, 이를 이용하여 성공할 수단을 갖고 있었으며 결국 이윤을 챙겼다. 태펜던의 성공은 감자칩이 세 개의 W를 만족시키는 최적지점sweet spot 안에 들어갈 만한 잠재력을 갖고 있다는 것을 보여주는 첫 번째 조짐이었다.

틀을 깨고 생각하기

시간이 지나면서 감자칩은 인기를 더해갔고, 감자 깎는 기계와 자동 튀김기(둘 다 운영적 혁신의 산물이다)같은 혁신 덕분에 지역 내 영세 제조업자들이 이윤을 남길 수 있을 정도까지 감자칩의 생산량을 늘릴 수 있었다. 이후 20여 년에 걸쳐 감자칩 공장은 오하이오에서 서쪽으로는 텍사스까지, 그리고 동쪽으로는 매사추세츠와 펜실베이니아까지 우후죽순으로 생겨나기 시작했다. 이들 감자칩 공장은 각 지역에서 성공했지만 모두 동일한 난관에 부딪쳤는데, 바로 신선함과 파손 문제가 그것이었다.

감자칩이 레스토랑에서 그토록 사랑받을 수 있었던 이유는 기름에 튀겨 곧바로 나왔을 때의 바삭하고 신선한 맛 때문이었다. 하지만 미리 조리되어 이동되고, 식료품점의 통 안에 보관되는 동안 일부 감자칩은 부스러졌을 뿐만 아니라, 며칠이 지나면 감자의 맛과 질감이 변하기 시작했다. 튀긴 후에도 감자는 물기가 남아 있고, 산소에 노출되면 기름은 맛이 변한다. 게다가 통 아랫부분에 보관된 감자칩들은 대개 눅눅하고 퀴퀴한 냄새가 났기 때문에 사실상 유통기한은 없다고 보아도 무방했다.

모든 기업들이 이런 문제들을 인식했지만, 여기에 대한 해결책을 내놓은 것은 로라 스쿠더Laura Scudder라는 캘리포니아 서부 해안 출신의 기업가였다. 호기심이 많았던 스쿠더는 언제나 지식에 목말라 있었다. 필라델피아에서 간호사로 일했던 그녀는 후에 캘리포니아 유키아에서 변호사가 되었고, 몬터레이로 이사한 후에는 식품 회사를 설립했다. 그녀가 내놓은 첫 번째 제품은 다른 사람들과 마찬가지로 통이나 양철통에 넣어서 판매되는 감자칩이었다. 그녀는 그럭저럭 사업을 잘해 냈지만, 어김없이 신선함과 파손이 문제로 떠올랐다. 갖은 노력에도 불구하고 당시까지 이 문제는 여전히 누구도 풀지 못한 난제였다. 이런 문제들 때문에 사업이유Why와 기술 항목은 고객Who 항목과 점점 멀어져 감으로써 판매에 걸림돌이 되었다. 이 상황에서 필요한 것이 바로 운영적 혁신이었다. 감자칩의 문제는 기름과 산소였고, 대부분의 기업들이 주방에서 적을 상대하며 고군분투하는 동안, 로라는 포장에 승부를 걸었다.

매일 밤 그녀는 여성 근로자들에게 왁스가 칠해진 종이를 갖고 퇴근하게 했다. 저녁에 이 여성들은 종이를 잘 다려서 봉투 안에 넣었고, 다음 날 그 봉투에 감자칩을 넣고 봉합한 후에 출하했다. 그녀는 이러한 포장 혁명을 통해 감자칩을 좀 더 안정적으로 보관할 수 있게 해 주었을 뿐만 아니라, 환경을 보호하고 감자칩의 부스러짐도 줄일 수 있게 해 주었다. 덕분에 이제 감자칩은 새롭고 편리한 간식거리로 대량 판매가 가능해지게 되었다. 스쿠더의 회사는 또한 오늘날 식품에 필수적으로 표기해야 하는 신선도 보증 기간을 최초로 표기함으로써 업계의 기준을 세운 기업이기도 했다. 신선도 문제를 해결하기 위해 운영적 혁신을 이뤄냄으로써 스쿠더는 고객과의 관계를 굳건히 해 주고 경쟁 우위를 결정짓는 신선도 보증 기간 freshness dates 같은 시장적 혁신의 문을 열었다.[3]

셀로판과 매끄러운 글라신(화학펄프를 고도로 점상고해하여 셀룰로오스 섬유를 미세화시키고 파괴하여 만든 얇은 종이를 공정을 거쳐 유리와 같이 매끄러우며 밀도가 높고 투명하게 만든 박엽지 − 역자 주)이 발명되자 포장은 개선되었고 더 많은 시장적 혁신이 일어났다. 1933년에 인쇄가 가능해진 글라신 봉투가 최초로 선을 보임으로써 제품의 이름을 짓는 일이 가능해지게 되었다. 봉지에 넣어 파는 감자칩들은 또한 셀프 서비스의 장을 열기도 했다. 즉 점원이 감자칩을 일일이 측정할 필요가 없어지자, 고객들은 마음에 드는 감자칩을 마음대로 고를 수 있었다. 한마디로 브랜드 전쟁이 시작된 것이다. 여기서 중요한 점은 고객들이 원하는 것(바로 먹는 듯한 신선함)에 관한 깨달음과 사업적 깨달음(습기, 공기, 유통기한을 단축시키고 파손을 유발하는 운반과정)을 통해 사업성장의 장애물을 제거하는 포장 혁신을 이끌었다는 점이다.

거리에서 제국으로

조지 크럼이 고객의 불평에 착안하여 주방에서 만들어 낸 감자칩이 탄생한 지 약 158년이 흘렀다. 그때 이후, 많은 지역 기업들이 여기에 합류했고, 감자 깎는 기계와 자동 튀김기 같은 발명에 기초한 운영적 혁신은 감자칩 사업에 날개를 달아 주었다. 하지만 궁극적으로 감자칩을 새로운 수준으로 끌어 올린 것은 조지아 주의 애틀랜타 소재의 가드너 포테이토칩의 제조업체인 바렛 식품 회사에서 일하는 야심만만한 스물 네 살의 출장 판매 영업인이었다. 그의 이름은 바로 허먼 W. 레이 Herman W. Lay였다.

레이는 다양한 분야에서 매우 걸출한 인물이었지만 아마도 그에게 주어진 가장 큰 선물은 직관력과 고객과의 긴밀한 관련성일 것이다. 그는 자동차 트렁크 안에 감자칩을 싣고 다니며 식료품점을 돌면서 감자칩을 판매하기 시작했다. 그는 고객들과 식료품점 주인과 이야기를 나누며, 이들이 감자칩을 먹는 방식을 유심히 관찰했다. 그는 사람들의 반응을 기록하고, 질문하고, 감자칩을 씹을 때 나는 바삭거리는 소리를 듣고, 감자칩이 사람들에게 주는 즐거움을 관찰했다. 그는 고객들이 여러 감자칩 중에서도 약간 황금빛이 도는, 살짝 탄 감자칩을 유독 좋아한다는 사실을 발견했다. 사람들은 그런 감자칩을 먹고 나서 손가락을 핥으며 "하나만 더 달라"며 남다른 애착을 보였다.

다행히도 그는 자신이 팔아야 할 것이 무엇이며, 판매 이유에 대해 제대로 이해했고, 여기서 엄청난 사업 가능성을 발견했다. 그해 말, 그는 100달러를 빌려 테네시 주 내쉬빌 소재의 바렛의 작은 창고를 인수했다. 성장은 가팔랐다. 1933년 그는 최초의 영업사원을 고용했으며 이듬해에는 여섯 개의 새로운 판매 루트를 개척했다. 1936년까지 그는 25명의 고용인을 두었고, 땅콩버터 크래커와 팝콘 튀김을 제조함으로써 판매 제품을 늘렸다. 핵심이 되는 해는 1938년으로, 그 해에 그는 6만 달러를 모아 재정적으로 비틀거리던 바렛의 애틀랜타의 공장과 가드너의 브랜드 네임을 사들였다.[4] 그리고 이것이 훗날 미국인들에게 가장 사랑받는 감자칩으로 자리 잡게 될 거대한 제국의 시작이었다.

이 젊은 기업가가 다른 많은 기업가들을 제치고 감자칩의 제왕 자리를 꿰찰 수 있었던 데에는 몇 가지 핵심적인 이유가 있다. 가장 중요한 것은 그의 직관과 고객에 대한 믿음, 그리고 고객들의 욕구를 이해하고자 하는 마음가짐에 있었다. 처음부터 그는 고객들과 함께 시간을 보냈고, 고객들의 구매내역보다는 고객들이 하는 말에 더 큰 관심을 가지면서 끊임없이 지식과 직관을 키워 갔다. 그는 또한 사업이유를 이해하는 데도 남다른 재능이 있었다. 그는 한쪽 주머니에는 들어올 돈에 대한 장부를, 그리고 다른 주머니에는 지불할 돈에 대한 장부를 넣어두었다고 한다. 덕분에 그는 주머니를 가볍게 두드리는 것만으로도 자신이 어떻게 행동하고, 또 감자를 더 사들일지, 그러지 말아야 할지 알았다고 한다. 시간이 지나면서 주머니에 장부를 넣고 경영하기에는 사업이 지나치게 성장했음에도 불구하고 그는 자신의 이러한 기본 원칙을 잊지 않았다.

고객을 즐겁게 하는 것이 성공의 핵심이라는 그의 믿음을 지키면서, 그는 판매 시스템을 혁신함으로써 현장의 사람들이 그저 제품을 가게 주인에게 배달하는 것 이상의 일을 할 수 있도록 했다. 즉, 현장의 직원들은 가게에 상품을 진열하고 고객에게 구매를 촉진하는 구매 광고를 세우는 동시에, 오래된 상품이 고객에게 판매되어 고객들을 실망시키기 전에 미리 솎아냄으로써 제품의 질을 보장할 수 있게 하였다. 이러한 배송 시스템은 영업사원들이 자기 구역 내에서 보다 확실하게 일할 수 있게 해 주는 동시에, 끈끈한 관련성을 고취시키고 충성심을 높여 줌으로써 수익을 증대시키는 데 보탬이 되었다. 게다가 신제품이 출시되었을 때, 고객들이 제품에 좀 더 쉽게 접근할 수 있는 입지 좋은 선반에 제품을 진열하기도 더 쉬워졌다. 운영적 혁신으로 시작된 이러한 새로운 배송 시스템은 아주 혁명적인 것이어서, 상향적 폭포효과를 일으켰고 그리하여 전 세계 식품 산업 전반의 운영방식을 변화시키는 변혁적 혁신으로 이어졌다. 이러한 판매 모델을 점포직배송DSC: direct store delivery이라고 하며, 그로부터 80여 년이 지난 오늘날에도 여전히 상하기 쉬운 음식을 배달하는 기업들이 그 방식을 따르고 있다.

이후에도 레이는 승승장구했다. 1940년대 초기 동안 그는 제조공장을 4개 더 세웠으며, 애틀랜타에는 세계 최초로 쉬지 않고 감자칩을 제조하는 생산 라인을 보유한 공장을 세웠다. 1949년에 그는 가장 바삭하고 신선하며 먹음직스러운 황금빛을 띤 동시에 유통기한이 가장 긴 감자칩을 내놓겠다는 한 가지 목표를 염두에 두고 신제품 개발 연구소를 설립했다.

이 목표를 이루기 위해 이 기업은 수직통합하여(원료에서부터 제품 전반에 관여하는 방식 - 역자 주) 종자단계에서부터 소금 함유량이 가장 낮은(소금은 감자의 갈색병을 유발하므로) 최고의 감자를 개발하기 위해서 농부들과 함께 작업을 진행했다. 연구원들은 최고의 감자칩을 위해 최적의 감자 크기와 형태 및 올바른 재배지역, 그리고 겨울 동안 감자를 최상의 상태로 보관할 수 있는 저장 기술을 밝혀냈다. 또한 일정한 사이즈로 감자를 정확히 잘라내는 기술과 감자칩의 맛을 보장하는 튀김 기름 및 유통 기한도 개발했다. 만들어낸 첫 날의 신선함을 유지하는 것을 목표로, 소금을 뿌리는 기술과 가능한 빨리 포장하는 기술 역시 개선되었다.

평범한 감자칩에서 한 발 더 나아가 진화된 맛의 혁신 역시도 고객들로부터 영향을 받은 것이었다. 사람들이 칩을 소스에 찍어 먹는 방식을 관찰함으로써 영감을 얻어 사우어 크림과 양파, 그리고 바비큐 스타일의 감자칩들이 줄줄이 탄생했다. 히든 밸리 랜치 샐러드 드래싱의 인기로 완전히 새로운 맛의 유행함에 따라 레이는 랜치 드레싱을 함께 내놓음으로써 시장적 혁신이 시작되었다. 깨달음을 통해 각각의 요소들을 연결시키는 일은 레이가 특히 잘 하는 일이었다.

이 모든 것을 통해 이 회사는 제조 기술을 완벽하게 유지할 수 있었다. 완벽한 감자칩을 만들기 위한 구체적인 가이드라인은 놀랄 만큼 훌륭했으며, 사소한 것까지도 일일이 관리 감독되었다. 이러한 과학과 기술은 사업을 번창시키고 고객들에게 특별한 것을 제공하고자 하는 레이의 열정에서 나온 것이다. 그리하여 결국 레이의 사업은 한 시간에 무려 5천 파운드에 육박하는 감자칩을 처리할 정도로 번창했다. 이는 사업을 새로운 수준으로 끌어올리기 위해 혁신의 세 가지 요소 즉, 기술, 고객, 그리고 사업이유가 겹쳐지고 교차되는 지점을 끊임없이 구축한 완벽한 사례라 할 수 있다.

1956년에 레이는 1,000명이 넘는 인력을 보유하고, 여덟 개 도시에 제조설비를 갖추었으며 13개 도시에 지점 및 창고를 둔 기업의 위용을 만천하에 드러냈다. 1957년 기업의 수익은 1,600만 달러에 이르렀고, 그리하여 레이는 미국에서 가장 큰 감자칩 제조업자로 우뚝 섰다. 오늘날 칩 시장은 전 세계적으로 160억 달러가 넘는다.[5] 현재 미국에서만 감자칩의 소매판매액은 매년 60억 달러 이상이다. 감자칩은 지구에서 가장 보편적이며, 문화적 차이에도 불구하고 맛이나 디자인을 바꿀 필요가 없는 몇 안 되는 제품 중 하나이다. 오늘날 레이의 감자칩은 굳건히 세계 1위를 지키고 있다.

그리고 이 모든 것은 바로 한 고객의 불평으로부터 시작되었다.

이 이야기는 고객들을 중심에 두고, 깨달음을 올바른 기술과 짝짓고,

견고한 사업 기초를 갖고 있을 때 어떻게 경이로운 혁신으로 이어지는 가를 중점적으로 보여주고 있다. 이러한 혁신은 네 가지 단계 모두에서 혁신 가능성을 상상하고, 가능한 한 가장 높은 단계로 나아가기 위해 선견지명과 용기, 그리고 리더십을 발휘한 덕분이었다. 사실 표면적으로 볼 때, 이 모든 일은 지극히 간단해 보인다. 즉 한 고객의 불평으로 감자칩이 탄생했고, 발명, 혁신, 그리고 발 빠른 실행으로 새로운 제국이 탄생했다. 하지만 사실 실행 과정에서 고도로 복잡 다양한 기술과 환경, 그리고 제대로 된 방향으로 길을 안내해 줄 리더십이 필요했다.

혁신은 진보이다. 그리고 만일 우리가 감자칩의 사례에서 뭔가 배울 수 있다면, 모든 브랜드에서 연속적인 기회들과 도약지점을 찾을 수 있을 것이다. 우리는 올바른 깨달음을 갖고, 올바른 기회들에 투자하며, 누구, 무엇, 그리고 왜 라는 세 가지 요소들을 제대로 배열함으로써 위험을 관리해야 한다. 누구, 무엇, 그리고 왜 라는 세 가지 요소를 혁신의 4단계와 제대로 결합시킨다면, 감자칩 만큼이나 기억에 남을 무언가를 창조할 수 있는 기회를 얻게 될 것이다.

혁신은 모든 이들에게 운명과도 같은 것이어야 한다.

그러니 세월이 변했고, 허먼 레이가 활동하던 시절보다 요즘은 기회가 더 줄어들었다고 말하는 사람들에게 우리는 단호하게 "그렇지 않다!"고 잘라 말한다. 오히려 지금은 과거 어느 때보다 기회가 많은 시대이다. 우리는 혁명적인 변화의 시기에 살고 있다. 제대로 볼 줄 아는 자에게 시장 내에서의 깨달음과 활동 범위는 과거 어느 때보다도 커졌다. 기술은 그것을 적극적으로 활용하고자 하는 사람들을 위해 훨씬 더 빠르게 진화하고 있으며, 용기를 가지고 리더십을 얻고자 하는 자에게 리더십의 고삐를 쥘 권한은 언제든지 열려 있다. 상상가능한 것과 실현

가능한 것 사이의 간극을 연결하는 다리가 있는데, 그 다리는 바로 우리가 다음 파트에서 살펴볼 리더십이다.

제 2 부
리더십의 방정식

혁신에 가장 큰 걸림돌이 되는 것이 무엇이냐고 묻는다면, 기술이나 아이디어 혹은 기회라고 대답할 사람은 거의 없을 것이다. 이들은 십중팔구 사람이야말로 혁신의 가장 큰 걸림돌이라고 대답할 것이다. 간부들은 자신의 아랫사람들이 혁신에 관심이 없고 자주성도 진취력도 없다고 말하는 반면, 아랫사람들은 자신들이 세세한 부분까지 관리를 받고 있으며, 죽어라 시키는 대로만 해야 하고, 새로운 아이디어를 시험해볼 권한조차 없으며, 만일 그렇게 했다가 실패하기라도 하면 목을 내놓아야 한다고 입을 모은다. 모든 사람들이 기업의 혁신 부족이나 소위 혁신제로 상황에 대해 다른 사람들을 탓하기만 하는 셈이다.

사실 적어도 부분적으로는 양측의 주장 모두 옳다. 직원들은 기업의 지속적인 성장을 위해 새로운 아이디어를 찾는 것이 위험한 일이며, 적어도 자신들에게 우선순위는 아니라고 생각한다. 2006년에서 2007년 사이에 실시된 온라인 설문에 따르면 무려 33퍼센트의 근로자들이 자신의 상사가 혁신적인 아이디어에 마음조차 열고 있지 않다고 생각하고 있었다.[1] 이러한 믿음과 무기력한 태도는 고위 간부들의 생각이 옳다는 것을 보여준다. 즉 직원들은 아예 시도하려는 마음가짐조차 갖고 있지 않은 셈이다. 자, 그렇다면 해답은 무엇일까?

그 답은 바로 최고 책임자가 쥐고 있다.

필수 요소Sine qua non. 이는 라틴어로 "없으면 안 되는 것"이라는 뜻이다. 이는 리더십이 없다면 혁신도 없다는 의미이다. 최고 책임자는 비전을 제공하고 기대수준을 설정하며 기업 전체에 상상력을 불어넣는 사람이다. 지극히 당연한 말이지만 리더십에 혁신이 없다면 혁신은 결코 이루어질 수 없을 것이다.

다음 장에서 우리는 성공적인 혁신 리더십에 대해 깊이 있게 파고들 것이고, 그러는 동안 아래의 아이디어가 반복해서 나올 것이다. 첫째, 우리는 서로 다른 각각의 리더십이 어떻게 기업에 더 좋거나 나쁜 영향을 미쳤는지 살펴 볼 것이다. 이를 위해 우리는 포드, 토요타, 애플, 그리고 해즈브로 이 네 개의 기업을 선정하여 각각의 기업들의 다양한 리더십을 조사했다. 백문이 불여일견이라는 말도 있듯이, 우리는 가상의 실험보다는 실제 기업들의 실제 실적을 갖고서 여기에 대해 조사하는 것이 더 낫다는 결정을 내렸다.

두 번째로, 우리는 성공적인 리더의 자질에 대해 살펴 볼 것이다. 훌륭한 리더란 과연 『뉴욕타임즈』 기사에 나온 것처럼 '세부적인 것에 주의를 기울이고, 집요하며 효율적이고 철저히 분석하고, 오랜 시간 동안 일할 수 있는 능력'일까?[2] 과연 이처럼 '체계적이고 끈덕지며 꼼꼼하고 다소 재미없는 사람들이 더 성공하는' 것이 사실일까?[3] 그 답은 그럴 수도 있고 아닐 수도 있다라는 것이다.

대부분의 성공적인 사람들은 고집이나 헌신 같은 공통적인 자질을 갖고 있는 것은 사실이다. 하지만 우리가 탐구할 혁신 리더들은 다른 형태의 성격과 사고방식을 갖고 있다. 앞으로 우리는 극적인 스티브 잡스Steve Jobs와 겸손한 A.G. 래플리A.G. Lafley가 어떻게 혁신 리더십의 대가가 되었는지 살펴 볼 것이다.

마지막으로 우리는 보다 전반적인 관점에서 리더십을 바라볼 것이다. CEO는 자신만의 혁신이 필요하기도 하지만 CEO 혼자만의 힘으로는 혁신을 이뤄낼 수 없다. 혁신이 성공하기 위해서는 CEO 스스로가 필요한 자질을 갖추고 있어야 할 뿐만 아니라, 주변 사람들 역시 그런 자질이 있어야만 한다. 2부의 마지막 장에서 우리는 네 가지 혁신과 관련된 리더십의 성격에 대해서도 살펴볼 것이다. 또한 우리는 먼저 문화를 살펴보고, 기업 문화가 어떻게 리더를 살리고 죽이는지에 대해서도 알아볼 것이다. 2부를 다 읽고 나면, 당신 자신과 당신 주변의 사람들을 보는 눈도 확연히 달라질 것이다.

05 혁신 리더십의 역할
책임의 근원은 리더십에 있다

혁신은 성장 엔진에 연료를 공급하고,
리더십은 그 연료를 실어 나른다.
-제인 스티븐슨

혁신이 영감에서 탄생하는 것이긴 하지만 혁신을 진짜 현실로 만드는 것은 리더십이다. 리더십은 연결된 점들을 단단히 결합시키고, 위대한 생각을 상업적으로 바꾸는 접착제와도 같다. 그렇기 때문에 한 기업의 혁신 수준은 기업의 최고 리더와 직결된다. 만일 지도부가 늘 주의를 강조하고, 비용을 줄이고, 실리를 추구하는 데만 관심을 갖는다면, 그 기업의 직원 및 협력자들은 자신들이 이미 갖고 있는 수준에서 현재의 기준으로만 판단할 것이다. 반면 지도부가 혁신에 초점을 맞춘다면 상황은 매우 달라질 것이다. 미래를 갖고 있는 기업들은 유익한 성장과 끝없는 가능성에 기반을 둔다.

최고경영자이자 제너릭 약품generic drugs(특허가 만료된 오리지널 의

약품의 카피약을 지칭 – 역자 주)의 선구자인 엘리 허비츠Eli Hurvitz의 리더십이 바로 대표적인 사례라 할 수 있다. 직무 초기에 그는 세계적인 제너릭 약품 시장에 진입할 전략을 마음속으로 그렸다. 당시까지만 해도 엄격한 규정 탓에 특허가 만료된 제약의 35퍼센트만이 제너릭 약품 제조에 참여할 수 있었다. 하지만 미국에서 이러한 규제를 완화하기 위한 법이 제안됨에 따라 극적인 변화가 예고되고 있었다. 허비츠는 여기에서 거대한 잠재성을 발견했다. 사실 그는 자신의 전략에 확신이 있었고, 그 전략을 위해 자신의 기업인 테바 제약을 제너릭 약품 시장에 끌어들이는 데 온 힘을 다했다. 당시 테바는 이렇다 할 확장 자본도, 그리고 제너릭 약품시장에 뛰어들 만큼의 전문성도 갖추지 못하고 있었음에도 불구하고, 갓 CEO 자리에 취임한 엘리 허비츠는 이를 끝까지 밀어붙였다. 나라마다 다른 법규가 적용되던 유럽에 비해, 단일화된 법 덕분에 일반약품 시장에 진입하기가 더 간단했던 미국 시장을 주목한 엘리 허비츠는 엄청난 거래를 성사시키기 위해 미국으로 건너갔다. 그것이 단순히 운이었는지 아니면 믿을 수 없을 만큼 뛰어난 통찰력 덕분인지는 몰라도 어쨌든 그의 타이밍은 절묘했다.

1984년 마침내 그 법안이 통과되었고 허비츠는 거래대상을 찾았다. 그 결과 테바는 독일 소유이며 미국에 본부를 둔 레몬Lemon이라는 기업을 인수하기 위해 WR 그레이스 사와 합작 투자를 했다. 서류상으로 그 기업은 그다지 경탄할 만한 요소를 찾아볼 수 없었지만, 가격이 적정했으며, 미국 시장의 진입장벽을 깨기 위해서 허비츠가 주의 깊게 추진해 온 전략에도 완벽하게 들어맞았다. 그레이스 사가 2,150만 달러를 투자한 반면, 허비츠는 150만 달러밖에 투자할 수 없었다. 하지만 이는 결과적으로는 좋은 일이었다. "우리는 모든 것을 바꾸어야만 했죠. 경영, 회계, 언어, 제품까지도 말이죠. 사람들은 우리를 비웃었습니다. 하지만 나에게는 비전이 있었고 우리에겐 전략이 있었지요!" 허비츠는 이렇게 말했다. 그리고 마침내 포기를 모르던 그의 노력은 결실을 맺었다. 2000년에 테바는 10억 달러 판매액을 달성했고 오늘날에는 매 분기마다 30억 달러를 벌어들이고 있다.[1]

허비츠는 이후 25년 동안 CEO로 테바를 지휘해 나갔고, 2002년에는 이사회 회장이 되었다. 그의 단호함과 때로는 논쟁거리가 되던 경영 하에서 테바는 새로운 주요 산업을 여는 개척자가 되었다. 비록 제너릭 산업에서 테바 외의 새로운 기업들이 폭발적으로 생겨났음에도 불구하고, 테바는 여전히 세계에서 가장 큰 제너릭 약품 제조업체의 지위를 굳건히 지키고 있다.

범주적 혁신을 위한 기회를 인식하고, 이를 시장에 내놓기 위해 끈질기게 추진해 온 허비츠는, 혁신을 위한 아이디어와 그 아이디어를 끝까지 실천하기 위해 꼭 필요한 리더십 사이에 매우 중대한 다리를 놓은 셈이다. 자신이 믿는 것을 가능케 하리라는 그의 열정과 헌신이 있었기에, 그의 리더십 팀원들은 그가 아니었더라면 미처 상상치도 못했던 것을 해 낼 수 있었던 것이다. 비전을 갖는 것만으로는 충분하지 않다. 당신은 다른 사람들이 당신과 같은 꿈을 갖도록 그들에게 영감을 주어야 한다. 이것이야말로 그저 막연히 더 밝은 미래를 바라며 하루하루를 살아나가는 데만 급급한 다른 기업의 리더들과 구분되는 위대한 리더의 자질이다.

우리는 1부에서 세상을 바꾸고, 새로운 산업을 낳고, 주주들에게 이윤을 가져다 준 기업들의 사례를 보여 주었다. 각각의 기업들이 그 길로 가는 방식은 달랐지만 그러한 성공을 가능케 한 하나의 공통점은 바로 리더십이었다. 책임은 그저 책임자에게서 끝나는 것이 아니라, 책임자로부터 시작되어야 한다. 혁신에 초점을 맞춘 리더십 없이 지속가능한 성장을 이루기란 불가능하다.

리더십에 대한 첫 번째 장에서 우리는 네 개의 각기 다른 기업들과 기업의 운명에 중대한 영향을 미친 다양한 리더들의 사례를 통해, 실제 세상에서 CEO들이 어떤 차이를 만들어 내는지 살펴볼 것이다. 이러한 CEO 중 일부는 위대한 혁신을 조성한 반면, 일부는 그 기업을 제자리 걸음을 하도록 남겨두었고, 또 가장 최악의 경우에는 그 기업을 몰락시켰다. 또한 우리는 약간 색다른 시도를 할 것이다. 우리가 이 책에 대해 사람들과 이야기를 나누면서, 우리는 사람들에게 CEO에게 하고 싶은 말이 무엇인지 물어 보았다. 사람들의 대답은 예상 외로 우리 마음을 움직였다. 그들은 솔직하고 감정적이었으며 풍부한 통찰력을 갖고 있었다. 여기에 대해서는 이번 장의 마지막에 나오는 편지 내용을 통해 확인할 수 있을 것이다.

리더가 하는 일은 고용인, 고객, 주주들, 그리고 이해 관계자 등 많은 사람들에게 엄청난 영향을 미친다. 하지만 종종 리더들은 리더로서의 행동과 태도의 파급 효과를 잊을 때가 많다. 파급 효과가 크건 작건 간에 리더의 행동은 너무나 많은 사람들의 운명을 결정짓는다. 당신의 기업이 성공하고, 틀을 깨고, 혁신을 통해 지속가능한 성장을 해내길 원한다면, 적극적으로 나서서 이를 추구해야 할 사람은 바로 당신이다.

리더십은 왜 중요한가?

1978년 제임스 맥그리거 번스James McGregor Burns는 "오늘날 대부분의 사람들은 강력하고 창의적인 리더십에 목말라 있다"[2]고 말했다. 과거에는 개인의 업적이나 능력과는 관계없이 대통령이나 장관, 장군처럼 권력을 가진 사람들만을 리더로 한정시켰다. 하지만 리더십과 경영 관리를 동일시하게 된다면 문제는 더 복잡해진다. 뛰어난 경영자였던 존 D. 록펠러John D. Rockefeller같은 사람은 그가 가진 막강한 경제적 능력 덕분에 뛰어난 리더로 간주된다. 하지만 리더가 오로지 권력을 쌓거나 부를 축척하는 데만 온 힘을 쏟는다면 그러한 리더는 결코 다른 사람들이 따를 만한 새로운 길을 개척할 수 없을 것이다.

혁신 리더십이란 자신의 조직과 조직원들이 새로운 발견을 할 수 있도록 그들의 사고방식을 일깨워 주는 것을 의미한다. 또한 조직원들이 혁신적인 전략을 짜내고, 자신의 위치에서 자율적으로 올바른 선택을 할 수 있도록 해 주는 틀을 마련해 주는 것이기도 하다. 또 가장 중요하게는 사람들이 할 수 없다고 생각하는 일을 할 수 있다고 확신시켜 주는 것이다. 사람들이 혁신을 위한 자신의 역할을 이해하면서, 회사의 성장을 위해 온 힘을 쏟는다면 이루지 못할 것은 없다. 반면, 조직원들이 혼란스럽고 사적인 경쟁과 정치에 집착하거나 칼 같은 규정만 내세운다면 조직은 분열되고, 결국 혁신은 온데간데없이 잊혀질 것이다.

포드의 두 얼굴

자끄 내서Jacques Nasser, 알렉스 트로트먼Alex Trotman으로부터 포드의 책임자 지위를 넘겨받았던 1999년, 포드 자동차 회사는 한창 힘차게 전력투구를 하고 있었다. 당시 포드는 현금과 신상품이 넘쳐났으며, 200여 개국에서 37만여 명의 직원을 두고 있었고, 판매량과 수익은 1,430억 달러에 달했으며 66억 달러의 실적, 주식 시장에서 주당 가격은 65달러였다.[3]

새로운 CEO가 된 내서는 포드를 확장하려는 원대한 꿈을 안고 있었다. 그는 트럭사업이 주 수입원이었던 포드를 자동차 시장에서 세계 최고로 만들겠다는 꿈을 안고 있었을 뿐만 아니라, 자동차 렌탈 사업 및 자동차 정비, 위성 라디오 시장까지도 구상하고 있었다. 한 마디로 그는 포드제국을 꿈꾸었던 셈이다. 그는 새로운 프리미어 오토 그룹PAG: Premier Auto Group를 위한 징표로, 자동차 렌탈 전문업체 헤르쯔Hertz사의 인수를 감독하고, 재규어Jaguar, 애스턴 마틴Aston Martin, 볼보Volvo, 랜드로버Land Rover를 차례로 사들였다.

이러한 기업 확장 프로젝트는 그가 심혈을 기울인 작품이었다. 그는 런던의 버클리 스퀘어에 화려한 지사를 설립하고 캘리포니아 주 얼바인에 인상적인 본사를 지었다. 첨단 연료로 가동되는 본사는 여섯 개의 회사별로 개별적인 로비를 갖추고 있었다. 각각의 회사를 찾아온 고객들은 PAG의 존재를 알 수는 없었지만 PAG 브랜드를 알리는 데 들이는 물밑작업의 규모는 어마어마했다. 기자들에게 엄청난 접대를 했으며, 값비싼 여행이 준비되었고, 심지어는 묵직한 고급 종이에 인쇄된 PAG 매거진이 분기별로 발행되기도 했다. 아름다운 남녀가 포드 차를 타고 있는 사진으로 가득 차 있는 PAG 매거진은, 포드가 일반인들을 위한 회사라는 이미지에서 벗어나 한층 고급화된 느낌을 주었다.

내서는 PAG가 10년 내에 백만 대를 판매하고, 포드 전체 이윤의 80퍼센트를 차지하는 이윤을 낼 것이라는 계획을 세웠다. 하늘 아래 한계는 없었고, PAG는 그의 전부였다. 그는 볼보가 미국에서 65만대 이상을 판매하고, 재규어 X타입 모델이 개발되면 세계적으로 매년 80만대를 팔 것으로 예측했다.[4] 궁극적으로 내서가 꿈꾸던 것은 기존의 세상을 좀 더 화려하게 만드는 것이었다.

PAG가 정비되고 빛을 발하는 동안, 내서는 핵심사업 또한 간과하지 않았다. 그가 취임한 첫 해에 그는 적자를 내는 공장의 문을 닫고 이윤을 내지 못하는 차종의 제작을 중단하는 한편, 실적이 좋지 않은 사업체를 매각하고 경영진을 정리했다. 그는 또한 C등급을 받은 근로자들 중 10퍼센트를 해고할 수 있도록 하는 인사정책을 마련했다. 내서는 신경제new economy체제(정보통신기술을 기반으로 새로운 유망분야가 출현하거나 확대됨으로써 경제성장과 물가안정의 공존이 지속되는 현상. 10년 가까운 기간 동안 안정 속의 성장을 구가한 미국경제를 설명하기 위해 제안된 용어 – 역자 주)에서 포드의 성공을 위해서는 새로운 사람들과 새로운 철학, 새로운 기술이 꼭 필요했기 때문에, 이는 꼭 필요한 조치라며 정당성을 부여했다.[5] 비록 잭 웰치Jack Welch같은 다른 회사의 많은 CEO들이 이전에 이런 식의 조치를 시도해 왔음에도 불구하고, 포드의 근로자들은 이러한 변화를 쉽게 받아들일 수 없었다. 덕분에 2000년도에 포드의 주력상품인 사륜구동 SUV 익스플로러가 무수한 전복사고에 연루되었을 때, 그러한 위기 속에서 살아남기에는 내서의 도덕적 지지기반이 너무나도 약했다. 결국 그가 꿈꾸던 미래는 결코 실현되지 못할 것만 같았다. 재난이 발생하자 근로자들의 사기는 크게 흔들렸고, 품질이 뛰어난 자동차라는 포드의 이미지 역시 퇴색되고 말았다.

200여 명에 달하는 사망자를 낸 사고의 원인은 익스플로러에 기본

장착된 파이어스톤 와일더니스 AT 타이어 문제에 있었다. 결국 포드는 파이어스톤 타이어 수백만 개와 이전에 교체된 파이어스톤 타이어 650만 개를 교체하는 데 세후 20억 달러 이상을 들여야 했다.[6] 하지만 그러한 조치는 이미 조금 늦은 감이 있었다. 포드는 거의 10년 만에 최초로 연속 분기별 손실을 보고했고, 포드의 주식은 곤두박질쳤다.

익스플로러 사고의 불운으로 포드의 자금은 엄청나게 줄어들었고, 결국 내서는 2001년 10월에 CEO자리에서 쫓겨났다. 내서를 대신하여 CEO 자리에 오른 빌 포드는 자신의 첫 번째 임무는 주주들과의 관계를 회복하고 자동차 및 트럭 사업의 기본으로 돌아가는 것이라고 발표했다. 그는 또한 포드 자동차 회사를 위한 자신의 목표는 혁신과 성장이라는 점을 명확히 했다.

이것이 바로 핵심이다. 즉, 그는 리더십과 혁신 이 두 가지 요소에 강한 힘을 실어 주어야 한다는 목표를 갖고 있었다. 모두에게 이득이 될 수 있는 지속가능한 회사를 만들고자 하는 목표가 최우선시 될 때, 그러한 목표를 발전시키고 성공하도록 만들 수 있는 의사결정이 이루어질 수 있다. 반면 고객, 회사, 주주를 위해 회사를 개선하는 대신, 권력을 추구하거나 경쟁자를 누르거나 혹은 현재 상태를 유지하는 데만 관심을 쏟는다면 의사결정은 완전히 달라질 것이다.

빌 포드는 CEO 재임기간 동안, 혁신적인 문화를 만들어 내고 지속가능한 성장에 대한 자신의 비전을 실현시켜 줄 사람을 찾아 헤맸다. 그가 회사를 경영하면서 뼈아프게 배운 점이 있다면 혁신은 매일의 우려와 걱정 속에서 너무나도 자주 길을 잃기 때문에 사내 정치 속에서 혁신은 살아남을 수 없다는 점이었다. 그래서 그는 새로운 리더를 찾을 때 단순히 능력 있는 경영자를 찾는 데 그치지 않고, 자신의 영혼을 함께 공유할 수 있는 파트너이자 혁신에 중점을 두고 전체 조직 문화를 재창조하고 새롭게 그려 낼 수 있는 사람을 찾았다. 그리하여 마침내 그가 찾아낸 사람은 항공기 제조사인 보잉사의 부사장인 앨런 멀러리 Alan Mulally였다.

앨런 멀러리가 포드의 대표이사로 임명되자 산업계는 발칵 뒤집혔다. 자동차에 대한 경험이 전무한 사람이 그토록 높은 직위에 오른 적은 이제껏 단 한 번도 없었기 때문이다. 하지만 보잉 777기를 만들어 냈던 앨런 멀러리는 기실 포드가 필요한 모든 것을 갖추고 있었고, 그가 자신의 가치를 입증해 보이는 데는 그리 오랜 시간이 걸리지 않았다. 자동차 사업이 극도의 어려움을 면치 못하게 될 것이라는 걸 다른 경쟁업체들보다 일찌감치 알아챈 멀러리가 가장 먼저 했던 일은, 앞으로 닥칠 불황에 대비하여 포드에 충분한 자금을 확보하는 일이었다. 그는 포드와 회사의 모든 자산을 담보로 잡고 월가의 금융기관들로부터 235억 달러를 대출받아 자금을 확보했다. "나는 500명 이상의 은행 간부들을 한곳에 불러 모아 이야기를 했습니다. 그들이 우리에게 어째서 그 많은 돈을 대출해 주었을까요? 바로 우리에겐 계획이 있었기 때문입니다."[7] 그는 후에 이렇게 회상했다.

그 계획에는 전 세계적으로 회사의 의사결정을 마비시키는 지배세력들을 정비하고, 배타적이고 중상모략으로 가득 찬 경영 문화를 뜯어 고치는 것도 포함되어 있었다. 멀러리는 이러한 경쟁적 파벌들을 하나로 통합시키고자(때로는 해고시키기도) 했고, 그리하여 사실상 모든 구성원들이 공동의 목적을 갖고 함께 일할 수 있는 하나의 집행부를 설립했다. 포드는 또한 세계각지에 퍼져 있는 포드의 모든 역량을 활용하여, 유럽에서 인기를 누리던 피에스타와 뉴 글로벌 포커스 차종을 미국에 들여왔다.

멀러리가 포드의 성장을 위해 실행했던 모든 행보는 시대와 장소를 막론하고 인상적인 일임에는 틀림없지만, 사실상 오늘날에는 기적에 가깝다. 디트로이트에 기반을 둔 두 개의 다른 경쟁업체들(GM과 크라이슬러 - 역자 주)과는 달리 포드는 파산을 맞지 않았으며 부실자산구제프로그램의 긴급 구제 자금에 손을 벌리지도 않았다. 포드는 미국의 3대 자동차 회사 중 유일하게 여전히 독자적인 사업체로 남았다. 그리고 위기 속에서 2010년 중반까지 47억 달러의 이익을 기록했으며 부채는 줄어들기 시작했다.[8]

포드와 멀러리는 비전과 결단력을 가진 뛰어난 리더들이 조직에 엄청난 변화를 가져올 수 있다는 사실을 보여주는 산증인이라 할 만하다. 특히 그러한 변화는 리더가 이사회의 지지를 얻을 때 이루어질 수 있다. 포드 자동차 회사가 성공할 수 있었던 것은 단지 멀러리가 회사를 재건했기 때문만은 아니라, 빌 포드의 비전 덕분이기도 하다. 포드 회장인 빌 포드는 혁신에 대한 열정과 포드 자동차들의 연비를 향상시키고자하는 의지가 있었다. 포드사는 전화electrification(동력, 열 등을 다른 에너지원에서 얻던 것을 전기 에너지로 치환하는 것 - 역자 주), 바이오 연료, 연료 전지, 보다 좋은 연비의 가스 엔진 등을 포함하여 무수한 기계 및 장비에 투자함으로써 미래의 성장을 보장할 수 있었다. 또한 모든 사람들이 혁신에 대해 비용을 줄일 때, 포드는 오히려 혁신에 비용을 늘림으로써 지속가능성을 확보했고 결국 그것이 미래를 결정지었다. 회사의 자금 사정이 위태위태했음에도 불구하고, 회사가 성공할 수 있었던 것은 포드가 10년 전과는 달리 힘이 아니라 혁신에 초점을 맞추었기 때문이었다.

토요타 방식

포드를 이야기할 때, 포드의 최대 라이벌이었던 토요타의 사례를 빼놓을 수는 없을 것이다. 포드 자동차 회사가 시장과 내부에서 어렵사리 위기를 헤쳐 나가는 동안, 일본의 자동차 회사 토요타는 중산층을 겨냥한 자동차들과 혁신적인 하이브리드 차종인 프리우스의 인기에 힘입어 전 세계적으로 엄청난 수익을 얻고 있었다. 당시만 해도 토요타가 뭔가 잘못될 이유는 전혀 없어 보였다. 심지어 빌 게이츠조차 격찬한 경영 방식을 갖고 있던 토요타는 각종 언론들로부터 매우 좋은 평가를 얻고 있었다. 2007년 『뉴욕타임즈』에 실린 "하나부터 열까지 세상을 점령하다"라는 기사가 이 모든 것을 말해 준다. 하지만 토요타가 세계시장을 점령하는 동안 (2003년에 토요타는 600만 대 제작 목표를 달성했다) 엄청난 재난 역시 닥쳐오고 있었다.

토요타가 내세우는 가장 큰 특징 중 하나는 바로 뛰어난 품질이다. 토요타의 품질은 회사의 밑바탕이자, 혁신의 핵심이었다. 상품 기획에서부터 판매, 그리고 주행에 이르기까지 토요타는 시장 재패를 위해 끊임없이 개선과 혁신을 멈추지 않았다. 하지만 성장을 새로운 도전과제로 내세우면서부터 토요타는 삐걱거리기 시작했다. 2005년부터 2009년까지 토요타 회장직을 맡았던 카츠아키 와타나베Katsuaki Watanabe는 수익성을 늘리기 위해 기술자들에게 단가를 최대한 낮출 것을 촉구했다. 기술자들은 그 지시에 따랐고, 덕분에 경비 절감책은 성공을 거두는 듯 했다. 하지만 최고 리더들이 기본적으로 돈을 아끼는 데에만 관심을 쏟다 보면 으레 품질이나 혁신 같은 다른 고려사항들에서는 실패를 면치 못하기 마련이다.[9]

이는 품질과 경영 원칙 면에서 이미 높은 평가를 받아왔으며, 여러 가지 면에서 혁신의 성공사례로 영광을 얻어왔던 토요타에게는 특히나 안타까운 일이 아닐 수 없다. '토요타 방식The Toyota Way'[10]이라고 이름 붙여진 토요타의 정책은 기업의 경영적 접근방식과 생산 시스템의 근간이 되는 일련의 원칙들과 행동들을 담고 있었다. 토요타 방식의 두 가지 핵심은 끊임없는 개선과 인간 존중이었다. 첫 번째 끊임없는 개선은 장기적인 비전을 수립하고, 도전과제에 맞서 싸우고 끝없이 혁신하며 문제의 근원을 탐구하는 것을 독려하는 것이었다. 그리고 두 번째 인간 존중은 서로를 이해하기 위해 노력하고, 책임을 지며 상호 신뢰를 쌓기 위해 가능한 모든 것을 하는 일과 관련되어 있다. 이는 또한 팀워크와 개인적, 그리고 전문적 성장을 촉진하고 개인과 팀의 수행 능력을 최대화할 수 있는 기회를 공유하는 것이기도 했다. 이들 두 가지 원칙은 혁신 리더십의 핵심이었지만 사실 말로 외치는 것과 실행하는 것은 완전히 다른 일이다. 덕분에 많은 기업들이 언행일치에 실패하는 경우가 허다하다.

가격 절감 정책과 관련하여 품질의 문제가 곧바로 나타났다. 토요타는 토요타 방식을 아예 뒷전으로 치워 놓았다. 고객들이 토요타 자동차의 안정성이나 심지어는 외양 등 차의 품질에 대한 문제를 제기하기 시작했음에도 불구하고, 토요타는 여기에 대해 매우 더디게 반응했다. "당시 우리는 마치 가상 세계 속에서 자동차를 제조하는 데만 열중해 있는 듯 했고, 시장 내에서 자동차의 결함이나 문제에 대해서는 점점 둔감해져 갔습니다."[11] 현재 토요타의 CEO인 아키오 토요다Akio Toyda는 훗날 이렇게 말했다. 이는 외국의 구매자들로부터의 보고 시스템이 토요타의 리더에게 제대로 전달되지 못해서이기도 했고, 또 품질이 좋기로 이름난 토요타가 품질에 문제가 있다는 사실 자체를 인정하지 않았기 때문이기도 하다. 어쨌건 지금까지 토요타는 품질 면에서는 단연 일등이었고, 고객들을 실망시키는 것은 토요타 방식과는 거리가 멀었기 때문이다.

하지만 재난의 조짐은 뚜렷했다. 2009년에 결국 카츠아키 와타나베 회장은 취임한 지 4년 만에 토요타 창립주의 손자인 아키오 토요다에게 그 자리를 내어 주었다. 새로 취임한 토요다는 즉시 토요타를 "기본으로 되돌릴 것"이라고 말했다. 하지만 불행히도 그러한 기본 원칙에 혁신이 포함되어 있지는 않은 듯했다. 포드가 자동차 업계를 완전히 뒤바꾸어 놓았던 반면, 토요타는 돈을 절약하기 위해 최신 배터리 기술을 받아들이기를 거부했다는 사실로 보아 토요타는 다른 자동차 제조업자들과는 달리 순수 전기 자동차 분야에서 특별히 업계를 선도하고자 하는 의지는 빈약했던 것으로 보인다.

또한 토요타는 조직적, 혹은 문화적 변화가 필요하다고 생각하지도 않았다. 토요타는 핵심을 외면한 채, 과거의 지위를 되돌리는 데만 초점을 맞추었다. 반면 포드는 토요타보다 상황을 훨씬 더 잘 풀어갔다. CEO 교체 이후 얼마 되지 않아 빌 포드는 내외적 손실을 메우고, 보다 견고한 기초를 바탕으로 혁신을 향한 진로를 설정했다. 시간이 지나면 알겠지만, 토요타는 제너럴 모터스가 30년 전에 그랬던 것처럼, 겉으로 보기에는 지배적인 시장 점유율을 갖고 있음에도 불구하고, 기업을 약화시키고 마침내는 기업을 무너뜨릴 문화를 갖고 있다.(1980년대에서 1990년대에 GM은 혹독한 구조조정으로 미국 내 공장의 15퍼센트에 해당하는 20여 곳의 공장을 폐쇄하고, 종업원의 1/4에 해당하는 16만 명을 자르고, 이후 86년부터 2년간 공장 11곳을 폐쇄하고, 3만 명의 종업원을 해고하는 2차 구조조정을 시도했다. 종업원들의 희생과 비용 절감으로 인해 적자를 흑자로 돌려세우기는 했지만, 이런 긴축경영으로 인해 83년 43퍼센트였던 미국 시장점유율이 90년에는 33퍼센트대로 떨어졌고, 직원을 대거 줄이면서, 자동차 제작과정에서 끝마무리가 허술해지면서, GM의 생산품에 하자가 생겨났다 - 역자 주) 결국 다시 한 번 혁신을 이뤄 내기 위한 욕구가 있는지, 그리고 그 기업이 궁극적으로 직원들이 가진 엄청난 재능을 자유롭게 발휘하게 해 줌으로써, 그 기업에 새로운 절정을 가져다 줄 리더십 모델을 갖고 이를 따르는지에 따라 많은 것이 결정될 것이다.

애플, 최고의 혁신, 최고의 수익

혁신을 위해서 제대로 된 리더의 중요성을 간파한 기업이 하나 있다면, 이는 바로 애플이다. 애플은 우리 시대의 가장 혁신적인 기업 중 하나로 평가받는 기업이지만 사실 언제나 그랬던 것만은 아니었다. 1985년 존 스컬리John Scully가 스티브 잡스와의 마찰 끝에 잡스를 애플에서 몰아내고 CEO 자리에 취임하면서 애플은 혁신 마인드를 잃고 말았다. 애플은 1989년부터 1991년 동안에는 수익을 내었지만, 존 스컬리의 야심작이자 모든 자원을 투자해서 만든 최초의 개인 휴대 정보 단말기(PDA)인 뉴턴Newton 등의 제품의 실패와 함께 애플은 흔들리기 시작했다. 1990년대 초에 자금이 묶이자 전면적인 세력 확장싸움이 일어났고, 중견 관리자들은 프로젝트들을 살리기 위해 가능한 많은 프로젝트들을 장악하려고 안간힘을 썼다. 그 결과 교육용에서부터 가정용에 이르기까지 너무나 다양한 시장을 겨냥한 신제품들이 쏟아져 나왔고, 결국 소비자들은 혼란에 빠졌다.[12]

스컬리는 마케팅 노하우에는 비상한 재능을 갖고 있었지만 제품 혼란과 기술적 비전의 부족으로 회사에 손해를 끼치기 시작했다. 이러한 실패들은 주가 하락과 동반되어 나타났고, 결국 그의 시대도 끝이 났다. 스컬리의 후임으로 마이클 스핀들러Michael Spindler(1993~1996)와 길 아멜리오Gil Amelio(1996~1997)가 뒤를 이었다. 이들 중 누구도 애플을 회생시킬 수 없었지만, 아멜리오의 경우 포기를 알리는 백기를 올린 공로만은 인정할 만했다. 애플을 살아남게 해 줄 새로운 기술을 따라잡기 위해 온 힘을 쏟았던 아멜리오는 잡스가 애플을 떠난 후에 창립한 회사인 NeXT를 사들이기 위해 잡스에게 접근했다. 그리하여 결국 스티브 잡스는 애플로 복귀하게 되었다.

일부 사람들은 잡스가 오만하고 독재적이라고 말하기도 하지만, 잡스가 마케팅 프리즘을 통해 미래의 기술을 볼 줄 아는 혜안을 갖고 있었다는 사실을 부정할 수는 없다. 잡스의 리더십 스타일은 종종 비난을 받기도 했지만, 그가 이뤄낸 성과는 아직도 전설로 남아 있다. 잡스가 애플로 복귀한 이후, 그는 브랜드에 대한 광신과 철저한 고객 헌신, 그리고 엄청난 이윤을 만들어 낼 어마어마한 제품들killer products을 기반으로 한 문화를 만들어 냈다. 애플의 직원들은 종종 잡스를 두려워하기도 했지만 그에게 겁을 집어먹기보다는 애플 전체를 위한 잡스의 비전을 공유했다. 뭐니 뭐니 해도 잡스의 가장 위대한 재능은 바로 팀원들에게 실현을 위한 아이디어를 표현하고, 그들에게 성취가 불가능해 보이는 것을 성취해 내도록 고취하는 데 탁월했다는 점이었다.

잡스가 복귀한 지 1년도 채 되지 않아, 애플은 전설적인 자취를 남기기 시작했다. 1998년 잡스는 아이맥iMac을 출시했다. 하나부터 열까지 대중을 염두에 두고 만들어진 아이맥의 심플함은 아이팟iPod에서부터 아이패드iPad에 이르기까지 새로운 제품들로 이어지며 오랫동안 유행이 되었다. 아이맥은 출시 9일 만에 업계 최고였던 컴팩 프리자리오 Compaq Presario를 제치고 전체 PC 판매량의 7.1퍼센트를 차지했다. 잡스는 스컬리가 십여 개에 이르는 제품들로 시도하려고 했던 것을 단 한 가지 제품으로 이뤄낸 것이다.[13]

이를 계기로 애플은 다시 업계의 주요 기업으로 부상했고, 이후 애플은 두 번 다시 뒤돌아보지 않았으며 잡스 또한 그랬다. 잡스에게 혁신은 그저 열정이 아니라 의무였고, 덕분에 잡스는 무수한 다른 리더들과는 구별되는 차별화된 존재가 될 수 있었다. 최고에 머무르는 것만으로는 충분치 않다. 최고를 소유해야 한다. 혁신에 대한 굳은 의지를 갖고 쇼를 지휘하는 리더가 없다면 미래가 불안정할 뿐만 아니라 경쟁자들의 맹공격에 무방비하게 노출될 수밖에 없을 것이다.

해즈브로, 위기에서 벗어나 혁신을 추구하다

세계 2위의 장난감 회사인 해즈브로는 현재 상태를 유지하는 것만으로도 만족해하던 조직 분위기에서, 지속적인 혁신의 첨단을 추구하는 조직으로 변함으로써 리더십의 진화를 이뤄낸 기업이다. 1923년에 자투리 직물 회사로 창업한 해즈브로는 마텔Mattel(세계 1위의 장난감 회사 – 역자 주)이 해즈브로를 공개 매입에 착수했던 1996년에 가장 큰 위기를 맞았다. 비록 매입은 실패로 돌아갔지만 그러한 시도는 해즈브로에 변화가 절실하다는 사실을 알려 주는 경고등과도 같았다.

기업 재활성화를 고려하던 중 해즈브로는 조직 일부를 개편할 외부의 자문위원들을 데려왔다. 하지만 강력한 혁신전략 방향을 잡지 못한 탓에, 해즈브로가 가진 전통 있는 브랜드들은 무시되고 스타워즈나 배트맨 같은 인기 있는 영화의 라이선스를 구매하여 장난감 모형을 판매하는 데 그쳤다. 또한 해즈브로는 다루기 힘든 형제자매들처럼, 주목받기 위해 서로 다투기만 하는 부서들 탓에 내적 경쟁도 심각했다.

이에 대한 심판은 2000년에 내려졌다. 해즈브로의 수익은 10퍼센트 이상 떨어진 38억 달러였고, 손실액은 무려 1억 4,460만 달러에 달했다. 기반을 다시 찾기 위해 고군분투하던 해즈브로는 오래된 협력자이자 38년 동안 금융과 경영에서 다양한 역할을 맡아오던 알프레드 베레치아Alfred Verrecchia에게 의지했다. 2000년에 해즈브로의 회장으로 승진한 베레치아는 취임 즉시 굵직한 변화를 시작했다. 여기에는 비용을 낮추고 부서간의 협력을 돕기 위해 멀리 떨어져 있던 장난감 부서들을 본사가 있는 로드 아일랜드의 포터킷으로 옮기는 것도 포함되어 있었다. 이를 통해 장기 부채 12억 달러를 줄이고, 해즈브로의 핵심 브랜드인 G. I 조, 모노폴리, 이지 베이크 오븐 등의 확장에 매진할 수 있었다. 2003년에 그는 CEO자리에 취임했다. 그는 기본적으로 해즈브로의 전통적인 장난감과 게임을 되살리고, 이들 제품들을 점점 더 영향력이 커지고 있는 전자 제품에 적용하는 데 초점을 맞추는 리더십으로 기업회생을 도모했다. 2003년에서부터 베레치아가 퇴임한 2008년 사이에 해즈브로의 주가는 60퍼센트 증가했고 순이익은 두 배 이상 늘었으며 판매는 22퍼센트까지 치솟았다.[14]

베레치아의 성공의 중심에는 2000년에 해즈브로에 합류한 젊은 선지자가 있었다. 그 인물은 우리는 2장에서 소개한, 트랜스포머를 3천만 달러 수익 제품에서 무려 5억 달러짜리 핵심 브랜드로 급부상시킨 브라이언 골드너이다. 사정이 그러하니 브라이언 골드너가 베레치아의 후임으로 CEO자리를 맡게 된 것은 그리 놀랄 일도 아니었다. 골드너는 CEO 직위를 맡았고 그는 그 자리에 완벽히 걸맞았다. 이후 몇 년 동안 골드너는 경기불황에도 불구하고 여전히 지속가능한 성장을 주도할 수 있는 전략을 실행했다. 덕분에 2010년, 해즈브로는 그를 잡아두기 위해 새로운 보상과 계약을 체결했다.

리더에게 보내는 편지

거의 한 세기 동안 해즈브로는 리더십의 기복을 겪었고, 마침내 리더십을 통해 밝은 미래를 기대할 수 있게 되었다. 비록 언제나 성공적인 리더십이 발휘되지는 않았지만, 우리가 논의했던 대부분의 기업들과 마찬가지로 해즈브로 역시 마침내 가까스로 제대로 된 길을 찾을 수 있었다. 포드와 애플, 해즈브로의 공통점은 혁신을 믿고, 혁신을 위해 싸울 용기를 가진 동시에, 관련된 모든 사람들을 위해(권력이나 지배욕, 자기 자신을 위한 것이 아니라 고객과 기업을 위해) 승리하고자 하는 욕구를 가진 리더가 있었다는 점이다.

우리는 앞에서 진정한 혁신적 기업을 위한 리더십은 혁신으로 가는 모든 점dots들을 끈끈하게 굳히는 접착제와 같다고 말한 바 있다. 우리는 그런 리더십이 없을 때, 실제 어떤 일이 일어났는지 목도한 바 있고, 당신 역시 그럴 것이다.

만일 당신이 혁신과 변화를 원치 않았다면, 지금 이 순간 이 책을 읽고 있지도 않을 것이다. 그러니 우리는 당신이 어딘가 조용한 장소에서 이 장의 마지막 부분을 읽어 주었으면 하는 바람이다. 전화기를 끄고 편안한 마음으로, 그리고 끊임없이 집중을 방해하는 것들은 잠시 접어 두자. 우리는 당신과 매우 특별한 뭔가를 공유했으면 한다. 즉 당신과 같은 사람을 위해 일하는 사람들, 즉 당신의 직원들의 생각과 감정을 말이다. 솔직하고 감정적이고 희망적인 이들의 생각과 감정은 당신이 시간을 들여 천천히 읽어야 할 가장 중요한 말들이 될 것이다.

CEO께

당신은 우리 운명의 열쇠를 쥐고 있습니다. 당신의 직원으로서 우리의 미래는 당신에게 달려 있기에 우리는 우리의 생각을 당신과 공유하고자 합니다. 기업의 최고 건축가로서 당신은 막강한 영향력을 갖고 있습니다. 만일 당신이 비용 절감이나 생산성을 바탕으로 사업을 구상하고 있다면, 우리 직원들은 이미 갖고 있는 것들에만 집중할 것입니다. 즉 미래는 보지 못하고, 모든 것들을 더 싸고, 더 빨리 그리고 더 잘 만들어 내기 위해서만 노력할 것입니다. 하지만 만일 당신이 성장과 혁신을 바탕으로 한 사업을 구상하고 있다면 우리는 뭔가를 만들어 내고 창조해 낼 것입니다. 개개인이 각각 상상할 수 있는 수준을 넘어서서, 모두 힘을 합쳐 흥미진진한 미래를 창조하는 것이야말로 우리가 원하는 것입니다.

우리는 우리 자신이나 기업 모두를 위해 최선을 다하고 있습니다. 하지만 뭔가 위대하고 지속가능한 것을 얻기 위해서는 당신의 리더십이 필요합니다. 우리는 우리가 가진 모든 재능을 최대한 활용하여 세상에 뭔가 기여하고 싶습니다. 하지만 우리는 당신이 제공하는 기준에 의해서만 우리의 성공을 측정할 수 있습니다. 만일 우리가 위에서 시키는 대로 잘 하는 것만이 성공의 기준이 된다면, 우리는 시키는 대로만 하기 위해 몸을 사릴 것입니다. 반면 당신이 우리의 가슴을 뛰게 할 비전을 갖고, 우리가 가진 능력을 모두 발휘할 수 있도록 우리를 능력으로 평가한다면, 우리는 훨씬 더 잘해 낼 것입니다.

비전과 격려뿐만 아니라 자원도 필요합니다. 리더로서 당신은 우리 조직에 필요한 모든 자원을 통제하는 사람입니다. 당신은 획기적인 혁신이나 시장 우위를 위해 자원을 쓸 수도 있지만, 자원을 지나치게 세세한 점까지 관리하는 데 쓰거나, 혹은 자원을 제대로 활용하지 못할 수도 있습니다. 이 중 어떤 시나리오가 결정될 지는 궁극적으로 당신이 만들어 내는 문화에 달려 있습니다. 당신은 풍부한 사고방식을 갖고, 사업 가능성에 초점을 맞추는 문화를 만들 수도 있고, 반면 직원들을 공포로 옭아맬 수 있는 문화를 만들어 낼 수도 있습니다. 만일 후자라면, 우리는 끝없는 내적 경쟁 속에서 제한된 자원을 두고 경쟁하는 데에 우리의 정치적 능력을 소진해 버릴 것입니다. 비록 우리가 그런 일에 익숙하긴 하지만 사실 이는 우리가 정말로 원하는 것은 아닙니다.

우리는 우리가 상상할 수 있는 수준을 넘어서서 앞으로 나아갈 수 있도록 우리를 독려해 주는 기업의 일부가 되기를 원합니다. 우리는 우리 스스로가 당신을 자랑스럽게 여기고 당신 회사 직원인 것을 자랑스럽게 느꼈으면 합니다. 우리는 이 회사가 우리 자신만을 위해서가 아니라, 세상을 위해서 뭔가를 해낼 수 있다고 믿고 싶습니다. 그러니 우리 모두가 중요한 일을 해 낼 수 있도록 해 주셨으면 합니다.

기업이 성장하기 위해서는 우리 모두 그러해야겠지만, 특히 당신이 용기 있는 탐구자가 되어야만 합니다. 모험과 탐구 없이는 발견도 없고, 발견 없이는 혁신도 없습니다. 즉 실패를 두려워해서는 안 됩니다. 우리는 설사 실패하더라도 기꺼이 도전할 것입니다. 그리고 우리가 그렇게 할 때, 우리는 우리가 실수로부터 배우고 성장할 기회를 얻었다는 점에서 스스로를 자랑스러워할 수 있기를 원합니다. 우리가 위험을 감수했을 때 당신이 이해와 공감을 해 준다면, 우리는 실패나 시도에 대한 보복의 공포로 뒷걸음치는 대신, 끊임없이 최대의 기량을 발휘하고 시도할 것입니다.

당신이나 임원들 중 누군가가 위험을 감수하려는 시도들을 아예 무효화 시킨다면, 대부분의 직원들은 자신들의 한계를 넘으려 하지 않을 것입니다. 당신은 이러한 형태의 사기 저하에 대해 잘 알고 있고, 또 거기에 대해 스스로 가책을 느낀 적도 있을 것입니다. 이런 분위기가 만들어 내는 끝없는 공포 때문에 사람들은 독자적으로 생각할 수 없게 됩니다. 그렇게 되면 당신은 뭔가 일을 끝내기 위해서는 직원들에게 세부적인 것까지 일일이 지시 감독을 해야 합니다. 당신이 설사 에너지가 넘친다고 해도, 수천 명의 사람들이 해야 할 일을 당신이 일일이 지시하고 평가할 수는 없을 것입니다.

우리가 원하고 또 우리에게 필요한 것은 위협이 아니라 이따금씩 실패를 감수할 수 있고, 또 기업이 목표를 성취하는 데 도움 되는 말을 자유롭게 할 수 있는 안전한 환경입니다. 우리는 우리의 기업을 그저 평범한 수준이 아니라 매우 뛰어난 기업으로 만들기 위해 필요한 열정과 헌신을 갖고 있습니다.

당신이 가진 힘을 인정하기만 한다면, 당신은 그렇게 할 수 있습니다. 당신은 너무나 많은 것들에 대해 권한을 갖고 있고, 그 힘을 현명하게 사용하는 것이야말로 당신에게 주어진 가장 큰 책임입니다. 회사 내부 사람이 스스로 책임을 갖고 행동하는지, 아니면 당신이 듣고 싶어 하는 말만 하는지 잘 살펴보십시오. 만일 후자의 경우라면 당신은 목표를 이루기 위해 더 나은 방향으로 힘을 활용해야 할 것입니다. 사고의 다양성은 혁신과 성장의 환경을 창조하는 데 꼭 필요한 요소이고, 그것이 주는 이 점은 쉽게 포기할 수 없을 만큼 클 것입니다!

우리는 당신이 만드는 비전에 강한 흥미를 갖고 싶습니다. 또한 당신은 당신의 비전을 우리와 공유했으면 합니다. 우리는 당신의 비전을 실현시키는 데 필요한 우리의 역할을 알고 싶습니다. 만일 당신의 비전이 성취보다는 숫자에 연연한 기준을 맞추는 데 대한 압박으로 꼭꼭 숨겨져 있는 탓에, 우리가 당신의 비전을 제대로 이해할 수 없다면, 우리는 모두 실패할 것입니다. 물론 비용을 절감하고 효율성을 촉진해야 한다는 어마어마한 압박감은 이해합니다. 우리는 그러한 경영의 효율성을 무시할 수 없다는 데에는 백번 동의합니다. 하지만 우리 조직에는 "일을 제대로" 하기 위해 필요한 프로세스를 관리할 수 있는 사람들이 있습니다. 하지만 이들은 "우리가 꼭 해야 할 일"이 무엇인지 결정하는 리더십을 제공할 수는 없습니다. "우리가 꼭 해야 할 일"을 결정하는 일에 대한 책임은 전적으로 당신에게 있습니다.

혁신을 위해 필요한 투자를 해 주고, 당신이 하는 말이 진실이라는 것을 사람들이 모두 알 수 있도록 필요한 것을 실제로 제공해 줌으로써, 당신이 혁신을 우선으로 하고 있다는 것을 모두에게 보여주십시오. 말보다 중요한 것은 행동입니다. 만일 당신이 혁신과 성장을 통해 기업이 나아가는 데 필요한 위험을 감수한다면 우리 역시 그렇게 할 것입니다. 우리는 모두 함께 할 것이고 또 그래야만 합니다.

과거에 우리 중 다수는 혁신이 뒷걸음질 치는 것을 막기 위해 오랜 시간을 보내며 어려움을 겪었습니다. 우리는 혁신 리더가 될 위대한 가능성을 가진 사람들을 위해 일했지만, 그들은 상업적 잠재성이 있는 것을 제대로 활용하지 못했습니다. 우리는 당신에게는 그런 일이 일어나지 않았으면 합니다. 뿌리부터 성공적인 혁신을 가진 문화를 창조한다면 큰 보상이 따를 것입니다. 우리는 당신과 함께, 우리가 통합되고 그저 내적 성공이 아닌, 시장에서의 성공에 초점을 맞춘 세계 최상급의 조직을 만들 수 있다고 믿습니다.

마지막으로, 가장 존경받는 리더는 마치 하인과 같은 겸손한 자세를 갖고 있습니다. 봉사하는 자세를 가진 CEO는 직원들이 놀라운 일을 할 수 있도록 힘을 실어줄 것입니다. 당신이 하고 있는 일을 믿고, 할 수 있다고 생각되는 것을 믿고, 늘 마음을 연 자세로 모든 것에 흥미를 느끼고, 비전을 성취하기 위해 주도하십시오. 당신은 당신의 비전을 실현시킬 수 있는 유일한 사람입니다. 왜냐하면 모든 책임은 당신으로부터 시작되는 동시에, 당신에게서 끝나니 말입니다.

진심을 담아,
당신의 사람들로부터

06

혁신 리더의 초상

거울아, 거울아

훌륭한 리더는 큰 꿈을 꿀 자신감을 가진 동시에,
다른 사람들이 그 꿈을 현실로 만들 수 있게 하는 능력을 갖고 있다.

−데일 모리슨, 맥케인 푸드의 CEO

낙하산, 헬리콥터, 비행기, 「최후의 만찬」, 최초의 전쟁용 탱크, 선개교
swinging bridge(다리의 바닥 일부가 수평으로 회전하며 열렸다 닫혔다 하
여 선박을 통과시키게 되어 있는 가동교 − 역자 주), 그리고 「모나리자」
의 공통점은? 힌트가 있다. 이들은 모두 근대 초기였던 약 15세기에 살
았던 한 사람의 머릿속에서 나온 것이다. 르네상스 최고의 인물이라고
알려진 그는 또한 최고의 발명가이기도 했다.

화가이자 과학자이자 또한 발명가라는 다소 드문 조합의 인물인 레
오나르도 다빈치Leonardo da Vinci는 몇 세기 후에 현실이 될 무수한 아
이디어와 관찰들을 마음속에 그리고, 이를 재주 넘치는 스케치와 그림,
그리고 주석들로 남긴 인물이다. 모든 것에 열광적인 관심을 갖고 있던

그는, 직접 만든 날개 한 쌍을 도마뱀에게 붙여서 지붕에서 던지며 비행을 연구했던 전설을 갖고 있기도 하다.

그는 확실히 천재였다. 하지만 그가 오늘날 우리의 호기심을 불러일으키는 이유는 그가 한 업적뿐만 아니라 그가 행한 방식 때문이기도 하다. 그는 자신의 사고 속에서 과학과 미술을 결합시켜, 자신이 답을 찾고자 하는 도전과제라면 무엇이든 온 힘을 다해 전념했다. 이러한 분석적/창의적, 혹은 전뇌whole brain적 사고는 다빈치의 탁월함에서 매우 중요한 요소였다. 여기에 비전과 용기, 끈기 같은 특징들을 결합시키면 당신은 오늘날 매우 특별한 혁신 리더의 초상을 볼 수 있을 것이다.

이 장에서 우리는 (1) 능력과 성격 (2) 제휴affiliations와 팀 빌딩team building(조직개발 기법의 하나로 팀의 목표설정, 각 구성원의 책임 명확화, 구성원간의 커뮤니케이션 개선 등에 의해 그룹의 일체화와 작업효율 향상을 꾀하는 것 – 역자 주) (3) 전뇌적 사고 (4) 지속가능성이라는 네 가지 핵심적인 요소들을 살펴봄으로써 평범한 리더와 전설적인 리더를 구분 짓는 중요한 차이점이 무엇인지 살펴 볼 것이다. 우리가 이러한 리더의 초상을 그려 나가는 동안, 당신은 당신이 최고라고 경탄해 마지않는 기업과 리더를 떠올리고, 그들이 여기서 묘사된 것과 비교해서 어떠한지 생각해 보자. 또한 그들이 추진해온 혁신에서, 이러한 리더십의 특징들을 발견할 수 있는지도 생각해 보자. 유능한 리더들은 늘 자신이 마음속에 그린 그대로의 모습으로 회사를 만들어 갈 것이다. 리더는 혁신을 추구하는 비전을 가진 화가가 되고, 기업은 캔버스가 되어 두 가지가 서로 조화를 이루어 함께 노력할 때, 뛰어난 작품을 창조할 수 있을 것이다. 하지만 뛰어난 작품을 창조하기 전에 우선은 그것을 마음속으로 구상해야 한다.

화가의 팔레트 – 능력과 특징

화가가 마음속에 그린 생각을 실행하기 위해서는 도구가 필요하다. 혁신 리더에게 이러한 도구는 리더로서 자신의 임무를 보다 자연스럽고 효과적으로 해낼 수 있게 해 주는 특정한 능력과 특징의 형태를 취한다. 당신의 잠재력을 이해하기 위해서는 리더로서 당신이 누구인지, 그리고 당신의 자질이 혁신을 효과적으로 수행하는 데 어떤 영향을 미치는지 알아야 한다. 일단 당신이 자신의 강점과 부족한 부분을 깨닫는다면, 당신의 팀이 당신의 강점과 약점을 효과적으로 보완할 수 있도록 할 수 있을 것이다.

표 6.1	핵심적인 리더십의 특징
핵심적인 리더십의 특징	**혁신에서의 역할**
자신감	스스로를 편안하게 생각하고 연약함을 두려워하지 않 음. 앞으로 나아가기 위해 스스로 모든 답을 알아야 할 필요는 없음.
직관력, 창의력, 예지력	미래가 오기 전에, 미래를 마음속으로 그릴 수 있는 능 력을 갖추고 있음. 강한 직관적 본능을 바탕으로 앞으로 나아갈 수 있는 길을 감지할 수 있음.
자극적일 것	호기심을 갖고 명쾌한 질문을 할 수 있음. 가장 최근의 상황에 대한 풍부한 지식을 바탕으로 팀을 꾸려나감.
경청	스펀지처럼 정보를 빨아들일 수 있는 능력을 갖춤. 말 뒤에 감추어진 속내까지 들을 수 있음.
진실과 신뢰	명료함을 추구하고 의도를 숨기지 않음. 두려움이나 정 치로 더렵혀지지 않은 명료한 환경을 유지함.

계속

	당신이 실무에 초점을 맞추고 있으며, 늘 진실을 말하고, 하겠다고 한 대로 실행하는 사람이라는 것을 모든 사람들이 알고 있음.
용기	미래를 위해 큰 배팅을 할 수 있음. 과거를 지키려고만 하지 않고 앞으로 나아가려고 함. "성공할 때까지 실패하라"는 것을 모토로 하며, 끈기와 결단력을 갖고 있음.
인재 양성	인재 개발에 긍정적이고 적극적인 환경을 만듦.
승부욕, 승리를 나눌 줄 앎	매우 경쟁적인 반면, 자기 세력권만 챙기려고 하지는 않음. 사고의 다양성을 포용하고 적극적으로 조언을 듣고자 함.
강한 가치를 갖고 있으며 영적일 것	열정적이고, 현재 하고 있는 일이 다른 사람들을 납득시킬 수 있을 만큼 충분히 강력하며 설득력 있다고 믿음. 장기간의 성공을 위해서는 비전에 전염성이 있어야 함.
집요함	잘 되지 않더라도 목표에 집중할 수 있음. 포기하지 않고, 최종 목표를 위해 적응하고 집중함.
기민함	혁신에서 속도의 중요성을 이해하고 있음. 행동하기를 두려워하지 않으며, 순조롭게 일을 진행시킬 수 있음. 마음속으로 여러 가지 일을 동시에 수행해야 한다는 사실을 알고 있음.
실용적이고 훈련된 접근	몸을 사려야 할 때와 적극적으로 나서야 할 시기를 알고 있음. 점들을 이음으로써 모든 것을 통합할 수 있음.
겸손함	자존심을 굽힐 줄 알고, 기꺼이 잘못을 인정할 수 있음.

표 6.1이 물론 완전한 것은 아니지만, 당신이 핵심 리더십의 자질을 많이 갖고 있을수록 성공할 확률은 더 높아질 것이다. 눈치 챘을지도 모르지만, 리더십의 자질에 화려한 프로필은 필요치 않다. 잭 웰치, 빌

게이츠, 스티브 잡스처럼 대형 스타나 다름없는 지위를 얻은 리더들도 있지만, 우리는 이들처럼 비록 화려한 축포를 받지는 못하더라도, 리더가 되기 위한 필수 자질을 갖추고 자신들의 기업을 진정한 혁신의 길로 인도한 다른 많은 리더들을 찾을 수 있었다. 예컨대 피트니보우즈Pitney Bowes(업무, 문서, 메일 관리 솔루션, 데이터 처리 솔루션 등 사무 관리 소프트웨어 제조 회사 – 역자 주)의 머리 마틴Murray Martin의 경우가 그렇다.

CEO이자 회장인 마틴은 기업과 혁신을 통한 기업의 지속가능한 성장을 위한 전략적, 운영적 책임을 온전히 쥐고 있었다. 그의 리더십 하에서 피트니보우즈는 프린팅과 배송, 암호화, 그리고 재무 서비스의 응용프로그램에 대한 무수한 특허권을 포함하여 우편 사업에서 변혁적인 주요 기술 혁신을 초래했다.

2004년 9월 마틴이 최고운영책임자로 임명된 이후, 기업의 회장이자 CEO로서의 그의 재임기간 동안 피트니보우즈는 시장성을 높이고 비용구조를 낮추며, 수익을 증가시키기 위해 생산성 계획 프로그램을 일관성 있게 실시해 왔다. 피트니보우즈는 소프트웨어, 메일 서비스, 마케팅 서비스 등을 포함한 우편 효율화 시장에서 확보 전략을 통해 수익을 얻었으며, 전 세계적으로도 존재감을 넓혀 갔다.

늘 변화하는 기술 속에서 우위를 점하기 위해 기업이 몇 번이나 새로운 모습으로 재창조하는 것은 결코 쉬운 일이 아니다. 과거 90년 동안 피트니보우즈는 최초의 우편 요금 계기(우표 대신에 일부인을 찍는 기계 – 역자 주)를 개발하여 미국 포스탈 서비스의 승인을 받았다(이는 본질적으로 새로운 형태의 통화를 창조한 것이다). 또 우편 요금을 위해 2차원 바코딩을 가능케 해 준 최초의 장비뿐만 아니라 일자형 무게

측정과 요금 누산 시스템도 개발했다. 이 모든 혁신들은 우편물, 특히 봉투에 중점을 둔 혁신이었다.

"우리는 대부분의 기간 동안 봉투와 관련된 제작에 초점을 맞추었습니다. 그것은 귀중한 실제 자산이었지요. 주소, 우편요금, 발신인 주소, 봉입, 그리고 삽입을 위해 우편물의 접지를 안에 넣을지 딱 맞춰 넣을지 하는 것 등이 우리의 관심사였죠. 그런 것들이 우리를 이끌어 왔습니다. 우리는 그 봉투를 다루는 데 돈이 얼마나 들며, 그 돈을 아끼기 위해 할 수 있는 일은 무엇일까? 등에 대해 샅샅이 고려했습니다. 하지만 오늘날 우리는 제품 그 이상을 보아야 한다는 걸 알고 있습니다. 사회와 기술이 진화함에 따라 앞으로의 10년은 또 엄청나게 달라질 것입니다. 나는 우리의 혁신이 제품에서 솔루션(소프트웨어 패키지나 응용 프로그램과 연계된 문제들을 처리해 주는 하드웨어나 소프트웨어 – 역자 주)으로, 또 정보로 바뀌어 갈 것이라는 걸 알고 있습니다. 우리가 기대하는 다음 변혁적 혁신은 각각의 우편물의 배달을 일일이 추적하고 감시하는 것이 될 것입니다. 그것이 현재 우리가 개발하고 있는 방향입니다. 하지만 제가 직원들과 제 자신에게 길러 주고자 하는 것은 미래를 보고, 미래의 형태를 마음속에 그려내는 능력입니다. 과거, 현재 그리고 미래에 대한 제약 없는 시각을 갖는다면 내일을 창조하는 사고를 가질 수 있습니다. 하지만 혁신을 향하지 않고, 끊임없이 개선에만 목매단다면, 현재의 성공이 미래를 보장하기에는 불충분하다는 사실을 곧 깨닫게 될 것입니다." 마틴은 이렇게 말했다.

색칠하기

마틴은 혁신 리더십의 가장 중요한 능력 중 하나를 우리에게 보여 주었는데, 이는 바로 설득력 있는 방식으로 비전을 고무시키고 전달하는 능력이다. 다시 말해 위대한 리더는 또한 훌륭한 의사소통가여야 한다. 위대한 리더는 기업 내부에서뿐만 아니라, 기업 밖에서도 영감을 준다. 이러한 재능은 성공에서 매우 중대한 요소이며 만일 당신이 생각하는 미래 모습을 직원들에게 보여줄 수 있고, 그들이 그곳에 도달할 능력이 있다고 믿는다면, 비전을 실현하기 위한 길을 제대로 가고 있는 셈이다.

비랄이 프리토레이Frito Lay에 왔을 때, 로저 엔리코Roger Enrico는 그곳에서 일하고 있었다. 하지만 엔리코가 사업을 맡으려고 할 때는, 이미 이글Egale이라는 감자칩 브랜드가 프리토레이를 말 그대로 산 채로 잡아먹고 있었다! 레이즈Lay's(프리토레이의 감자칩 브랜드 – 역자 주)는 시장 점유율을 급속하게 잃어가고 있었고, 엔리코는 변화가 필요하다는 걸 알았다. 그래서 그는 유능한 팀을 짜서 비전과 전략, 실행 계획을 펼쳐 보였다. 그리고 그는 가장 중요한 우선 순위들과 조직 활성화에 모든 관심을 집중하여 자신의 비전에 대해 소통했다.

이를 위해 엔리코는 그의 뛰어난 재능 중 하나에 의지했는데, 그것은 바로 전략적이고 일상적인 방식으로 자신의 비전을 공유하는 능력이었다. 사람들은 엔리코가 늘 간결하고 매우 기억하기 쉬운 문구를 통해 자신의 전략을 사람들과 공유한다고 입을 모았다. 그는 개개인들 모두에게 매일의 책임감을 고취시키는 방식으로 말했으며, 불필요한 권위는 전혀 세우지 않았다. 예컨대 이글에 대항하여 레이즈의 시장 점유율을 되찾아오기 위한 전투에서 그는 "거리를 되찾자"라는 문구를 도입했다. 영업에서 그 문구의 의미는 "우리 상품이 적절히 판매되는지, 그리고 가격 책정에서 경쟁력을 갖추었는지 확인하자"라는 뜻이다. 혁신 리더로서 거리를 되찾자라는 의미는 사람들이 레이즈의 맛과 포장이 너무나 뛰어나서 이 제품 없이는 살 수 없을 정도인지 확인하라는 의미이다. 일단 엔리코가 조직 내의 모든 사람들의 심장과 마음에 불을 지피자 시장 점유율은 다시 높아졌고, 오늘날 이글 감자칩은 더 이상 찾아볼 수 없다. 그 회사는 업계에서 사라져 버린 것이다.

 "거리를 되찾자"는 매우 단순한 메시지였지만 그것은 전체 회사에 힘을 불어 넣어주었으며 회사의 성격을 결정짓는 중요한 요소가 되었다. 모든 사람들은 승리는 단 한 사람에게 달려 있는 것이 아니라 모든 사람이 힘을 모을 때 얻어진다는 사실을 알고 있었다. 그들은 모두 함께 일할 때에만 최고의 성공을 이룰 수 있다는 것을 뼈저리게 이해했다. 만일 당신이 리더로서 직원들로부터 이러한 지지를 얻어 낼 수 있다면 당신의 조직은 이전에는 불가능하다고 생각했던 것을 이뤄 낼 수 있을 것이다.

팀의 힘

엔리코는 의사소통에 있어서 세계에서 가장 뛰어난 인물이라 할 수 있지만, 만일 그가 뛰어난 팀과 함께 일하지 않았더라면, 그는 부분적인 성과는 거둘 수 있었겠지만 전체 시장을 되찾지는 못했을 것이다. 당신이 엔리코 같은 CEO이건 아니면 조직 내의 리더이건 간에, 당신의 리더십의 힘은 당신의 팀의 힘과 직결된다. 당신이 혁신과 성장을 고려하고 있다면 특히 그렇다. 여기에 대해서는 버버리Burberry의 최고 경영자인 안젤라 아렌츠Angela Ahrendts의 이야기에서 제대로 확인할 수 있을 것이다.

아렌츠와 버버리의 최고 창의성 책임자인 크리스토퍼 베일리Christopher Bailey는 도나 카란 인터내셔널Donna Karan International에서 함께 일하면서 놀라운 성과를 거두어 냈다. 몇 년 후에 베일리는 버버리로 이직하여 자신의 경험을 살려 CEO를 도와 버버리의 성장에 박차를 가했다. 버버리가 후임 CEO를 모집할 때, 베일리가 추천한 사람은 아렌츠였다. CEO 선발과정은 비록 이사회와 당시 CEO였던 로즈 마리 브라보 Rose Marie Bravo에 의해 추진되었지만 아렌츠는 자신이 사실상 베일리에 의해 CEO 자리에 올랐다고 느꼈다. 베일리와 아렌츠는 과거에 그들이 함께 일한다면 어떻게 해 나갈지에 대해 이야기하곤 했었다. 그것은 당시에는 말로만 꾸다 끝나 버릴 꿈이라고 생각했다. 하지만 이제 버버리의 CEO가 된 아렌츠와 베일리는 도나 카란에서 두 사람이 함께 일하던 시기를 떠올리며, 자신들이 오래 전에 꿈꾸었던 회사를 만들어 보자고 다짐했다. 그 아이디어는 아렌츠의 상상력을 사로잡았다. 그녀는 이제 버버리의 모든 역량과 기술을 활용하여 혁신 중심의 환경을 창조해 내기 위해, 베일리를 포함한 다른 이들과 함께 일할 수 있는 기회가 생긴 것이다. 그녀는 그 아이디어에 깊이 이끌린 나머지 가족들과 함께 런던으로 이주했다.

이처럼 리더와 팀원들 간의 긴밀한 관련성은 우리가 이 책에서 살펴본 모든 성공적인 혁신 프로젝트에서 매우 명확하게 드러난다. 맥케인 푸드McCain Foods의 데일 모리슨Dale Morrison은 그의 직속부하들로 구성된 CEO 혁신자문위원회(CIC)를 갖고 있다. 세계 각지의 맥케인 푸드 지역 비즈니스 책임자, 혁신 책임자, 그리고 최고 공급망 책임자로 이루어진 CIC는 맥케인 푸드가 "더 적고, 더 크고, 더 뛰어난" 생각들에 초점을 맞추도록 돕고 있다.

모리슨이 CEO 자리에 올랐을 때, 그는 수요를 맞추는 데만 주력하며 50년 동안 성공 가도를 달려온 맥케인 푸드를 넘겨받았다. 하지만 모두에게 그렇듯이 상황은 변했고, 그저 수요를 충족시키기만 하는 대신 이제 맥케인 푸드는 미리 수요를 만들어내야만 했다. 이를 위해서는 기업에 혁신과 혁신을 실행하기 위해 필요한 것이 무엇인지 제대로 아는 리더가 필요했다.

모리슨은 이렇게 말했다. "나는 성공적인 혁신을 결정짓는 것은 또한 좋은 리더의 자질을 결정짓는 것이라고 생각했습니다. … 말하자면 리더십은 '비밀 소스'같은 것입니다. 훌륭한 CEO는 큰 꿈을 꾸는데 자신감을 갖고 있으며, 그 꿈을 현실로 만들 수 있도록 다른 사람들을 관여시키고 그들을 지지하는 능력을 갖고 있습니다. 그렇게 할 때 고객들과 외부 환경에 대해 잘 알 수 있고, 미래의 모습에 색을 입힐 수 있습니다. 또한 리더십은 제대로 실행하고, 비용을 관리하며, 시장에 혁신을 불러오고, 사업 결과를 성취해 낼 수 있는 좋은 팀을 갖고 있다고 확신하는 것이기도 합니다. … 지금 우리는 모든 사람들이 리더가 되는 조직을 만들기 위해 엄청난 시간과 노력, 에너지를 투자하고 있습니다. 이런 방식으로 우리는 한 사람을 넘어서서 나아가고 성장해 나갈 것입니다." 정말 멋진 말이 아닐 수 없다. 모리슨은 사업의 형태나 크기와 관계없이 모든 리더가 가져야 할 핵심 능력과 특징에 대해 간결하게 지적하고 있다. 자신이 가진 능력을 극대화하고, 다른 사람들도 그렇게 할 것을 고무시키는 그의 능력은 혁신을 통해 그의 기업이 13퍼센트 성장했다는 사실로 입증할 수 있다.

리더로서 당신은 팀과 협조하고, 혁신적인 문화와 사업구조 내에서 작업할 수 있는 조직구조를 개발해야 한다. 당신 조직의 팀 건강을 평가하기 위해 아래의 질문에 답해보자. 평가할 때 가능한 정직하게 답하고, 당신이 사실이라고 믿는 것이 실제로 그러한지 확인하기 위해 외부의 확인을 얻어라. 그럼 준비되었는가? 자, 그러면 당신은 어떻게 팀을 지원하는지 대답해 보자.

1. 당신 조직의 모든 사람들이 기업의 비전과 전략을 이해하고 있는가?
2. 당신 팀의 각 구성원들은 혁신의 최우선권을 결정하고 핵심 자원을 배정하는 데 있어 당신을 궁극적인 의사 결정자로 생각하는가, 아니면 여러 의견들 중 최종 의견을 결정하는 사람이라고 생각하는가?
3. 팀 구성원들은 원인과 결과를 자신의 행동과 연결지을 수 있는가?
4. 팀 구성원들은 기업의 가장 중요한 성장에 직접적으로 기여하는가?
5. 당신은 성공은 축하하고 실패로부터 배우는가?
6. 당신의 팀은 다양한 사고를 하는가?
7. 당신의 조직은 얼마나 유연하고 민첩한가?
8. 당신의 팀은 두려움 없이 쟁점에 대해 자유롭게 논의할 수 있는가?
9. 팀 구성원들은 서로의 계획을 지지해 주는가?

이 질문에 답을 해 봄으로써 혁신적인 문화를 창조하고 앞으로 혁신을 활성화시킬 수 있기 위해, 당신과 당신의 팀이 얼마나 준비되어 있는지에 대해 더 잘 이해할 수 있을 것이다.

제휴를 통해 원을 넓힐 것

오늘날 세계는 끊임없이 변하고 있으며 꼭 해야 할 것들은 너무나 많은 반면, 에너지는 제한되어 있다. 당신의 팀에 활기를 불어넣고 사람들에게 영향을 주는 것도 벅찬데, 상상하기 힘든 것을 넘어서서 나아가라는 것은 더더욱 어려운 일이 아닐 수 없다. 하지만 가장 뛰어난 리더들은 실제로 그런 일을 해낸다. 그들은 그들의 사업, 심지어는 자신들이 속한 산업 외에서도 관계의 네트워크를 구축하는데, 그 이유는 바로 저 밖에 있는 것에 대해 궁금증이 많기 때문이다. 이들은 저 너머에 있는 뭔가 특별한 것에 대해 기대를 걸고 싶어 한다. 이들은 어떤 기회들이 쓸 만하며, 어떤 기회들이 방해가 될지 의문을 품고, 또 어떤 기업들과 함께 협력할 수 있을지, 또 어떤 기업들이 가장 큰 위협이 될지에 대해 숙고한다.

이러한 고려들은 리더의 사고과정의 일부가 되어야 하며, 당신이 CEO라면 더욱 그렇다. 이는 당신의 사업을 다른 대륙, 다른 산업, 상대 팀, 그리고 정부나 학계 같은 교차 영역intersecting areas에 있는 사람들의 관점에서 바라봄으로써, 당신만의 세상에서 벗어나 전체적으로 사고를 확장하는 데 도움이 된다. 이는 당신이 그런 사람들의 관점을 무시한 경영을 하지 않도록 하는 데 필요한 정보들을 제공해 줄 뿐만 아니라, 당신의 기업, 부서, 혹은 생산 라인을 위한 상상치도 못했던 미래를 밝혀줄 길을 찾게 해 줄 수도 있다. 다양한 관계를 구축해 둔다면, 그 길이 당신을 어디로 이끌지는 아무도 모른다. 이와 관련해서 우리가 가장 좋아하는 예시는 헨리 포드와 토마스 에디슨의 이야기다.

어린 시절 미시간 주의 디어본에 있는 아버지의 농장에 살던 포드는 토마스 에디슨을 경배하며 그의 경력을 따르고 있었다. 포드가 열다섯 살이 되었을 때, 그는 농장을 떠나 디트로이트로 이사했다. 당시 그는 에디슨 조명 회사에서 일을 구하는 것이 그의 소명인 듯 느껴졌다. 기계 제작기술자로 시작했던 그는 얼마 지나지 않아 기술책임자의 자리에 올랐다.

어느 날, 일 년 동안 포드의 상사였던 알렉스 도우Alex Dow는 포드에게 뉴욕 맨해튼 비치에서 열리는 회사 주최의 컨벤션에 갈 것을 요청했다. 저녁에 있을 오프닝 연회의 주빈은 다름 아닌 토마스 에디슨 자신이었다. 포드가 에디슨에 대해 상당한 열정을 갖고 있던 것을 알고 있던 도우는 포드를 에디슨에게 데려가 "이 젊은이가 가스 자동차를 만든 친구입니다"라고 소개했다. 그날 저녁 내내 에디슨은 포드에게 많은 질문을 퍼부었고, 둘의 대화가 끝났을 때 에디슨은 주먹으로 테이블을 쾅 치며 "젊은이, 바로 그거네! 자네가 해 냈어! 자네의 차는 발전소를 갖고 다니며 스스로 움직이는 거로군!"이라고 말하며 포드에 대한 감탄을 표했다.

수 년 후, 포드는 한 신문과의 인터뷰에서 둘의 첫 만남을 회상하며 이렇게 말했다. "그가 테이블을 쾅 치는 순간, 그것은 제게 엄청난 의미를 갖게 되었습니다. 그때까지 누구도 내게 그런 격려를 해 준 사람은 없었습니다. 나는 이전까지 내가 제대로 된 길을 가고 있기를 간절히 원했습니다. 저는 가끔씩은 확신했고 가끔씩은 의심이 들었습니다. 하지만 세계에서 가장 위대한 발명의 천재가 느닷없이 저를 인정해 주었습니다. 세상에서 전기에 대해 가장 많이 알고 있는 그 분이, 제 가스 모터는 그 어떤 전기 모터보다 나을 것이라고 말해 주었던 것입니다."[1]

포드는 에디슨의 격려의 말을 결코 잊지 않았고, 이를 통해 자신감을 얻은 그는 적정한 가격으로 살 수 있는 자동차로 가득한 미래를 꿈꾸게 되었다. 포드가 부유한 사업가가 되었을 때, 그는 다수의 기술 및 과학적 프로젝트를 에디슨과 함께 했고 두 사람은 평생의 벗이 되었다. 시간이 지나면서 그들의 네트워크는 자연주의자인 존 버로스John Burroughs, 원예가인 루서 버뱅크Luther Burbank, 하비 파이어스톤Harvey Firestone, 그리고 이따금씩 합류한 워렌 하딩Warren G. Harding 대통령으로까지 확장되었다.[2] 이들 그룹이 즐긴 캠핑 여행에서 어떤 미래가 만들어졌는지는 아무도 알 수 없지만, 뭔가 중대한 일들이 있었던 것만은 틀림없다.

당신의 네트워크의 넓이와 깊이를 결정짓고, 당신의 팀과 사업을 위한 지평을 얼마나 넓혀갈 것인지 결정하기 위해 다음 질문에 대답을 해보길 바란다. 만일 당신이 대답할 수 있는 질문이 몇 개 밖에 없다면, 당신의 조직이 온전한 미래의 잠재력을 얻기에는 당신의 시야가 충분히 넓지 않을 확률이 크다.

1. 당신은 현재 혹은 미래의 전략적 사업 요구(예컨대 기술이나 제품 개발)와 관련이 있는 외부의 파트너가 있는가?
2. 당신이 현재 있는 산업 분야에서 당신의 회사 사람 이외의 가장 재능 있는 사람들을 알고 있는가?
3. 당신은 고객들과 개인적인 관계를 정기적으로 갖는가? 또한 공급자 혹은 월가의 사람들과도 그런 관계를 갖고 있는가?
4. 당신은 당신 기업의 내적, 외적에서 다양한 분야의 리더들과 함께 일할 방법을 강구하는가?
5. 당신은 다양한 대륙의 정부 및 관리기관과 글로벌한 관계를 가져야 할 필요성을 이해하는가? 당신은 몇 개국과 그런 관계를 갖고 있는가?

이들 질문에 답을 할 때, 그토록 많은 관계를 갖는 것이 과연 가능한지 의문이 들지도 모른다. 사실 그런 관계 맺기는 하룻밤 사이에 이루어지지 않는다. 팀의 다른 사람들을 통해서 그러한 관계가 이루어 질 수도 있고, 이따금씩 직접적으로만 그들과 상호작용할 수도 있다.

여기서 핵심은 끝없이 배우고 성장하기 위해서는 넓은 상호관계를 유지하고, 현재와 미래의 기회와 장애물들에 관한 새로운 깨달음을 발전시키기 위해 모든 사람들을 활용해야 한다는 점이다. 그러한 관계를 구축해 나가기 위해 스스로 책임감을 가질 수 있는 방법을 찾자. 그러한 관계 구축은 결코 쉽지 않고, 시간도 제한되어 있기 때문에 진척 상황을 보고하고 피드백을 들을 수 있는 사람들을 가까이 두는 것이 중요하다. 이는 이사회 일원이나, 팀 일원 혹은 당신에게 책임감을 부여해 줄 열정을 가진 외부 코치가 될 수도 있을 것이다. 이러한 관계들로부터 나오는 우연한 언급이나 영감을 주는 아이디어가 얼마나 중요한지는 감히 짐작도 못할 것이다. 그곳에 있는 누군가가 바로 토마스 에디슨 같은 존재가 될 지도 모른다. 이처럼 A급 게임에 계속 머무르기 위해 폭넓은 관계를 맺지 않는다면 당신은 숲 속의 나무 몇 개만 보다가 끝나 버릴 수도 있다. 이는 부끄러운 일이 아닐 수 없는데, 왜냐하면 우리가 나무와 숲 둘 다를 보는 것은(더 정확히 말하면 상상하는 것은) 혁신 리더에게 필요한 가장 중요한 기술 중 하나이기 때문이다.

좌뇌와 우뇌를 동시에 써라

과학자들은 오랜 기간에 걸쳐 인간의 뇌는 언어적, 체계적, 분석적 사고를 담당하는 좌뇌와 창의적, 비언어적, 이미지를 바탕으로 사고하는 우뇌의 두 가지 부분으로 구성되어 있다는 것을 밝혀냈다. 삶에서 매일의 의식을 관리하는 데 좌뇌와 우뇌 중 어느 쪽을 사용하느냐에 따라 우리의 인격과 성격이 구축되고 결정된다. 오랫동안 사람들은 좌뇌

지배적이냐 우뇌 지배적이냐는 우리의 성향과 관련되어 있다고 믿어왔다. 하지만 사실 성향보다는 연습이 더 중요하다.

실험에 따르면, 실험에 참여한 대부분의 아이들은 취학 전에 더 높은 창의력(우뇌)을 보였다. 하지만 우리의 교육 시스템은 그림이나 상상력을 활용하는 것보다는 수학, 과학, 언어에 더 높은 가치를 두고 있기 때문에, 실험에 참여한 아이들 중 7세 이후에도 높은 창의성을 보인 아이들은 10퍼센트에 불과했다. 그리고 성인이 될 때까지 여전히 높은 수준의 창의력을 가진 사람들은 고작 전체의 2퍼센트뿐이었다.[3]

생각해 보자. 독창적인 무언가를 만들어 내는 것이 혁신의 핵심이지만, 우리는 줄곧 창조와 관련된 뇌(우뇌)의 사용을 차단하는 법을 배워온 셈이다. 게다가 일단 우리가 기업 세계로 들어오면 좌뇌의 가치는 훨씬 더 높아진다. 프로세스, 지표, 규칙, 자본 환경, 최종 결산 결과 등은 모두 좌뇌와 관련되어 있다. 사람들을 모두 동일한 좁은 방 안에 집어넣고 순응을 강요하고, 어떤 형태로든 개인적인 표현과 튀는 것을 금지하는 환경은 모두 좌뇌적이다. 거기에 대해 우리가 보상받고 얻을 수 있는 것은 질서와 예측 가능한 결과, 숫자로 보이는 결과들, 한 마디로 통제이다. 이 같은 질서와 순응은 사회에서도 가치를 둔다. 덕분에 우리가 비록 근무복을 벗고 청바지로 갈아입는다고 할지라도, 사회가 요구하는 질서와 순응에서 벗어나기는 쉽지 않다. 상황이 이러하니 진정한 혁신과 진정한 혁신 리더십을 얻기 힘든 것은 어쩌면 당연한 일인지도 모른다.

하지만 만약 그렇지 않다면 어떨까? 만일 우리가 좌뇌에 제동을 거는 반면, 우뇌에게 활동의 여지를 좀 더 준다면? 아니면 레오나르도 다빈치처럼 좌뇌와 우뇌를 동시에 쓴다면 어떨까? 그렇다면 우리는 무엇을 성취할 수 있을까?

우리가 이제껏 해 온 일과, 우리가 인터뷰 한 사람들을 돌아보면서 우리는 가장 성공적인 리더들 중 일부는 고의든 고의가 아니든 간에 좌뇌와 우뇌를 동시에 쓰며 분석적 그리고 창의적 기능을 통합하여 놀라운 혁신을 이루어냈다는 사실을 발견했다.

좌뇌와 우뇌를 동시에 활용함으로써 혁신 흐름을 창조하는 전뇌 성향에 대해 생각해 보자. 전뇌 성향이란 때로는 좌뇌가 지배하기도 하고 때로는 우뇌가 지배하기도 하지만, 전체적으로는 좌뇌와 우뇌를 최대한 활용하여 신속한 사고흐름과 의사결정 능력을 갖춤으로써 혁신 흐름을 창조하는 것이다. 당신이 어떤 종류의 혁신을 추구하느냐에 따라 당신은 필연적으로 특정 방향으로 치우치게 될 것이다. 다음에 나오는 도표에서 보듯이 운영적, 시장적 혁신은 좌뇌 성향을 요구하는 반면, 변혁적 혁신은 높은 우뇌적 성향을 보인다. 범주적 혁신은 좌뇌와 우뇌 중 어느 한쪽으로도 치우쳐 있지 않다. 전뇌 사고와 전뇌 사고가 만들어 내는 혁신 흐름은 혁신의 네 가지 유형 모두에 유용하다.

1장에서 이야기했던 마이클 델의 사례를 떠올려 보자. 이 젊은 애송이는 좌뇌적 조직화 기술을 우뇌적 비전으로 옮김으로써 IBM을 개인용 컴퓨터 사업에서 몰아냈다. 하지만 불행히도 헨리 포드와 마찬가지로, 델은 좌뇌 우위적 세계에 갇혀 애플과 휴렛패커드 같은 기업들이 색상과 투명한 외관을 도입함으로써 소비자의 상상력을 사로잡을 때, 그다지 주의를 기울이지 않았다. 오늘날 델은 스마트폰과 아이패드의 중간쯤 되는 장치인 델 스트릭Dell Streak 같은 혁신을 통해 반격에 나서고 있다. 이 제품이 테블릿 전쟁이라 일컬어지는 전장의 어디에 착륙할지는 아직 알 수 없지만, 중요한 것은 델이 그저 좌뇌형 리더를 따르기

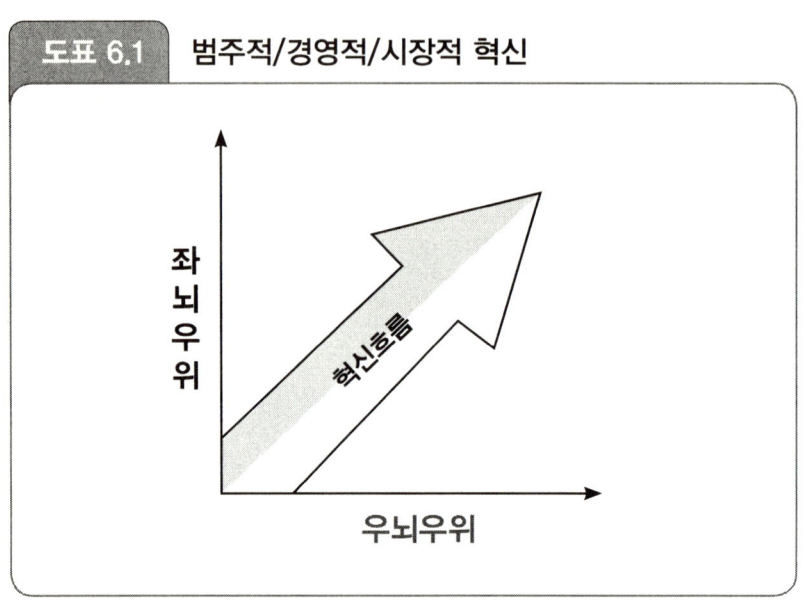

도표 6.1 범주적/경영적/시장적 혁신

좌뇌우위

혁신흐름

우뇌우위

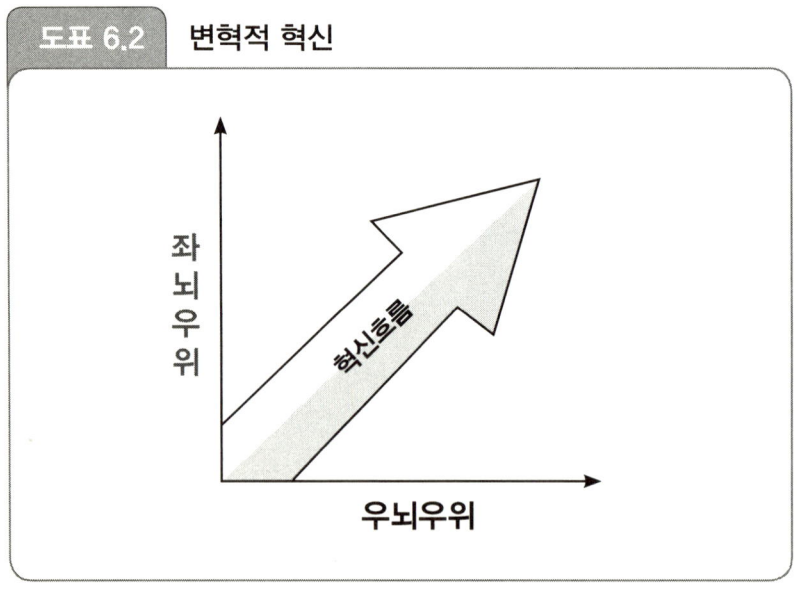

도표 6.2 변혁적 혁신

좌뇌우위

혁신흐름

우뇌우위

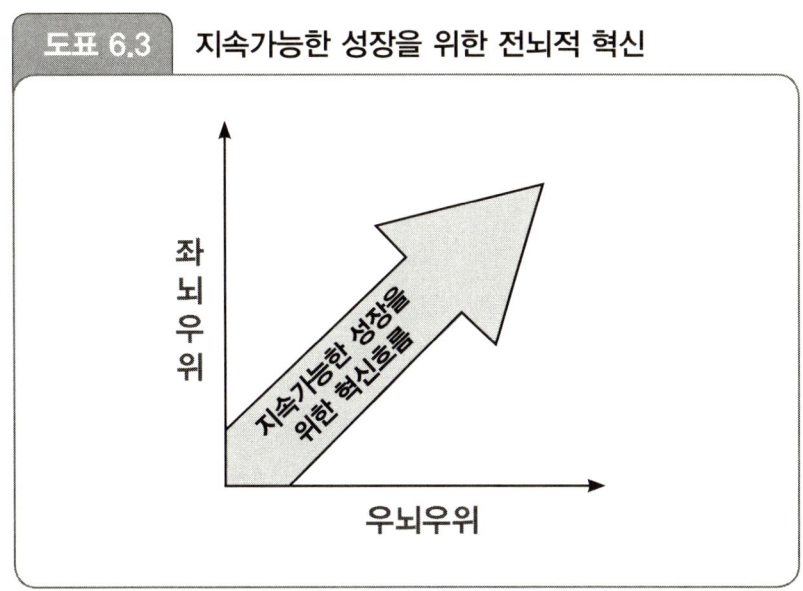

| 도표 6.3 | 지속가능한 성장을 위한 전뇌적 혁신 |

좌뇌우위

지속가능한 성장을 위한 혁신흐름

우뇌우위

만 하거나 가격에만 초점을 맞추지 않고, 혁신이라는 게임판 안으로 다시 돌아왔다는 사실이다.

한쪽 뇌에서 다른 뇌로 이동하며 두 뇌를 통합하는 능력인 전뇌적 사고는 지속가능한 혁신을 이끌어 낸다. 기술과 소비자의 욕구 사이의 점들을 연결하는 기술은 확실히 전뇌적인 기술이며 이를 포함한 다양한 능력을 갖춘 스티브 잡스 같은 많은 혁신가들의 사례에서 그러한 증거를 찾을 수 있을 것이다. 또 A.G. 래플리는 큰 전략과 비전을 운영적 기량과 결합시킴으로써 다른 방식으로 양쪽 뇌를 재빠르게 오가는 민첩성을 보여주었다. 또한 제록스의 전 의장 앤 멀케이Ann Mulcahy, 닌텐도의 사토루 이와타Satoru Iwata, 페덱스의 프레드 스미스Fred Smith가 모두 그러한 경우에 속한다. 이들 각각의 리더들은 경영 스타일에서 각기 다른 면모를 갖고 있지만 이들은 모두 기업의 재정적 안정과 성장을 위해 지난 십여 년에 걸쳐 혁신을 감행했다. 그들의 공통점이 전뇌적 혁신에 있었다고 해도 결코 과언이 아니다.

만일 당신이 위대한 리더가 되고자 한다면 반쪽짜리 사고를 바꾸어야만 한다. 아이 때부터 가지고 있던 창의성은 자라면서 **훈련에 의해** 사라진다는 연구 결과를 떠올려 보자. 그 말은 즉 창의성은 **훈련에 의해** 다시 길러질 수도 있다는 의미와도 같다. 더 깊이 아이디어를 탐구하고자 할 때 도움이 되는 몇 가지 방법들이 있다. 양쪽 뇌를 모두 사용하기 위해서는 당신이 억압하는 쪽의 뇌를 좀 더 활성화시키기 위해서, 평소 당신이 주로 사용하는 뇌를 덜 사용해야 한다. 아래에 나오는 설명을 통해 당신이 좌뇌형인지 우뇌형인지 확인해 보자. 이 때, 한 쪽이 다른 쪽보다 더 우월하다는 것은 아니다. 우리는 그저 우리일 뿐이다. 요지는 당신의 사고 패턴을 이해한다면, 다른 쪽 뇌를 좀 더 잘 활용할 수 있을 것이라는 사실이다.

표 6.2	전뇌적 혁신 리더십의 특징 – 당신은 좌뇌형인가, 우뇌형인가?
좌뇌적 특징	**우뇌적 특징**
논리적	감정적
세부적	전반적
사실에 의거함	상상에 의거함
말과 언어를 선호	상징과 이미지를 선호
현재와 과거에 집중함	현재와 미래에 집중함
수학적, 과학적	철학적, 종교적
	계속

이해할 수 있음	감을 잡음
지식에 근거	믿음에 근거
분석적	개념적
순서와 패턴에 능함	공간지각에 능함
이미 존재하는 것을 정의할 수 있음	새로운 기능이나 시스템을 창조할 수 있음
현실 기반	판타지 기반
전략을 만들어 낼 수 있음	가능성을 제시할 수 있음
현실적임	충동적임
안전지향	위험을 감수하려 함

좌뇌는 언어적 능력, 세부사항에 대한 집중력, 이성 등을 관장한다. 좌뇌 우위의 사람들은 다른 사람들과 소통하고 설득하는 데 능숙하다. 당신이 좌뇌형이라면 당신은 수학과 논리에 강할 것이다. 당신의 책상은 늘 깨끗하며 하루하루가 조직적이고, 목록들을 좋아할 것이다. 좌뇌형 인간은 고양이보다는 개를 더 좋아하며 음악보다는 독서, 시끄러운 도시 활동보다는 시골의 한적함을 더 좋아하고, 직관보다는 논리를 좋아한다고도 한다.

반면 우뇌는 창의성과 유연함을 관장한다. 대담하고 직관적인 우뇌형 인간들은 자신만의 독특한 방식으로 세상을 바라본다. 만일 당신이 우뇌형 인간이라면 글을 쓰고 예술 활동을 하는 데 재능이 있을 것이다. 우뇌는 백일몽과 철학, 그리고 스포츠를 선호한다. 그리고 말할 때 손을 함께 움직이며, 위험을 감수할 수 있을 뿐만 아니라 심지어는 그것을 즐긴다. 우뇌형 인간은 누워 있을 때 좋은 아이디어가 떠오르며,

그것이 여의치 않으면 일어나서 돌아다니면서 좋은 아이디어를 떠올린다고도 한다. 고정된 장소에서 오랫동안 의자에 가만히 앉아 있는 것은 이들을 미치게 만든다.

만일 당신이 양쪽 두뇌를 모두 쓰는 사람이라면, 아마 당신은 적어도 전뇌적 사고를 하는 사람이 되어 가는 중일지도 모른다. 그리고 그것이야말로 우리 모두가 원하는 것이다. 전뇌적 사고를 위해서는 가장 불편하게 느껴지는 뇌를 쓰는 연습을 해야 한다. 다시 말하면 우뇌형은 좌뇌를 쓰는 연습을, 좌뇌형은 우뇌를 쓰는 연습을 해야 한다. 이는 왼손으로 머리를 빗거나 사물을 집는 것처럼(당신이 왼손잡이라면 오른손으로 그 일을 하라) 늘 하던 일을 조금 바꾸어 보는 식의 간단한 일일 수도 있다. 만일 당신이 좌뇌형이라면 비행기를 탈 때나 차를 탈 때 눈을 감고 주위의 소리나 냄새, 그리고 기운을 느껴 보는 것도 좋다. 즉 당신이 감각으로 느끼는 것을 머릿속으로 상상해 보라. 또 문제가 있다면 해결책을 머릿속으로 그려 보는 것도 좋다.

생각하는 것 대신 몸을 움직이는 것도 좌뇌와 거리를 두는 방법이다. 산책을 하거나 골프나 스쿼시를 정기적으로 한다거나, 혹은 갑자기 춤을 춰본다거나 운동을 하고 공을 치고, 종이 뭉치를 마구 구겨서 휴지통에 슛을 날려 점수를 내보는 것도 효과가 있다. 틀에 박힌 생활에서 벗어나 느긋하게 쉬는 것이 양쪽 뇌를 동시에 쓰는 훈련이 될 수 있다.

만일 당신이 우뇌형이라면 좌뇌와의 관련성을 높이기 위해 삶을 좀 더 체계화 할 필요가 있다. 당신이 주로 쓰는 손 대신 쓰지 않는 손을 써 보고, 그날 오전에 해야 할 일이나 그날 내로 끝내야 할 일들의 목록을 만들어도 보자. 좌뇌적 활동인 단어 게임이나 십자 낱말 퍼즐도 풀어 보자. 회의에서는 필기를 하고, 실행 목록에 번호를 매기거나 중요한 항목에는 별표를 쳐 보자. 비행기 안에서는 눈을 감고 상상하는 대신 눈을 똑바로 뜨고 세부적인 것들을 살펴보자. 우뇌형은 큰 그림을 그리는 경향이 있으니 사소한 것의 중요성을 위해 연습하는 것은 양쪽 뇌를 모두 사용하는 데 도움이 될 것이다.

일단 자신이 주로 사고하는 방식을 알게 되면, 자신이 세상을 어떻게 보는지, 그리고 어떻게 문제를 해결하고 결정을 내리고 의사소통을 하는지 더 잘 이해할 수 있을 것이다. 뛰어난 리더들은 자기 자신을 잘 안다. 이들은 자신들의 강점과 약점, 능력과 한계 및 심지어는 자신들이 사고하는 방식까지도 제대로 간파하고 있다. 이러한 사고 유형에 대해 제대로 알고 있다면 동료나 직원들을 이해하는 데도 도움이 된다. 예컨대 그들에게 뭐가 자연스럽고, 무엇이 그들에게 동기를 주며, 그들의 동의를 얻기 위해서는 어떻게 해야 할 지 등을 이해할 수 있다. 자기 자신과 동료 및 직원들의 사고 유형을 아는 것은 좌뇌와 우뇌를 통합시켜 전뇌적인 사고를 하는 시발점이다.

리더로서 전뇌적 혁신을 위해 양쪽 두뇌를 쓰는 훈련을 하고, 다른 사람들도 역시 그렇게 하도록 격려하는 것은 매우 위대한 자산이 될 수 있다. 두뇌의 우뇌와 좌뇌를 모두 사용할수록, 당신과 당신의 기업을 위한 혁신 범위는 더욱 넓어질 것이다. 이러한 방식으로 더 많은 가능성을 그린다면, 당신은 오랜 시간 동안 다양한 혁신을 계속해 나갈 수 있을 것이다. 그리고 그렇게 할 때, 당신은 그저 화가가 아닌, 예술가가 될 수 있을 것이다.

리더십의 지속: 일과 삶에서 조화를 이룰 것

앞에서 우리는 매우 뛰어난 혁신 리더가 되기 위해서 필요한 것들에 대해 이야기했다. 이제 우리는 어떻게 그러한 능력을 지속해 나갈 수 있는 삶을 구축할 것인지에 대해 이야기하려고 한다. 많은 리더들이 우리가 앞에서 이야기했던 능력과 성격을 갖고 있기도 했지만, 이들은 또한 약점을 갖고 있는 동시에, 매우 힘든 시련도 겪었다. 인정하고 싶건 말건, 우리가 충전을 하지 않는다면 수행에 차질을 겪게 된다. 플라톤 시대이래, 인간은 네 가지 단계에서 작동하는 존재라고 알려져 왔는데, 이 네 가지 단계는 바로 물리적, 지적, 감정적, 영적 단계이다.[4] 모든 단계에서 균형을 유지해야만 최고의 수행을 유지해 나갈 수 있다. 이는 당신에게 '휴식과 영양분을 주는 것'이 무엇인가에 달려 있다.

에스티 로더 컴퍼니즈의 회장이자 최고 경영자인 파브리지오 프레다는 강력한 혁신 리더로서 사람들의 경탄을 한 몸에 받고 있는 인물이다. 그는 일을 할 때는 매우 진지했지만, 휴식시간 또한 리더로서의 성공에 매우 중요한 요소라는 것을 알고 있었다. 프레다는 거의 종교적일 정도로 조화로운 삶을 중시했고, 이를 확실히 하기 위해 우선순위를 설정했다. "제 첫 번째 우선순위는 언제나 가족입니다. 나는 내 일 때문에 가족에게 영향을 끼치지 않습니다. 나는 집에 오면 가족들에게 깊은 관심을 기울이며 가족과 함께 충분한 시간을 갖습니다. 또한 직장에서 가장 중요한 일은 전략적인 사고라고 생각하기에, 신선함을 유지하기 위해 규칙적인 휴식시간을 갖고 적어도 하루에 25분 정도는 전략을 구상하는 시간을 갖습니다." 그는 이렇게 말한다.

이와 유사하게 의료 혁신 기업인 휴매나Humana의 회장이자 최고 경영자인 마이크 맥캘리스터Mike McCallister는 주중의 바쁘고 중요한 업무로부터 활력과 휴식을 취하기 위해 주말을 적극 활용한다. 그는 회복과 휴식을 취했을 때 사고가 좀 더 명확해지고 기량을 더 잘 발휘할 수 있다는 사실을 깨달았다.

우리 모두는 삶의 조화를 이룰 방법을 찾고 또한 우리를 행복하게 하고 우리에게 활기를 주는 것들을 가까이 두어야 한다. 누군가에게는 골프가 답일 수도 있고, 어떤 사람들에게는 하이킹이나 낚시, 음악, 특별한 요리가 답일 수도 있다. 책을 읽거나 운동을 하거나 자원 봉사를 하거나 친구를 만나거나 캠핑을 하거나 로맨틱한 휴가를 떠나거나 정신적인 수행을 하는 것 역시 새로운 활력을 불어 넣는 데 좋은 방법이 될 수 있다.

우리가 일에만 지나치게 치중한 나머지, 일 외의 나머지 삶은 침체되어 있다면 이는 우리의 육체적, 감정적, 정신적 에너지를 빼앗을 뿐만 아니라, 사실상 우리를 다재다능하게 만들고, 전뇌적 사고를 할 수 있게 도와주는 삶의 경험의 폭을 좁게 한다. 비록 혁신은 최고 리더십이 꼭 가져야 할 책임이라고 강조하긴 했지만, 책임감을 갖는다는 것은 모든 것을 혼자서 하라는 의미는 아니다. 사실 당신이 리더십 망에서 어떤 직위와 책임을 갖고 있건 상관없이, 당신이 살아남고 번영하기 위해서는 다른 사람들의 지지가 필요하다. 무엇보다도 당신이 모델로 삼고 있는 인생의 균형 맞추기는 당신의 조직을 통해 반영된다. 모든 리더들은 자기 자신을 돌보고 팀원들의 복지와 기회를 높여 주어야 할 책임이 있다. 이는 리더의 책임일 뿐만 아니라, 영리한 방법이기도 하다.

다음 장에서 우리는 네 가지 혁신에 필수적인 리더십 능력에 대해 구체적이고 상세하게 살펴 볼 것이다. 또한 당신이 누구이며, 당신의 팀에 필요한 것과 필요한 사람에 대해서도 배울 수 있을 것이다.

07

리더십의 특성

올바른 자질

기업의 일상적인 운영적 필요성과 혁신 의제 사이에 조화를
이루기 위해서는 양쪽 입장의 사람들이 낮과 밤만큼이나
다르다는 것을 이해해야 한다.

—마이크 맥캘리스터, 휴매나의 의장이자 CEO, 회장

잭 웰치는 그의 저서 『위대한 승리*Winning*』에서 일용품 산업의 리더로서
'규율의 달인'과 같은 사람이 되는 데 집착했지만, 반면 그가 혁신적이
고 위험한 산업을 위한 CEO가 될 때는 "세부적이고 기본적인 것을 싫
어하고", "큰 내기를 걸 줄 아는 용기와 비전"을 갖춘 인물을 지향했다.
이 둘의 차이가 얼마나 큰 지 이해하고, 타고난 재능을 어떻게 활용할
것인지를 제대로 알았다는 것이 잭 웰치의 뛰어난 능력 중 하나이다.
각각의 기능과 산업에 맞는 특성을 갖춤으로써 그는 매우 뛰어난 성과
를 내는 팀을 만들어 낼 수 있었다.

혁신에 대해서도 모든 CEO들은 그와 같은 수준의 능력을 발전시켜
야 한다. 대개 가장 효율적인 기업들은 혁신의 네 가지 단계(변혁적, 범

주적, 시장적, 운영적)가 끊임없이 이루어지기도 하는 접근방식을 갖고 있다. 이러한 이유로 각각의 부서와 기능에 맞는 혁신 단계는 무엇인지 이해하고, 그러한 혁신을 가장 효과적으로 실행할 수 있는 자질에 대해 이해하는 것은 매우 중요하다. 새로운 산업을 결정짓는 혁신을 통해 기업을 주도해 나가는 데 가장 적합한 사람과 어떤 상품을 시장에 멋지게 출시킬 수 있는 사람의 자질은 서로 다르다. 양자가 최고의 성과를 거두기 위해서는 다른 재능과 다른 성격, 그리고 다른 리더십 스타일이 요구된다.

어떤 일에 대해 적합한 자질을 갖는 것만큼이나 중요한 것은 리더가 성공할 수 있는 적합한 환경이다. 포뮬러 원 레이싱 자동차를 타고 바위투성이인 호주 아웃백을 탐험하거나, 허머Hummer(미국 사륜구동 지프형 차량 – 역자 주)를 타고 인디 500(미국 인디애나주 인디애나폴리스 자동차 경주장에서 열리는 자동차 경주 – 역자 주)에 출전한다고 생각해 보자. 포뮬러 원이나 허머는 모두 제대로 된 환경에서는 멋지게 역할을 해내지만, 그렇지 못한 환경에서라면 재앙에 가까운 결과를 낼 것이다.

앞 장에서 우리는 가장 혁신적인 경영자의 일반적인 능력과 특징을 살펴보았다. 이 장에서 우리는 더 깊이 나아가 혁신의 네 가지 역할과 관련하여 리더십의 자질을 살펴 볼 것이다. 혁신의 종류에 따라 필요한 자질을 제대로 매치시키기 위해, 우리는 각각의 혁신 단계에 맞는 특징들을 구성했다. 이 표들은 단계별 혁신과 관련된 리더의 특징과 성격을 정의하고, 리더에게 동기를 부여하는 것은 무엇이며, 각각의 혁신에 필요한 문화 및 성공을 위해 조직이 제공해야 할 것이 무엇인지 보여준다.

이는 사람들을 세세하게 분류하고 꼬리표를 붙이려고 하는 것이 아니라, 당신의 적합성과 능력을 깨닫도록 도와주기 위한 것이다. 우리가 서로 다른 특징들에 대해 이야기할 때, 주위 사람들을 떠올려보라. 그들은 그들에게 주어진 일에 적합한가? 또 당신은 어떠한가? 자기 자신과 주위 사람들의 자질을 제대로 이해하고 깊이 생각해 본다면, 당신은 각각의 혁신에서 경험한 혁신 리더를 대표하는 다른 개인적 특징들을 생각해 낼 수도 있을 것이다. 만일 그렇다면, 훗날 참고하기 위해 그러한 특징들을 적당히 기록해 두자. 혁신 가능성의 면에서 사람을 보고, 재능의 깊이와 가능성 면에서 당신의 기업을 보기 시작하는 것은 매우 중요하다. 당신이 기업 전반에서 혁신에 초점을 맞춘 적합한 일과 그러한 일을 해 낼 수 있는 적합한 사람들을 갖고 있을 때, 두 개의 조합은 멋지게 섞여 마술처럼 작용하게 될 것이다.

리더십의 네 가지 유형

새로운 프로젝트나 새로운 직책을 맡았을 때, 어떤 사람들은 마치 처음부터 그런 일을 해 왔던 양 자연스럽게 적응하는 반면, 절대로 그 일이나 직책에 적응하지 못할 것처럼 보이는 사람들도 있는데, 이는 아마도 일에 대한 적합성 때문일 것이다. 재능이 있는 사람들은 어떻게든 그 일을 해내겠지만, 사실 무엇을 해야할 지 머릿속으로 아는 것과 직감적으로 느끼는 것 사이에는 매우 큰 차이가 있다. 무엇을 해야할 지 자연스럽게 느껴질 때, 창의성은 더 쉽게 흘러들어오고 에너지도 덜 소비된다.

일에 대한 적합성만큼이나 중요한 것은 혁신적 본성을 저해하는 대신 이를 지지하고 길러 주는 환경이다. 예컨대 운영적 혁신과 관련된 사람들은 자신들의 회사가 그들을 위해 다른 자리를 찾아 줄 것이라는 걸 확신할 수 있을 때 비로소 자신들의 일자리를 없애버릴 수도 있는 제안을 할 수 있을 것이다. 하지만 대개의 경우, 모든 사람들이 자기 자리만 보전하려는 이기적인 상황이 될 수도 있다. 또 범주적 혁신을 이루려는 사람이 투자 결정을 내리는 데 무수한 장애가 따르거나, 매번 이의를 제기 받는다면 그는 결국 혁신에 대한 투자 결정을 내리지 못할 것이다.

각각의 혁신적 문화를 위해 사람들에게 동기를 주고, 사람들을 행동하게 만드는 것이 무엇인지 이해하는 일은 혁신적 성장 환경을 만드는 데 매우 중요하다. 하지만 대부분의 기업문화는 대체로 천편일률적이다. 그들은 혁신이 본질적으로 일상의 기업 활동과는 다르며, 다양한 유형의 특성과 다른 고려사항이 요구된다는 점을 제대로 인식하지 못한다. 한 가지 색깔의 실만으로는 태피스트리(여러 가지 색실로 그림을 짜 넣은 직물 - 역자 주)를 짜낼 수 없듯이 한 가지 종류의 리더만으로는 혁신적인 조직을 만들어 낼 수 없다. 그렇다면 색색의 훌륭한 태피스트리를 만들기 위해서는 어떻게 해야할 지 살펴보자.

변혁적 리더

변혁적 혁신을 잘 살펴보면, 그 중심에는 한 사람, 혹은 기껏해야 두 세명의 사람이 있다. 이 사람, 혹은 이들은 많은 사람들이 원하는 해답을 찾아내기 전까지 절대 멈추는 법이 없다. 이 같은 변혁적 리더들은 매우 창의적이며 보통 사람들과는 다른 방식으로 세상을 보는 능력을 갖고 있다. 자연히 이러한 타입의 리더는 변혁적 혁신 그 자체만큼이나 독특한 특성을 갖고 있다.

이러한 리더들을 움직이게 만드는 것은 가능성이다. 가능성은 크면 클수록 좋다. 이들은 주로 참을성이 없고, 완고하며 헌신적이고 선견지명이 있다. 이들은 실패를 두려워하지 않고, 다른 사람이 문제라고 생각할 수도 있는 것을 두려워하지 않는다. 반면, 그들은 실수나 실패로부터 잘 배우는데, 왜냐하면 그것이 궁극적으로 그들에게는 성공으로 가는 지표이기 때문이다.

이들 변혁적 리더들은 사람들의 미래를 만들어가는 혁신을 부채질하고 있다는 데서 흥분을 느낀다. 그들에게는 이것 자체가 보상이다. 이들의 의도는 세상의 이목을 끌거나 자신의 제국을 세우거나 엄청난 부를 얻는 것이 아니다. 이들이 원하는 것은 바로 세상을 변화시키는 것이다. 그들이 가장 사랑하고, 또 잘 하는 일은 그저 제품들을 창조하는 것이 아니라 가능성을 창조하는 것이다. 엄청난 규모의 혁신이야말로 그들의 숙명이다.

여기에 가장 잘 들어맞는 사람 중 한 명은 단연 데카DEKA의 창립자이자 최고 경영자인 딘 케이먼Dean Kamen이다. 독학한 물리학자이자 백만장자 기업가인 케이먼이 축적한 부는 그가 **존재해야만 한**다고 생각했던 어떤 발명품**으로부터 나왔다**. 그의 초지일관적인 목표 덕분에 그는 또 다른 변혁적 혁신가인 토마스 에디슨과 동일한 부류의 혁신을 이룰 수 있었다. 호기심, 헌신, 그리고 사람들의 삶을 변화하는 데에서 동기와 보상을 찾던 케이먼은 다른 사람들이 결코 시도하지 않았던 일을 떠맡게 되었다.

2005년 미국 국방성 고등 연구 계획국DARPA의 책임자인 토니 테서Tony Tether와 혁신적 인공보철 프로그램 관리자인 제프리 링 대령Colonel Geoffrey Ling은 케이먼에게 다가와, 이제껏 한 쪽 혹은 두 팔을 잃고 전쟁에서 돌아온 1,600여 명의 젊은 군인들에 대한 이야기를 꺼냈다. 이

들은 케이먼에게 포도 한 알을 찌그러뜨리지 않고 집어서 입으로 가져
갈 수 있을 정도의 무게가 4킬로그램도 안 나가는 의수를 만들어 달라
고 요청했다.[1] 그 제안을 들은 케이먼은 그들이 '좋은 쪽으로' 미쳤다고
생각했다.

사실 차세대 의수를 만드는 일은 그다지 금전적 보상이 없었다. 조사
와 개발 비용은 어마어마했고, DARPA가 자금을 지원해 주지 않는다
면, 비교적 작은 시장(의수를 필요로 하는 사람들은 매년 미국에 약 6
천 명 정도에 불과하다)을 위해 그런 위험을 감수할 만한 기업은 거의
없었다. 그 프로젝트를 맡지 않아도 될 산더미 같은 이유에도 불구하
고, 케이먼은 몇 주 동안 나라 곳곳을 여행하며 환자들과 의사, 연구자
들을 인터뷰하여 현재의 의수 기술에 대한 아이디어를 얻었다. 그는 현
재의 의족과 의수 사이의 엄청난 차이에 깜짝 놀랐다. "의족은 21세기
기술이었지만 의수는 석기시대 수준이었죠." 그는 이렇게 말했다.

새로운 의수를 개발하는 프로젝트는 매우 흥미롭긴 했지만 사실 그
에게는 다른 임무가 있었다. 그는 개발도상국들을 위해 휴대용 전력과

표 7.1	변혁적 리더	
개인적 특징	**주요 동기 원인**
판도를 바꾸며 틀을 깨는 사고를 하고 다른 사람이 보지 못하는 것을 보는 능력이 있음	자기 자신보다는 보다 큰 것을 추구함
마음이 강하고 매우 독립적이며 성공을 위한 실패를 두려워하지 않음	억제되지 않은 호기심
통찰력이 있고 직관적임	발견과 발명 가능성

정수 분야에서 일하고 있었는데, 그는 그 프로젝트가 세상의 질병의 약 50퍼센트를 없애버릴 수 있다고 믿었다. 케이먼은 그 프로젝트에 매달려 이미 밤낮으로 일하고 있었음에도 불구하고, 새로운 제안을 거절할 수 없었다. "부모님은 절 '인간 자극체'라고 하셨죠. 나는 뭔가를 결정하면 멈추기로 작정하기 전까지는 결코 멈추지 않았거든요. 여기에 대해서도 그랬어요. 저는 멈출 수가 없었죠." 그리하여 케이먼은 스무 명으로 이루어진 기술자 팀을 이끌고 시민혁명 시대 수준에 머물러 있던 의수를 새롭게 발명하기 위한 프로젝트를 시작했다.

제분소 건물 2층, 650평방미터 규모의 공간에 자리 잡은 데카 연구개발 회사DEKA Research and Development Corp는 스타워즈에 등장하는 루크 스카이워커가 착용했던, 놀랄 만큼 실물과 비슷한 의수에서 이름을 딴, 루크 팔Luke arm을 실제로 구현하기 위해 혼신의 힘을 다했다. 데카의 입구를 지나면 실물 크기로 제작된, 왼팔이 없는 터미네이터 모형이 있고, 왼팔 자리에는 데카가 제작한 팔을 테스트하기 위해 환자가 차는 것과 동일한 벨트가 있었다. 이 모형은 영감을 주기 위해 그곳

이상적 문화	조직이 제공해야 할 것
권한을 부여하는 분위기 발견에 초점을 맞춤 실패할 수 있는 분위기 신뢰 기반	창의성을 위해 본사에서 멀리 떨어진 공간 기업에 지장을 주지 않고 집중하고 탐구하며 발견할 수 있는 권한 전통적인 결과 지표가 아닌, 긴 여정의 중요한 단계를 성취했는가에 바탕을 둔 성공평가 장기적 전망

에 세워 둔 것이었다. "나는 직원들 모두에게 한계를 갖지 말고, 불가능한 것을 상상하라고 말했습니다." 케이먼은 이렇게 말했다. 그와 그의 팀이 상상도 못할 만큼 빠른 시간 내에 변혁적 혁신을 잇달아 이루어냄으로써 엄청난 성공을 거둘 수 있었던 것은 케이먼의 한계 없는 사고에 대한 철학 덕분이기도 했다.

DARPA가 최초로 케이먼을 방문한 지 15개월 후에 마침내 모습을 드러낸 최초의 루크 팔의 견본은 매우 전도유망해 보였다. 하지만 그 여정은 거기서 끝은 아니었다. 값비싼 연구 개발 단계가 끝나고 임상 실험 단계로 들어감에 따라, 일부 기업들은 루크 팔을 인수하여 효율적인 비용으로 이를 제조하기를 원했다. 전형적인 변혁적 리더였던 케이먼은 제품을 시장에 내다 파는 것에는 거의 관심이 없었다. 그는 세계적 기업을 선도할 만한 사람은 아닌 것이다. 설사 케이먼이 그런 일을 한다 해도, 정치, 회계, 그리고 위계체계는 그를 미쳐 버리게 만들 것이다. 적극적으로 실패하고, 강박적이며, 집착적이고, 비합리적이며 까다로운 사람을 자청하는 케이먼은 이사회를 매료시킬 만한 유형의 인물이라고는 할 수 없다. 하지만 케이먼은 상품 개발 요청을 받으면 쉬지 않고 연구에 연구를 거듭할 유형의 인물이다. 그는 세상 모든 사람이 깨끗한 물에 접근할 수 있을 때까지 그의 일을 멈추지 않을 거라고 말했고, 실제로도 그럴 것이다.

그는 자기 자신조차도 불가능하다고 생각되는 아이디어에 엄청난 열정을 갖고 있었으며, 덕분에 그는 일개 기술자이자 혁신가가 아닌, 대중이 열광하는 슈퍼스타의 자리에 오를 수 있게 되었다. 또한 케이먼은 퍼스트 FIRST: For Inspiration and Recognition of Science and Technology라는 비영리 재단을 통해 아이들이 과학자이자 기술자로서 이력을 쌓고, 원대한 꿈을 가질 수 있도록 장려했다. 이전에도 많은 사람들이 과학 분야에서 아이들을 육성하는 것에 대해 이야기해 왔지만, 케이먼에게 있어 그 일은 성전이나 마찬가지였다. 그는 오늘날 사람들이 운동선수만큼이나 발명가들의 가치를 높이 사는 사회를 만들 수 있다고 진심으로 믿었다. "우리 문화는 다양한 분야의 유명인들을, 특히 스포츠 분야의 유명인들을 찬양합니다. 우리 십대들은 농구선수가 되어 수백만 달러를 벌어야겠다는 생각을 합니다. 설사 농구선수 중 실제로 그렇게 버는 사람은 1퍼센트도 되지 않지만 말이죠. 과학자나 기술자에 대해서도 그렇게 되어야 합니다." 이제 21년째를 맞은 FIRST는 3,500개가 넘는 기업들과 협력하여 임무를 수행하고 있다. 그 중 일부 기업들은 케이먼이 한 것처럼 변혁적 혁신을 이해하고 혁신을 위한 특별한 환경을 일구는 데 주력하고 있다.

제너럴 일렉트릭, 프록터 앤 갬블, IBM 같은 기업들은 '디스커버리 센터'를 생각해 냈고, 이를 위해 다소 위험성이 낮은 혁신 지표로부터 나오는 아이디어들을 보호하기 위해 세분화된 환경을 만들어 왔다. 이러한 보호가 없다면 무수한 혁신들이 사장되고 말 것이다. 사실 GE의 제프리 이멜트는 변혁적 리더들과 함께 일하며, 그들이 다른 사업 분야와 똑같은 잣대를 들이대며 분기별 기대 실적을 내놓으라는 압박 속에서 좌절하지 않도록 보호하고 있다.

"우리는 연구자들에게 관료체계가 혁신의 발목을 잡지 않는 환경이 필요하다는 걸 알고 있습니다. 이곳에 있는 사람들은 새로운 형태의 에너지를 밝혀내거나 암을 치료하거나 혹은 새로운 방식으로 병을 진단하여 그것을 앞서서 다루는 일을 해 낼 사람들입니다. 그들에게는 호기심을 갖고 자유롭게 연구해 나갈 수 있는 공간이 필요합니다." GE의 부사장이자 연구 센터 책임자인 마크 리틀Mark Little은 이렇게 말했다. 그들에게 그러한 공간을 주기 위해, GE 연구 센터는 감독이 많고 시끄러운 기업 환경으로부터 멀리 떨어진 곳에 자리 잡고 있다. "절차는 혁신을 억누릅니다. 우리는 GE 내에 많은 절차를 갖고 있으며, 이처럼 큰 기업 내에서 절차는 필수적임에도 불구하고 절차가 너무 복잡하면 혁신은 죽게 됩니다. 우리는 결코 데카 같은 기업처럼 민첩해지거나, 체계를 없애지는 못할 것입니다. 하지만 우리는 기업 내적으로, 그리고 우리의 혁신 파트너들과 함께 우리의 DNA의 일부를 배양하고자 노력해 오고 있습니다. 그렇게 함으로써 우리는 큰 아이디어가 꽃피우기도 전에 죽어버리지 않도록 보호하고 있습니다." GE의 부사장이자 최고 마케팅 책임자인 베스 컴스톡Beth Comstock은 이렇게 말했다.

다시 말해, 변혁적 특징과 이를 잘 길러내기 위한 문화를 위해서는 숨 쉴 수 있는 공간과 큰 그림에 생명을 불어넣을 독립성과 자율성이 반드시 필요하다는 것이다.

범주적 리더

고독한 변혁적 리더와 달리, 범주적 리더는 단순히 회사를 위해서가 아니라 개인들을 위해 성장 기회를 창조하는 일에 능한 사람이다. 범주적 리더는 높은 곳에서 전체를 내려다보며, 인터넷 같은 변혁적 혁신에 의해 형성된 지도상의 점들을 볼 줄 아는 동시에, 존재하지도 않던 새로운 산업 전체를 만들어 내는 사람이다. 게다가 범주적 리더는 다른 사람들의 레이더망에 포착되기 전에 기회를 선점하는 능력을 갖고 있다.

이러한 사람들은 또한 지식과 진보적 사고에 가치를 두며, 이 두 가지를 자신이 선택한 산업에서 새로운 아이디어를 창조하는 데 적극 활용한다. 그들은 "자신들이 알고 있는 것을 제대로 알고 있고", 스스로가 변화할 가치가 있다고 생각하지 않는 한, 결코 마음을 바꾸려 들지 않는다. 이들은 논쟁을 즐기며, 배우고 성장하기 위한 연습과제로 논쟁을 활용하는데, 논쟁을 통해 무엇이 최선이고 무엇이 옳은지 스스로 결정할 수 있기 때문이다.

이사회 및 CEO와 다른 리더들은 대개 범주적 리더의 성향을 갖고 있는데, 이는 범주적 리더가 다른 사람들에게 영향력을 주는 기이한 능력을 갖고 있을 뿐만 아니라 개인적 성취보다는 사업적 성취에 더 큰 초점을 맞추기 때문이다. 또한 최고의 범주적 리더는 팀에 초점을 맞추며, 다른 사람들이 성장하고 발전하는 것을 기꺼이 도와준다. 그들은 모든 사람들을 위한 대규모 승리를 좋아한다. 그것이야말로 그들의 동기이자, 자신들의 성공을 측정하는 방식이다. 그들은 대개 기업가처럼 보이며 위험도 잘 감수한다.

이들은 사업 경영주처럼 경영할 자유가 주어질 때 가장 뛰어난 성과를 보이는 반면, 조직 내에서도 잘 살아 남는데 그 이유는 조직이 그들에게 뭔가 의미 있는 것을 창조할 수 있는 기회와 자원을 주기 때문이다. 그들이 새로운 사업을 하건, 혹은 뛰어난 팀을 만들건 간에 이는 범주적 리더의 가장 핵심적인 특성이다. 뿐만 아니라 범주적 리더들은 다기능 분야의 사람들과 함께 일할 수 있는 협력적인 환경을 좋아한다. 그들은 단체정신을 좋아하긴 하지만 그렇다고 해서 그들이 적극적인 의사 결정을 꺼려한다는 의미는 아니다. 그들은 말하자면 강한 자신감과 위험을 감수하는 능력을 가진 '감독' 성향을 갖고 있다. 이들은 권력과 확신을 갖고 점들을 연결하는 데 탁월한 재능을 갖고 있지만, 만일 그들이 투자 승인을 받기 위해 엄청난 난관을 헤쳐 나가야 한다면 그러

표 7.2	범주적 리더	
개인적 특징		**주요 동기 원인**
매우 혁신적이고 창의적이며 트렌드와 패턴을 잘 읽는다 사업에 요령이 있다 매우 큰 영향력이 있다 결단력이 있고 기꺼이 의도적인 위험을 감수하고자 한다 사람들의 인맥과 자원에 영향력을 미치는 것 빠른 행동, 정치적인 것에 대한 조바심		사업적 성공을 거두는 것 성장 기회를 만들고 창조하는 것 사람들을 발전시키는 것 회사 내외적으로 주위 사람들과 함께 승리하는 것

한 재능은 제대로 발휘되지 못할 것이다. 이들이 올바른 일을 하고 올바른 결정을 내린다는 신뢰를 얻을 때, 범주적 리더들은 회사를 위해 최선의 일을 해낼 것이다.

여기서 핵심은 오너십, 자신감, 그리고 회사에 큰 보탬이 된다면 회사도 그에 대한 보상을 해 줄 것이라는 신뢰이다. 이 책의 저자인 비랄이 크래프트에 있을 때, 그는 이러한 유형의 리더십의 힘을 직접 보았다.

"90년대 초에 크래프트 사의 치즈 부서는 신상품을 내는 데 어려움을 겪고 있었고, 상품 시장 점유율과 수익 성장도 부진했죠. 올바른 제품들이 있어도 출시로는 연결이 되지 않았습니다. 우리 부서는 협력 없이 이것저것 해댔고, 덕분에 우리는 시장을 견인할 만한 확고한 상품을 결코 내놓지 못했습니다." 비랄은 이렇게 회상했다.

이는 순전히 문화적인 문제였다. 서로 협력해서 사업을 운영할 수 있는 다기능 팀 대신 그 회사는 기능에 따라 팀이 독자적으로 나뉘어져 있었다. 그리하여 사업이 양과 지분에서는 승리하더라도, 수익 면에서

이상적 문화	조직이 제공해야 할 것
시장에 초점을 맞춤	성장에 초점을 맞춤
통찰력을 통해 목적지에 도달	우선순위에 맞게 투자
실행과 성공에 초점을 맞춤	큰 성공을 위해서 실패할 수 있는 자유시장에
기능이 겹치는 팀과 협력	초점을 둔 비전
권한을 줌	가치를 만드는 것에 대한 보상
경영주처럼 경영	

는 손해를 보고, 또 수익 면에서 성공을 거두더라도 양이나 지분은 달성되지 못하는 상황이 벌어졌다. 이 상황에서 필요한 것은 트라이펙타(경마경기에서 하는 내기의 일종으로, 1·2·3위로 들어오는 경주마를 모두 맞춰야 걸었던 돈을 모두 딸 수 있는 데서 유래한 용어 — 역자 주) 즉 수익과 양, 지분 모두에서 가장 뛰어난 결과를 얻는 것이었다. "우리에게는 훌륭한 범주적 리더들이 있었습니다만 기업문화는 그들을 제대로 지지해 주지 못했죠. 하지만 범주적 리더들로 이루어진 팀에게 사업을 공격적으로 추진할 수 있는 오너십 감각을 주자, 상황은 극적으로 변했습니다." 비랄은 이렇게 지적했다.

일단 전체 다기능 팀들에게 수익-손실의 책임을 지우자, 크래프트는 각각의 분야에서 단기 및 장기적 사업제안을 결정할 수 있었다. 이는 기업과 팀들의 성공을 원하는 범주적 리더들에게 기본적인 동기를 마련해 주었다. 이제 각각의 팀은 그 분야의 제품의 질뿐만 아니라, 시장이 갖고 있는 긍정적 잠재성까지 책임져야 했다. 그 결과 소비자 중심이며, 성장 주도형 환경이 만들어졌다. "진짜 성장을 보는 건 엄청난 만족이었습니다." 비랄이 말했다. 비랄이 속해 있던 범주적 리더들로 이루어진 두 팀들은 양과 지분, 수익 세 가지를 동시에 성장시킨 뛰어난 공로를 인정받아 회장상을 여러 차례 수상했다.

사업 결과에 더해, 팀원들은 서로를 믿고 신뢰하며, 힘을 나누고 서로의 약점을 보듬어 주었다. 비랄은 기능 위주의 전문지식을 너머서서, 사업 리더처럼, 그리고 다른 기능적 리더처럼 사고하는 법을 배웠다. 팀원들이 서로를 보살피는 문화는 그로부터 수십 년이 지난 오늘까지도 이어지고 있다. 이러한 다기능 팀이 활용했던 것은 바로 범주적 리더와 문화의 힘, 즉 통찰력과 오너십, 그리고 협력이었다.

시장적 리더

범주적 리더가 감독과 같다면, 시장적 리더는 경기를 실행하는 쿼터백 같은 존재라 할 수 있다. 시장적 리더는 경쟁적이고, 흥미진진하며 변혁적 리더나 범주적 리더보다 훨씬 더 현재에 집중한다. 이런 사람들은 런칭 라인을 확장하거나, 혹은 브랜드에 활력을 주고, 시장에 진입할 독특한 방식을 찾는다거나 고객과 경쟁자를 파악하고자 할 때 필요한 유형이라 할 수 있다. 또한 이는 구조화를 향해 움직일 때 필요한 특성이기도 하다. 시장적 리더들은 전략 및 자신들의 역할을 알 때 가장 좋은 성과를 이뤄낸다.

시장을 읽어내는 자신들의 역할에 걸맞게, 이들 시장적 리더들은 자연스럽게 다른 사람들의 감정과 기분, 태도에 조화를 맞추고 민감하게 반응할 줄 안다. 그들은 마치 인간 무드 링(끼고 있는 사람의 마음의 움직임에 따라 색이 변한다는 반지 - 역자 주)이나 다름없는 감응체들이다. 그들은 대개 다른 사람들과 관련을 잘 맺고 자기표현에도 능숙하다. 시장적 리더들은 아이디어를 공유하길 좋아하고, 복잡한 상황을 명쾌하게 정리한다. 또한 상황 변화에 적응이 빠르고, 심지어는 이를 즐기기도 한다. 또 의사소통 능력과 사람들의 마음을 읽는 능력이 뛰어나서 협상에도 능하다. 그들은 어떤 일이 주어지건 간에 의사소통 및 명료화 능력, 그리고 다른 사람에게 동기를 주는 능력을 활용하여 생산성을 낸다.

5장에서 우리가 이야기했던 해즈브로는 하나의 제품에서 벗어나, 너프Nerf를 포함한 몇 가지 제품라인에 초점을 맞춘 하나의 브랜드로 거듭나는 것을 고려하고 있었다. 본래 이들 상품군은 새로운 종류의 말랑말랑한 장난감에서 시작된 것이었다. 사람들은 그것을 좋아했지만, 수십 년 동안 늘 같은 이야기만 듣다 보니, 이 책의 저자인 제인을 포함한 많은 사람들은 그것을 '한물 간' 브랜드로 여기고 있었다. 하지만 제인의 열두 살 난 아들과 친구들이 새로운 너프 블라스터(말랑말랑한 긴 총알을 장전하여 쏘는 형태의 장난감 총 – 역자 주)에 열광하기 시작하자 상황이 달라졌다. 어째서 오래된 장난감이 갑자기 다시 인기를 끌게 된 것일까? 그 해답은 시장혁신과 신선한 아이디어를 신선한 제품으로 바꾼 환경을 만드는 법을 이해한 리더에게 있었다.

이들 상품군이 부활하기 위해서는 제품에 새로운 활기를 불어넣고, 시장에 접근하기 위한 창의적 방법이 필요했다. 그리하여 해즈브로의 회장이자 CEO인 브라이언 골드너는 자신의 팀에게 동기와 흥미를 부여하는 일에 착수했다. 우선 가장 먼저 한 일은 소비자의 열정에 다시 불붙이는 일이었다. 고객들과의 대화를 통해 너프 장난감들의 진정한 매력은 아이들이 엄마를 열 받게 하지 않고도 실내에서 실외놀이를 안

표 7.3	시장적 리더	
개인적 특징		**주요 동기 원인**
경계와 틀을 선호한다		건강한 경쟁
프로젝트 관리에 강하다		상부의 지지
절차 중심적이고 지표에 집중한다		판매와 고객만족
사람들을 잘 다룬다		사람들과의 제휴. 사람들과 교류하며
특징 및 혜택에 대해 사고한다		에너지를 얻음
정치적 요령이 있고 동기부여에 능하다		

전하게 할 수 있다는 점에 있다는 사실을 알아냈다. 이들 장난감들은 말랑말랑한 소재로 되어 있어서 전등을 부수거나 집안의 장식품들을 넘어뜨리지 않았다. 남자 아이들은 너프의 칼로 안전하게 전쟁놀이를 할 수도 있었다. 마케팅으로부터 얻어낸 이러한 통찰력으로 무장한 해즈브로의 디자이너 팀은 존재하는 기술을 활용하여 수익 상승을 낼 수 있었다. 이러한 유형의 교차수정cross-fertilization은 시장 혁신의 대표적인 특징이다. 너프 팀은 본질적으로 장난감 제조의 고정방식에서 벗어나 뛰어난 결과를 내놓음으로써, 새로운 세대의 모든 아이들에게 다가갈 수 있었고 너프 상품군은 계획을 뛰어넘어 3천만 달러에서 4억 달러까지 성장했다.

이것은 골드너가 시장적 단계에서 날린 첫 번째 홈런은 아니었다. 해즈브로의 CEO 자리를 맡기 전에, 그는 해즈브로의 라이벌 완구업체였던 반다이Bandai의 북미 운영 책임자를 맡고 있었다. 그곳에서 그는 창의력과 마케팅 수완, 그리고 혁신적 스타일을 바탕으로 무수한 신제품을 도입했고, 반다이 계열사들과 수익성 높은 파트너십을 맺었다. 골드

이상적 문화	조직이 제공해야 할 것
명확한 사업 전략과 실행 계획에 기초할 수 있다는 분위기 위계 중심 구조화 및 명확한 한정 재무에 초점 빠른 의사결정과 빠른 실행	사업 계획에 헌신적일 것 다기능 정렬 적절한 자원 성공에 대한 보상과 성취에 대한 축하 상품군을 성장시키는 데 집중할 것

너는 파워레인저Power Rangers 제품군의 판매를 15퍼센트 증가시켰고, 시장 첫 해에 55퍼센트 이상의 달러화 점유를 얻은 반다이 요메가 요요를 출시해 대 인기를 모았다.[2] 이러한 성공을 바탕으로 그는 자신의 혁신 스타일을 갈고 닦았다. 사실 시장적 리더는 미래의 범주적 리더를 갈고 닦기 위한 가장 좋은 훈련이자 입증이라 할 수 있다. 올바른 문화에서 실행과 기대관리에 초점을 맞춘다면, 성장의 여지는 얼마든지 찾을 수 있다. 마감과 예산, 동료의 발전에 헌신적인 사람들은 모두 시장적 리더의 부류에 속한다. 시장적 혁신을 위한 문화에서는 또한 내외적 우선사항의 충돌을 끊임없이 조율해 나가는 것을 존중해 줌으로써, 시장적 리더들에게 자신들의 성취를 인식할 수 있게 해 주는 것이 중요하다. 올바른 시장적 혁신 문화는 수익과 직결된다.

운영적 리더

모든 리더십 중 운영적 리더는 가장 완벽주의자에 가깝다. 그들은 지적이며 합리적이고 정확하다. 그들은 세심하고 성실하며 체계적이다. 그들은 미리 계획하기를 좋아하며 현실과 논리에 기반하며 산다. 운영적 리더들은 대개 즉흥성과 부주의함을 싫어하고, 이성적 사고에 기반을 두지 않는 것들을 용납하지 않는다.

이들은 내적인 사람들이다. 이들은 공동체에서 일하는 것을 좋아하긴 하지만 사회적 관계의 필요보다는 끊임없이 배워 나가는 것을 더 중요하게 여긴다. 올바른 환경 하에서 공식과 재무적 측면을 적용하여 사물을 결합함으로써 어려운 문제를 해결하는 것은 이들이 가장 즐거워하는 일이다.

그들이 복잡한 문제를 해결하기 위해 다른 사람들과 일하지 않는다면, 이들은 늘 정확해야만 한다는 마음을 조금 내려두는 것을 힘들어할 수도 있다. 이러한 리더들은 자신들의 날카로운 지성을 높이 평가하고, 혼자 있는 시간의 중요성을 이해해 주는 사람들과 함께 일할 때 가장 행복해 한다. 그들에게 최고의 칭찬은 동료나 상사로부터 그들의 성취를 인정받는 것이다. 회사에서 운영적 리더는 조직이 효율적으로 굴러가고 최고수행을 하는 모습을 보았을 때, 만족을 느낀다. 이러한 운

표 7.4 운영적 리더	
개인적 특징	**주요 동기 원인**
비용에 초점을 맞춘다(생산성을 가장 중시)	혼란 속에서 질서를 창조하는 것
조직적이고 질서와 절차를 쉽게 이해한다	(매우 즐거워 함)
세부적이다	측정 가능한 목표 성취
위험을 싫어한다	동료나 상관들로부터 기여도를
큰 규모의 변화를 좋아하지 않는다	인정받음
이분법적인 사고를 하며, 애매모호한 것을 불편해 한다	공동체 정신

영적 리더는 기업의 라이프사이클에 따라 기업에 꼭 필요한 유익한 존재가 되기도 하는데, 특히 이들 주위에 다른 형태의 혁신 리더들이 있다면 더욱 그렇다.

운영적 혁신에서는 그 무엇보다도 생산성이 가장 중요한 문제이므로, 성취를 평가할 수 있는 명확한 목표와 정해진 지표를 잘 다루는 기업문화를 우대한다. 이는 믿을 수 있고 '규칙을 잘 따르는' 직원들을 육성하기 위해 필요한 환경이다. 운영적 리더들은 이분법적 가치들과 이러한 가치들을 강화하기 위해 공동체 정신을 중시한다.

질과 생산성 또한 운영적 문화의 중요한 요소이다. 왜냐하면 질과 생산성 같은 요소는 사람들의 성공을 결정짓기 위한 지표 중심적인 요소이기 때문이다. 예컨대 당신이 운영 절감을 성공의 기준으로 정한다면, 즉시 혁신이 아닌, 운영 절감이 문화적 추진 요인이 될 것이다. 사실, 기업에서 요구하는 것이 비용 절감이라면 혁신은 매우 위험해 보일 것이다. 왜냐하면 운영적 문화의 또 다른 특징은 상당 수준의 안정성과 예측가능성이기 때문이다. 혁신에 대해 변혁적 리더는 "안 될 게 뭐가

이상적 문화	조직이 제공해야 할 것
'행동가'들을 대우 직원 교육 및 발전에 헌신적 명확한 상품 설정과 계획의 실행에 초점을 맞춤 효율성과 효과성 면에서 모든 것을 고려 역할을 명확히 함 목표 성취 평가를 위해 목표와 지표를 설정함	최선의 실행을 지향하고 투자 공동체와 개인의적 수행 및 팀 수행을 인지 끝없는 교육과 개선 강조 운영 가이드라인을 강화

있어?"라는 태도를 보일테지만 운영적 리더는 "왜?"라는 태도를 취할 것이다. 운영적 리더에게는 모든 행동이 합리적이여야 하기 때문이다. 반복성과 예측가능한 결과는 이 문화에서 매우 중요한 속성이며, 그러한 동기를 갖고 있을 때, 운영적 리더들은 한계 없이 잘 해낼 수 있다.

비랄이 프리토레이에 있을 때, 그는 다수의 뛰어난 운영적 혁신 리더들과 함께 일하며, 그들로부터 이러한 형태의 혁신이 얼마나 가치 있는 것인지 배울 수 있었다. 이들 리더들은 승리할 수 있는 경쟁적인 문화를 만들고, 가장 질이 뛰어난 동시에 가장 낮은 가격의 제품을 생산해냈다. 이들은 대부분의 사람들이 불가능한 목표라고 생각하는 것을 이루기 위해 공장들 사이에 건강한 경쟁심을 조성했다. 이들은 핵심 능력을 공유하기 위해 빠른 선택적 사고방식을 새롭게 개발함으로써, 그들은 모든 것을 이뤄냈다.

문화적으로 그들은 논쟁 없는 절차를 만들고 적용함으로써 매우 혁신적인 시도를 했다. 여기서 '논쟁 금지'란 한 공장에서 어떤 능력이 입증이 되었을 때, 다른 공장에서 이를 능가하는 다른 아이디어를 내놓지 못한다면, 입증된 능력을 논쟁 없이 다른 공장에도 무조건 적용시킨다는 것을 의미한다. 이러한 접근 방식은 빠른 신뢰감을 형성함으로써, 공장들은 이기고 지는 경쟁을 조장하는 사고방식이 아니라 함께 승리하는 것에 초점을 맞추었다.

많은 경우 새롭게 입증된 능력들 때문에 공장들은 서로 통합되기도 했다. 하지만 팀원들은 기존의 자리를 잃는 희생에도 불구하고 이러한 움직임을 사실상 지지했는데, 왜냐하면 그들은 그들과 회사 사이에 상호 약속이 있었다는 걸 알고 있었기 때문이었다. 즉 이들은 회사에 도움 되는 일을 한다면, 회사도 이들에게 도움을 줄 거라는 걸 알았던 것이다.

이러한 문화 덕분에 운영적 리더들은 자신들의 고유한 능력에 대해 자신감을 가질 수 있었고, 회사가 자신들을 그들의 능력이 필요한 새로운 자리로 이동시켜 줄 것이라는 확신을 통해 안정감을 느낄 수 있었다. 이것이야말로 건강한 운영적 혁신 문화의 힘이다. 그리고 이를 세 단어로 요약하자면, 효율성, 효과성, 그리고 팀워크이다.

마법 같은 조화

사람을 적재적소에 쓰는 것도 중요하지만 그런 사람들을 충분히 확보하는 것도 마찬가지로 중요하다. 1장에서 우리는 여러 단계의 혁신에 끊임없이 관여해야 할 필요성에 대해 이야기한 바 있다. 지속가능한 성장을 원한다면 한 사람에게만 의존할 수는 없다. 그러니 지속가능한 성장을 위해서는 지도부 구성원들 내에 각각의 혁신 유형에 맞는 사람이 필요하다. 하지만 최적의 CEO라고 할 만한 딱 한 가지 성격이 정해져 있지 않은 것과 마찬가지로, 혁신의 성공을 보장할 수 있는 리더의 정해진 특징은 없다. 하지만 중요한 것은 여러 단계의 혁신을 끊임없이 이루어가기 위한 기본적인 것들은 정해져 있다는 점이다. 이를 위해서 리더는 기업의 라이프사이클에 맞는 동시에 자신의 힘을 실행하고 완성할 팀 구성원들의 독특한 균형을 찾아야 한다. 일과 사람, 시간이 딱 맞아 떨어질 때, 이 조합은 마치 버버리가 CEO인 안젤라 아렌츠와 최고 창의성 책임자인 크리스토퍼 베일리로 팀을 이루었던 것처럼 마법 같은 결과를 만들어 낼 수 있다.

앞에서 이 엄청난 두 사람에 대해 소개하면서, 우리는 이 두 사람이 회사를 운영한다면 무엇을 할 것인지에 대해 자주 이야기를 나누었었다고 한 바 있다. 즉 그들은 큰 꿈을 갖고 있었고, 그 꿈을 실현할 수 있는 기회가 오자 그 결과는 그야말로 엄청나고 신나는 것이었다.

패션 위크Fashion Week(디자이너들이 작품을 발표하며, 패션쇼가 집중적으로 열리는 주간. 뉴욕 패션 위크, 밀라노 패션 위크, 파리 패션 위크, 런던 패션 위크 등이 유명하다 - 역자 주)는 가장 중요한 바이어 및 고객, 언론에게만 공개되는 개인적인 패션쇼라는 점에서 소수만을 위한 사업으로 악명이 높다. 그 일부를 제외한 수많은 사람들은 늘 다음에 인기 있을 패션 트렌드가 무엇인지 꾹 참고 기다려야만 했다. 하지만 아렌츠와 베일리는 이를 아주 극적인 방식으로 바꾸고 싶었다. 베일리는 업계 최초로 글로벌 패션쇼의 라이브 인터넷 방송을 제안했다. 획기적인 동시에 선망의 대상이 될 그들의 계획을 위해서는 아렌츠의 경영적 천재성과 베일리의 변혁적인 비전이 함께 빛을 발해야 했다.

여러 기술들을 활용하여 그들은 패션쇼를 온라인 시청자들에게는 2D로, 그리고 파리, 뉴욕, 두바이, 도쿄, 로스앤젤레스의 5개 도시의 지정된 곳에서는 3D 입체영상으로 라이브로 전송했다. "3D 기술을 통해 전 세계 관객들은 런던 패션쇼에 동참하여, 의상의 색깔과 옷감을 보고, 음악을 들으며 그 순간을 함께 느낄 수 있었습니다." 베일리는 이렇게 말했다.

단순히 패션쇼를 보는 것에 그치지 않고, 전 세계의 바이어들은 최초로 쇼를 보며 실시간으로 상품을 클릭하여 이를 구매할 수도 있었다. 마음에 드는 의상을 봤을 때 버튼을 누르면 자동적으로 제조업체에 주문이 들어갔고, 몇 주 내에 배송이 보장되었다. 이 아이디어로 상업적 성공을 거둔 것은 분명했다. 다른 계획들의 결실들과 합쳐져서, 버버리

팀은 기록적인 수익을 달성했다.[3]

아렌츠와 베일리는 모든 기업들이 탐내는 것, 즉 기름이 잘 칠해진 기계처럼 혁신을 순조롭게 실행할 수 있는 환상적인 팀을 갖고 있었다. 하지만 그런 팀은 하루아침에 만들어지지 않는다. 그런 팀을 이루기 위해서는 노력과 집중, 그리고 그들이 하는 일에 대한 흔들림 없는 믿음이 필요하다.

A.G. 래플리A.G. Lafley는 프록터 앤 갬블에서 승진을 거듭하며 위로 올라오는 데 경력의 대부분을 보냈다. 수년 동안 그는 어떻게 그 기업을 크기보다는 속도와 기민함이 더 중요해지는 21세기형 기업으로 만들 수 있을지에 대해 줄곧 생각해왔다. 그의 비전은 기업 내부에 집중된 문화를 소비자 중심의 혁신적인 것으로 바꾸는 것이었고, 이는 가장 중요한 문제였다.

그것은 162년 된 기업을 위한 야심찬 비전이었지만, 래플리는 그것이 그저 가능한 것에 불과한 것이 아니라, 기업이 살아남기 위해서 꼭 해야만 하는 중대한 일이라고 믿었다. 하지만 그의 비전을 실행하기 전에 우선 해결해야 할 몇 가지 문제들이 있었다.

1990년대는 노회한 대기업에게는 그리 좋은 시기가 아니었다. 여기저기서 경쟁에 치였고, P&G가 15년 동안 이룬 혁신은 스위퍼 더스터(먼지떨이 상품 ― 역자 주)뿐이었으며, 주주들은 불만족스러워했다. 1999년, 이사회는 오랫동안 P&G에 몸담아온 더크 야거Durk Jager를 CEO로 임명함으로써 쓰러져 가는 기업을 회생시킬 임무를 그에게 맡겼다.

의지가 강하고 자신만만했던 야거는 확고한 태도로 P&G의 편협한 문화를 해체하고 세세한 부분까지 일일이 뜯어고쳤다. 하지만 그 방법은 기업을 발전시키는 대신 직원들을 멀어지게 하고 주가를 곤두박질치게 만들었다. 그것은 거의 재앙이나 다름없었다. 야거가 CEO에 부임한 지 17개월이 채 되기도 전에 그 자리에 부적절한 인물이라는 사실이 명백하게 드러났다. 그리하여 2000년 6월 신시네티에서 전례 없는 이사회의 쿠데타가 일어났고, 그리하여 야거는 경질되고 그 자리에 A. G. 래플리가 임명되었다.[4]

래플리는 기본적으로 야거의 비전에 반대한 것은 아니었지만, 그는 야거가 지나치게 서둘렀다고 생각했다. P&G는 늘 변화에 저항해 온 기업인데다, 특히나 야거의 냉혹한 변화에 대한 반항은 더욱 거세었다. P&G의 현재 혁신에 대해 조망하고 최선의 통합적 전략을 제공하기 위해 시간을 두고 천천히 그리고 조심스럽게 다른 형태의 사업을 분석하는 대신, 야거는 잇따라 신제품들을 통과시키는 데에만 급급했다. 또한 그는 사람을 다루는 방식에서도 그리 나을 바가 없었다. 그는 성과를 낼 수 있는 리더들을 고심해서 고르지도 않고서 그들이 그 일을 할 수 있으리라 믿었고, 즉각적인 결과를 요구했다. 사실 P&G는 변화가 필요한 것은 분명했다. P&G는 보수적 태도는 줄이고, 더 대담해져야 했다. 하지만 공포를 주입하고 인정사정없는 방식으로 성공을 기대한 것은 엄청난 오산이었다.

그 사실을 정확히 이해한 래플리가 첫 번째로 한 일은, 직원들의 사기를 회복시키고 내부의 혼란에 종지부를 찍는 일이었다. 그는 사람들이 가장 잘 아는 것, 즉 회사에서 가장 잘 나가는 브랜드들로 다시 눈을 돌리게 함으로써 상황을 간단히 정리했다. 적어도 잠시나마 '새롭고 엄청난 것'을 발명해야 한다는 압박감을 덜 수 있게 된 직원들은 포장, 마케팅, 그리고 라인 확장을 통한 시장적 혁신에 집중할 수 있었다.

애초부터 '고객 우선'을 적극적으로 지지했던 래플리는 세탁부서 다음으로 큰 부서인 육아용품 분야야말로 혁신을 추구할 만한 분야이지만, 소비자를 사로잡기에는 리더십이 부족하다고 느끼고 있었다. 그는 "(육아용품 분야는 소비자는 소홀히 한 채) 기계와 공장에 기대어 운영되고 있습니다. … 결국 기계가 상사인 셈이죠"라고 말하며 열두 명이 넘는 선임 남성들을 제치고, 뎁 헨레타Deb Henretta를 책임자로 선정하는 대담한 결정을 내렸다. 그동안 세탁부서에서만 일했던 헨레타는 육아용품 부서에서의 경험이 전무했고, 기계의 작동 원리에 대해서도 전혀 관심이 없었다. 다만 그녀가 중요시 했던 것은 첫 번째로 고객을 이해하는 것이었고, 그 다음으로는 기계가 그녀를 위해 일하게 하는 것이었다. 래플리는 그녀야말로 그 자리에 딱 맞는 적임자라고 확신했지만 그의 결정은 큰 호응을 얻지 못했다. 그래서 그는 한 걸음 물러나 팀원들이 가장 좋아하는 지원자에 대한 의견 진술을 할 기회도 주었다. 래플리는 그들의 선택을 진지하게 고려하긴 했지만, 최종적으로는 여전히 자신의 선택이 옳다고 믿었다. 그래서 그는 팀원들의 불만족에도 불구하고 자신의 이유를 설명함으로써 그들의 저항을 무효화시켰다.[5]

래플리는 그의 임기 동안 이와 동일한 방식으로 서열보다는 직책에 적합한 인재를 기용함으로써 모든 단계에서 강한 리더십을 발휘했다. 그는 P&G가 늘 해왔던 것처럼, 내부에서 인재를 선출하는 정책을 폈지만, 기량 발휘를 못하는 사람들을 솎아 내는 데 중점을 두었다. 2001년 그는 재능 있는 인재들Talent Portfolio이라는 이름의 청서blue book를 내기 시작했는데 이 책은 P&G의 떠오르는 리더들의 이름을 담고 있었다. 이 책에 실린 사람들은 그들의 동료들과 비교하여 재무능력과 리더십 능력을 평가받았다. 이 책은 또한 다음 승진 대상자는 누구이며,

다음 임무를 맡을 사람, 그리고 승진에 시간이 더 필요한 사람들의 리스트도 담고 있었다. 혁신적 문화에 필요한 상승적 리더십을 더 쉽게 만들어 주기 위해 주요 업무에는 언제나 적어도 세 명의 후보자가 있었다.

이들에게 더 많은 아이디어를 주기 위해 래플리는 모든 제품은 P&G 내부에서 발명해야 한다는 P&G의 오랜 개념에도 정면으로 부딪쳤다. 그는 직원들에게 신상품의 반을 P&G 외부에서 찾도록 했다. 이는 즉, 필요할 때는 외부에서 가능성 있는 혁신요소를 사오거나 지원하는 것을 의미한다. 이는 또한 퇴사자 혹은 은퇴자 네트워크의 지원을 통해 과거 P&G 직원들에게 손을 뻗는 것을 의미하기도 했다. 이전의 직원들의 엄청난 경험을 활용함으로써 P&G의 외부 사업 발전 프로그램은 혁신적인 해결책을 위한 외부 인재들과 동반 관계를 맺을 수 있는 장을 만들었다. 래플리는 또한 변혁적 제품 아이디어를 정의하고, 사업의 모양새를 바꾸어 놓을 기회를 만들 수 있는 혁신 센터를 마련했다. 래플리의 재임 기간에 나온 가장 놀라운 혁신 중 하나는 동명의 인기 있는 세제 제품으로부터 발전한 미스터 클린Mr. Clean이라는 세차 프랜차이즈였다. 2007년 시범적으로 두 개 장소에서 오픈한 미스터 클린은 현재 미국에서 가장 큰 세차 프랜차이즈로 자리 잡았다.[6]

래플리가 기업의 책임자로 고삐를 쥐었을 때, 그의 목표는 P&G를 21세기에 적합한 기업으로 만들고, 10만 명이 넘는 직원들의 마음을 열게 하는 것이었다. 그리고 그는 정확히 그 일을 해 냈다. 한때 케케묵은 기업이었던 P&G를 혁신의 중심지로 바꾸고, 대담한 사업적 거래를 실행하고, 인재를 적재적소에 배치하고, 고객에게 절대적인 관심을 둠으로써 P&G의 판매는 두 배, 수익은 네 배로 껑충 뛰었고 시장 가치는 1천억 달러 이상까지 상승했다.[7] 하지만 그의 놀라운 성공에도 불구하고, 래플리는 전통적인 기업에서 혁신적인 기업으로의 P&G의 변혁은 고작 10퍼센트밖에 달성되지 못했다고 말했다. 그는 오래되고 큰 조직에서 혁신적인 문화를 만드는 것은 최선의 리더십 하에서도 적어도 삼십 년 정도는 걸린다고 믿었다. 과연 그의 말이 옳았는지는 시간이 말해 줄 것이다.

2009년에 그는 P&G를 다음 세대에게 넘겨주었다. 현재 P&G의 CEO인 로버트 맥도날드Robert McDonald의 손에서 그 기업은 다른 스타일의 리더십을 경험하고 있지만, 오늘날 더욱 더 커지는 비용 압박에 직면했을 때 P&G에게 적합한 것이 무엇인지에 대해서는 래플리의 생각과 일치하고 있다. "저는 괜찮은 수완가입니다. 나는 제 후임자 역시 그렇다고 생각합니다."[8] 래플리는 말했다. 아마도 P&G의 새로운 리더가 모든 사람들이 선망하는 최고의 수련을 받았다는 것만은 확실한 듯하다. P&G는 성장통을 경험하고 있을지도 모르지만, 다면적인 리더십 팀을 발전시키고, 혁신을 회사 외부와 세계로 옮기는 데 초점을 맞춘 래플리의 행보는 맥도날드에게 훌륭한 기반을 마련해 주었다.

그의 일은 이제 문화적 변화를 계속 길러 주고 발전시켜 나가는 것이고, 그는 그럴 태세를 갖추고 있는 듯 보인다. 래플리가 남긴 '고객이 상사'라는 유명한 말에 기초하여, 맥도날드는 "세상의 더 많은 사람들의 삶을 더 완벽하게 개선할 것"[9]이라는 더 큰 비전을 직원들에게 부과했다. 누군가가 그런 비전이 면도 크림과 무슨 관계가 있느냐고 묻자, 맥도날드는 여성들에게 생리대가 있었기에 아프리카 사하라 사막 이남 지대의 소녀들이 교육을 받을 수 있었다는 이야기를 해 주었다. 생리대를 구할 수 없었던 시절에는 한 달에 일주일간 소녀들에게 수업이 금지

되었지만, 지금은 그렇지 않다. 현재 P&G 판매의 30퍼센트가 개발도
상국 시장에서 이루어지고 있으며, 이러한 국가들을 겨냥하는 것이 전
략의 핵심이다. 불과 십여 년 전까지만 하더라도 내부에만 집착하던 한
기업이 현재 이토록 크게 뻗어나갈 수 있으리라 누가 상상이나 했겠는
가? 일부는 이를 기적이라 하겠지만, 우리는 이를 알맞은 인재를 적재
적소에 때에 정확히 배치한 덕분이라고 말하겠다.

제 3 부
성장을 활성화하라

혁신을 활성화시키는 것에 대한 가장 간단한 설명은 "혁신은 단체경기라서 혼자서는 이길 수 없다"라는 말이다. 혁신적 노력의 결실을 깨닫기 위해서는 기업(선수)과 고객(팬)이 당신과 열광적으로 함께 해야 한다. 이들이 없다면 당신도 없다.

혁신은 업계에서 점점 더 최우선 사항이 되어 가고 있으며 혁신적인 기업문화를 추구해야 할 필요성은 위험할 정도로 커졌다. 하지만 각종 조사에 따르면 혁신에 가장 큰 장애물은 바로 기업 그 자체라고 한다. 이는 아이디어나 절차의 부족, 혹은 리더십의 결정력 문제도 아니다. 문제의 책임은 팀에 있으며, 더 정확히는 기업 환경의 규칙, 태도, 그리고 사고과정에 있다.

과거 수십 년 동안 기업 환경은 주로 비용 절감, 아웃소싱, 그리고 뛰어난 공정에 집중할 것을 요구했다. 이들은 그 자체로는 나쁠 것이 없지만, 이러한 요소들은 전적으로 좌뇌 중심적이어서 혁신에 꼭 필요한 전뇌적 사고를 닫아 버리게 만든다. 게다가 지표들이 재무적 수행 규정에만 바탕을 두게 되면, 결국 위험을 감수하려는 시도 자체가 사라져 버리게 된다. 누구도 작업표에 잘못된 결과가 기록되길 원치 않기 마련이다. 그리고 사실, 변화에 적응하는 것보다는 현재 상태를 유지하는 것이 훨씬 더 편한 일이기도 하다. 하지만 만일 기업의 문화가 잘못되었다면 혁신적 전략을 위한 최선의 노력은 길을 잃고 말 것이다. 뛰어난 기업을 만들기 위해서는 이러한 잘못된 문화를 뜯어고치기 위해 시도해야 한다.

여기서 우리가 '시도'라고 말한 것은, 당신의 혁신이 성공할지, 혹은 실패할지에 대한 최종적 판단은 전적으로 고객에게 달려있기 때문이다. 아이디어를 개발하기 위해 엄청난 자금을 쏟아 부었음에도 불구하고, 이 단계에서 실패한 기업은 매우 많다. 그들이 실패한 이유는 타이밍과 잘못된 깨달음, 민첩성 부족, 그리고 때로는 순수한 자만심 때문이다. 보상은 그저 기업을 잘 따르거나 기업의 열렬한 팬이 되고자 하는 사람이 아니라, 고객을 참여시키고 흥분시키고, 활성화시키는 사람에게 주어진다. 팀을 협력시키는 방법이 있듯이, 혁신을 가장 잘 적용시킴으로써 고객의 눈을 사로잡는 입증된 방법들이 있다.

이 책의 마지막 파트에서 우리는 당신이 혁신을 통해 진정한 보상, 즉 지속가능한 성장을 이룰 수 있도록 당신의 기업과 고객을 활성화시키는 방법에 대해 다룰 것이다. 우선 우리는 태도와 존중감, 그리고 사람들이 혁신에서 자신들의 역할을 이해하고, 적극적으로 혁신에 참여하고자 하는 환경을 만드는 방법에 대해 이야기할 것이다.

그리고 시장 활성화를 다룬 장에서는 고객을 사로잡기 위한 필수적인 단계들과 여기에 대한 눈부신 성공 및 불운한 실패 사례를 다룰 것이다. 우리는 모두 실수를 하기 마련이지만 다행히도 우리는 그러한 실수로부터 배움으로써, 그 실수가 아니었다면 빛을 보지 못했을 위대한 제품을 탄생시킬 수 있다. 또 마지막 장에서 우리는 혁신을 기업의 일부로 만드는 가장 중요한 단계인 당신 자신을 활성화시키는 것에 대해 이야기할 것이다. 혁신은 승자를 필요로 하고, 대개의 경우 승자는 타고나는 것이 아니라 만들어지는 것이다. 어떤 장애물과 마주치든 간에 욕구와 헌신, 결단력을 갖고 이를 극복해 나간다면 바로 당신이 승자가 될 수 있다.

08 사람들을 활성화하라
하나는 모두를 위해, 모두는 하나를 위해

만일 누군가가 우리 빌딩과 브랜드를 놔둔 채
우리 임직원들을 데려간다면 회사는 곧 망할 것이다.
－리처드 "레드" 듀프리, 프록터 앤 갬블의 최고경영자, 1947[1]

모든 기업이 가진 가장 위대한 자산은 말할 것도 없이 바로 기업의 사
람들이다. 그렇다. 파악하기 힘들고 때로는 수수께끼같고, 때로는 불만
스럽기도 한 사람들이야말로 당신에게 성공을 가져다 줄 수도 있고 암
울한 결말을 안겨 줄 수도 있는 존재들이다. 사람들을 그냥 알아서 내
버려 두면, 이들은 때로는 한 팀이 되어 각자 제 역할을 하기도 하지만,
대부분의 경우에는 자기 보전을 할 만한 안전한 곳을 찾으려 할 것이
다. 오늘날의 전형적인 기업문화를 고려할 때, 이는 당연한 일이다. 지
난 수십 년 동안 직업에 대한 안정성은 뜬구름 잡는 이야기가 되었다.
기구축소 및 감원, 규모 효율화 등의 영향으로 직원들이 회사의 성공에
신경 써 본들, 그에 대한 보상은 적어졌으며, 특히 혁신에 대해서는 더

욱 그렇다. 하지만 올바른 문화가 정립되고, 직원들이 스스로 회사의 성공에 기여한다고 느낄 때, 비로소 혁신은 살아남을 수 있다.

프록터 앤 갬블과 해즈브로의 사례를 떠올려 보자. 두 기업은 모두 혁신을 가능케 하는 기업문화로 바꾼 덕분에 과거 몇 년 동안 엄청난 성공을 누릴 수 있었다. A.G. 래플리가 P&G의 CEO 자리를 넘겨받았을 때, 그는 직원들이 자기 영역을 지키느라 몸을 사리는 태도로부터 벗어나 협력적인 사고방식을 갖도록 만들었다. 그는 전임자에 비해 아이디어에 개방적이었고, 안전한 기업문화를 창조함으로써 그러한 성과를 이뤄냈다. 마찬가지로 브라이언 골드너가 해즈브로의 CEO가 되었을 때도, 그는 직원들이 전적으로 새로운 수준에서 일할 수 있게 했다. 그는 "직원들은 팀을 떠나서 혼자 힘으로는 결코 성취할 수 없는 일들이 있으며, 이런 일들은 함께 힘을 합쳐야만 해낼 수 있다는 사실을 이해해야 했다"고 말했다.

이들 두 리더들이 얻고자 했으며, 또 실제로 상당 부분 성취해 낸 것은 바로 혁신을 위한 이상적인 조직문화였다. 이러한 조직문화에서는 조직 내의 모든 사람들이 혁신에 있어서 자신들의 역할을 알고 있으며, 또한 모든 사람들이 권한을 갖고, 육성되고, 보상을 받는다. 이러한 조직문화에서는 당신이 범주적 혁신을 하든 운영적 혁신을 하든 상관이 없다. 중요한 것은 당신의 역할을 아는 것이다. 또한 이러한 문화에서 혁신은 목표가 아니라, 하나의 삶의 방식이다.

이 장에서 우리는 이상적인 혁신문화의 구조를 분석하고, 성공적인 혁신을 뒷받침하기 위해서 모든 기업문화에 꼭 필요한 '기본적인 속성들'에 대해 살펴볼 것이다. 당신의 조직이 혁신을 꽃피우기 위해 할 수 있는 것이 무엇인지 이해한다면, 당신만의 혁신모델을 구축할 때 또 다른 층을 쌓아 올릴 수 있을 것이다.

이 장을 마무리하면서 우리는 암울한 곳으로 여행을 떠날 것이다. 우리는 이상과 정반대이며, 사내 정치와 공포, 지배, 근시안적 비전이 커뮤니케이션을 엉망진창으로 만들고, 우선순위가 뒤바뀌며, 절차가 길을 잃은 곳, 즉 혁신을 죽이는 곳으로 가 볼 것이다. 이는 그다지 아름다운 풍경은 아니지만 모든 리더들이 눈을 부릅뜨고 목도해야만 하는 모습이다. 왜냐하면 기존의 것을 파괴해야 새로운 세상을 건설할 수 있기 때문이다.

혁신문화 만들기

20세기 후반에 우리(제인과 비랄)는 둘 다 세계의 유서 깊은 기업들에서 일했다. 우리는 또한 전 세계를 한 번 이상 여행하며 상상할 수 있는 모든 문화적 다양성을 경험했다. 그래서 우리가 혁신조직을 위한 이상적인 문화를 정의하고자 했을 때, 이는 꽤나 만만치 않은 일이 될 것이라 생각했었다. 하지만 놀랍게도 그것은 아주 쉬웠다. 나라마다 독자적인 특성의 기업 환경을 가진 조직들이 엄청나게 많았음에도 불구하고, 건강한 혁신문화의 특징은 늘 한결같았다. 그 기업이 미국에 있든 멕시코나 이탈리아, 러시아에 있든, 중국 혹은 인도에 있든, 또는 중동에 있든 국적과는 무관하게 혁신적인 기업의 주요 특징들은 동일했다. 또한 그 기업이 금융업, 석유화학 기업, 의료 기업, 기술 관련 기업, 패션 관련 기업, 식품 관련 기업이든 상관없었다. 진정 혁신적인 기업들은 동일한 문화적 자질들을 만드는 데 탁월했다.

우리가 '탁월했다'라고 표현했다는 점에 유의하자. 어떤 기업이 혁신

문화를 일구고 적용하려 할 때, 올바른 기업 목표를 갖고 있어야 할 뿐만 아니라, 실제로 그 목표대로 살아야만 한다. 기업문화를 정원이라고 생각하고, 혁신을 채소라고 가정해 보자. 동일한 토양과 물, 빛을 가진 두 개의 동일한 정원이 있는데, 한 정원은 식물들은 무성해서 멋져 보이긴 하지만 생산량은 적은 반면, 다른 정원은 그리 멋지진 않지만 야채들이 아주 훌륭하다고 생각해 보자. 이 둘의 차이는 경작에 있다. 생산량이 많은 정원을 갖추기 위해서는 올바른 요소들이 있어야 할 뿐만 아니라, 가지를 치고 비료를 주고, 익었을 때 곧바로 열매를 따 주어야 한다. 하지만 번듯하게 보이기 위해 말로는 혁신의 핵심 속성들에 가치를 둔다고 하지만, 정작 알맹이는 빠져 있는 경우가 비일비재하다. 사람들은 보고 경험하는 것을 실행하지, 백번 듣는다고 해서 실행하지는 않는다. 만일 말로는 혁신문화를 외치면서 제대로 실행은 하지 않는다면, 외관은 번지르르한 정원을 자랑할 수는 있겠지만, 혁신문화가 제공하는 온전한 수확을 결코 거두지 못할 것이다.

건강한 혁신문화를 위한 핵심적인 속성들을 이야기할 때, 늘 현실에 의거하여 생각하자. 이 때 반드시 솔직해져야 한다. 만일 당신이 리더라면 당신의 회사나 부서, 혹은 그룹에서 혁신의 속성들을 어떻게 발휘하고 발전시키고 있는지 스스로에게 자문해 보자. 그리고 당신 조직원들로부터 직접적인 보고 형식이 아닌, 솔직한 피드백을 얻음으로써 객관적으로 판단해 보자. 이 때 보복을 두려워하지 않아도 될 만큼 위협이 없는 환경에서 솔직한 피드백을 끌어내는 것이 가장 좋다. 이는 응답자의 익명성의 보호를 보장할 수 있도록 외부 컨설턴트를 통해 피드백을 얻는 것을 의미한다. 혹은 당신이 듣고 싶지 않은 것일지라도 당신에게 진실을 말해 주는 전적을 갖고 있는 운영팀이 있다면, 그 팀을 지표로 활용하는 것도 좋을 것이다.

그 결과가 긍정적이든 부정적이든 간에, 마음을 열고 진실을 듣는다면 도움이 될 것이다. 당신의 회사가 처한 상황의 현실을 알고 받아들여야만, 상황을 개선할 수 있기 때문이다. 일단 당신이 다루어야 할 것이 무엇인지 파악했다면, 이들 핵심 요소들이 제대로 준비되었는지 알아보기 위해 다음 단계로 넘어가 보자.

한 사람 한 사람의 힘

가장 성공적인 혁신문화에서는 모든 사람들이 자기 자신이 중요한 존재이며, 조직에 독자적인 무언가를 가져올 수 있는 사람이라고 느낀다. 반면 사람들이 자기 자신을 보잘 것 없는 존재라고 느끼는 조직에서는 사람들로부터 얻어 낼 수 있는 것이 훨씬 적을 것이다. 뿐만 아니라 사람들은 회사가 자신들의 가치를 알아주지 못한다고 느낄 때 생존모드로 돌아선다. 회사가 사람들을 소중히 하지 않는다면, 직원들은 자기 스스로를 지킬 수밖에 없기 때문이다.

그저 선택된 일부만이 아니라, 회사의 급여를 받는 사람들 모두가 스스로를 중요하다고 느끼게 만드는 일은 모든 조직이 반드시 해야만 하는 일이다. 한 사람 한 사람을 중시하는 문화에서는 직원들의 가치와 실제적인 결과를 기반으로 한 공정한 작업환경을 제공해 주며, 명확한 성공 잣대를 제공하는 투명한 평가 시스템을 갖추고 있다. 만일 당신이 이런 문화에 익숙하지 않다면, 직원들이 회사로부터 뛰어난 대접을 받기를 기대하는 것은 순진한 생각이라고 여길지도 모른다. 하지만 그렇지 않다. 그러한 문화들은 실제 세상에서 존재한다. 우리가 발견한 최고의 기업 중 하나는 바로 뛰어난 성능뿐만 아니라 인간적인 조직문화로도 잘 알려진 이탈리아의 자동차 회사인 페라리Ferrari이다. 다음은 페라리가 조직원들에게 기대하는 것을 설명한 글이다.[2]

> 페라리는 개인에게 가장 큰 가치를 둡니다. 우리는 개개인이 자유롭게 표현할 수 있는 분위기를 만드는 것을 최우선으로 하는데, 그 이유는 자유로운 표현이야말로 창의적이고 성공적인 팀 협력에서 가장 중요한 요소라고 믿기 때문입니다. 자동차 회사의 특성상, 우리는 세부적인 것까지 꼼꼼히, 그리고 단호하게 주의를 기울이는 태도가 매우 중요한 기업이니 만큼, 우리의 직원 선정 과정 역시 매우 세부적이며 정확합니다. 페라리는 직원들이 권한을 갖고 있다고 느끼고 존중받을 때만 최고수행을 이룰 수 있다는 것을 알고 있습니다. 페라리는 또한 자동차의 품질은 공장에서 일하는 사람들의 삶과 결코 분리될 수 없다고 믿고 있기에, 페라리의 작업 환경과 페라리에서 일하는 직원들의 복지는 페라리에서 가장 중요한 우선순위를 차지합니다.

이러한 철학 덕분에 페라리는 이탈리아의 대학 학생들이 가장 일하고 싶어 하는 기업 중 하나로서 꾸준한 선택을 받고 있다. 페라리의 직원들은 직원들의 전문적, 개인적 발전 및 복지에 대한 회사의 헌신을 바탕으로 직원 만족도 평가에서 페라리에 늘 높은 점수를 주고 있다. 자, 이제 스스로에게 자문해 보자. 당신의 기업은 페라리에 비견할 만한가? 만일 그렇지 못하다면 그렇게 되고자 하는 의향은 있는가? 우리가 최고의 기업환경 속에서 경험하고 관찰한 가장 중요한 규칙은 바로 자신이 원하는 것을 주위 사람들에게 제공해야만 한다는 것이다.

함께 힘을 합하면 못할 것은 없다
강력한 혁신문화에서는 사람들의 한계에 초점을 맞추기보다는 장점을 극대화하는 놀라운 수준의 팀워크를 발휘할 수 있다. 이러한 팀에서는 위대한 것을 성취하고 함께 승리하는 데에만 온 힘을 집중하기 때문에 사람들은 적극적으로 서로를 돕고, 이는 말로든 말 이외의 것으로든 수만 가지 다른 방식으로 강화된다.

활기 넘치는 팀 문화는 사람들에게 안정감을 제공하는 풍요의 심리abundance mentality를 갖고 있다. 한 사람의 성공은 다른 사람 몫의 파이를 빼앗아 가는 것이 아니다. 또 이러한 유형의 문화에서는 당신과 당신의 팀은 잘 하기를 **원할 뿐만 아니라**, 함께 일함으로써 더 **잘 해낼 것이라고 믿는다.**

사람들은 승리를 위한 최선의 기회는 모든 사람들의 장점을 활용하는 것이라는 사실을 알고 있다. 그들은 팀의 힘이 실행되는 것을 보면서 그런 뛰어난 팀에 속하길 갈망한다. 이것이 바로 우리가 연구해 온 많은 기업들이 성공할 수 있었던 핵심 요인이다. 하지만 이를 가장 명쾌하게 설명한 사람은 존슨앤존슨Johnson & Johnson의 제약부문 글로벌 책임자이자, 최고 위원회 멤버인 셰리 맥코이Sheri McCoy가 아닌가 싶다. 그녀는 이렇게 말했다. "서로의 도움 없이는 불가능해 보이는 목표를 성취하는데 모든 에너지를 쏟는 팀이 있다면, 이들은 각각 개개인의 잠재력 이상의 실력을 발휘할 수 있을 것입니다. 나는 존슨앤존스에서 고객과 의료장비, 그리고 현재 제약부문에서 사업을 해 오는 동안 세 가지 완전히 다른 상황에서 그러한 사실을 경험했습니다. 이러한 단결심은 하루아침에 이루어지는 것은 아니지만, 일단 한 번 불이 붙으면 그 사업은 완전히 새로운 가능성을 얻게 됩니다."

혁신은 확실히 팀 경기이다. 그리고 팀워크는 더 재미있으며, 시장에서의 승률을 확실히 높여준다. 팀 중심 문화를 발전시키는 것은 성공적인 혁신적 환경을 결정짓는 핵심 요소이고, 사람들은 늘 승리를 이루는 데 동참하고 싶어 한다는 사실을 잊지 말아야 할 것이다.

권한을 줌으로써 해결을 지향할 것

팀으로 일하는 것이 중요하긴 하지만, 그렇다고 해서 모든 사람들이 똑같은 생각을 갖고 팀을 운영해 나가야 하는 것은 아니다. 쟁점에 대해서는 서로 마음을 열고 상호작용하고, 건강한 논쟁을 벌이는 일은 혁신 문화에서 매우 중요하다. 이 때, 실패를 피하는 데 급급하기보다는 해결책을 마련하는 데에 집중해야 한다. 서로서로 문제에 대한 해결책을 찾는 것을 도와주는 환경에서 더 많은 해결책이 나올 수 있다. 아마존의 CEO인 제프 베조스는 아이디어를 실행한 사람들에게 상을 주었고, 특히 그 아이디어들이 세심히 계획되었다면 굳이 이를 실행하지 않더라도 공로를 인정해 주었다. 그 상은 허가를 얻지 않고 자신들의 아이디어를 실행한 사람들에게만 주어졌는데 그것이 핵심 기준이었다. 베조스는 사람들이 해결에 집중하고 혁신적 주도를 장려하는 문화를 만들고자 했다. 그는 또한 사람들이 새로운 것들을 시도하는 데 큰 장애물이 없다면 이러한 시도들이 더 자주 이루어진다는 사실도 깨달았다.[3]

이와 같이 권한을 줌으로써 공포를 정복한 조직문화에서는 엄청난 변화가 이루어질 수 있다. 우리에게는 한정된 시간과 에너지밖에 없는 만큼, 한정된 자원을 어떻게 쓸 것이냐 하는 것은 매우 중요한 문제이다. 하지만 사람들이 감정적 에너지를 공포와 자기 보전에 쓰기에만 급급하다면 조직을 위해 쓸 수 있는 에너지는 줄어들 것이다. 반면 리더들이 뒤에서 단단한 버팀목이 되어 준다는 걸 안다면, 이들은 사실상 모든 시간과 에너지를 회사의 성공을 위해 쓸 테고, 뛰어난 결과를 낼 수 있을 것이다.

이러한 문화적 요소들을 일구어 내는 한 가지 방법은 어려움에 접근하는 방식을 긍정적인 언어로 표현하는 것이다. 예컨대 "도대체 뭘 하고 있는 거지?"라고 문제에 초점을 맞추는 대신, "어떻게 하면 좀 더 잘해 나갈 수 있을까?"라고 질문의 방식을 바꾸는 것이 좋다. 이런 방식으로 표현한다면 부정과 비판, 잘잘못을 파고드는 대신 상상력과 계획 및 발견을 얻을 수 있을 것이다.

또한 진정한 권한을 주는 분위기가 회사 전반에 걸쳐 이루어지게 하려면 제대로 된 절차를 갖추어야 한다. 예컨대 고객과 밀접하게 관련되어 일하는 누군가가 소비자의 반응으로부터 혁신적인 아이디어를 얻었을 때, 어떻게 이 아이디어를 조직에 스며들게 할 수 있을까? 만일 그 사람이 상사에게 그 아이디어를 전달했지만 상사가 거기에서 별다른 장점을 보지 못한다면 그 아이디어는 거기서 끝나고 만다고 생각해 보자. 만일 그렇다면 그 조직은 조직원들에게 진정한 권한부여를 권장한다고 말할 수 없을 것이다. 사람들이 아이디어를 표현할 수 있고, 수용 가능한 범위 내에서 스스로 결정을 내릴 수 있을 때 사람들은 자신이 좀 더 가치 있으며 창의적이고 격려 받는 느낌을 가질 수 있다. 이러한 심리적 분위기 속에서 상상력이 뛰어난 아이디어가 만들어지며, 이것이 혁신으로 이어질 수 있다. 권한을 부여하는 환경은 가능성과 새로운 능력을 길러 준다. 조직원들에게 권한을 주지 않는다면, 그 조직은 리더가 직접 정해주고 지시하는 것만 만들어 낼 수 있을 것이다. 반면 조직원들에게 권한을 준다면 그 기업의 문화적 아이디어와 상상력은 기하급수적으로 확장될 것이다.

신뢰, 정직, 투명성

권한 부여가 사람들을 자유롭게 만드는 반면, 우리가 다음에 이야기 할 핵심 요소는 권한을 부여 받은 사람들이 이를 제대로 실행하도록 해 주는 데 필요한 요소들이다. 사람들은 자신들이 믿을 수 있는 사람들과 일하고 있다고 생각할 때, 최선을 다할 수 있다. 우리는 다른 사람들이 하는 일과 그 이유를 알 때 그 사람을 신뢰하는 경향이 있다. 조직에서는 이를 투명성이라고 부른다.

우리가 정말로 무슨 일을 하고 있는지 주변사람에게 전달하는 방법은 무수히 많다. 사람들은 우리가 보내는 비언어적인 단서들을 바탕으로 직간접적으로 우리의 정직함과 신뢰성을 평가한다. 만일 당신이 리더라면 특히 그렇다. 여기에 당신의 개인적인 마음가짐에 대해 생각해 볼 수 있는 질문들이 있다. 당신의 팀이 긍정적인 실적을 갖고 있고 영리하고 책임감 있으며, 높은 수준의 진실성을 보여준다고 가정하고 이 질문에 답해 보자.

1. 당신은 솔직하게 쟁점을 다루는가 아니면 마찰을 피하기 위해 그들을 회피하는가? 만일 직원들을 회피한다면 당신은 당신의 지지와 리더십을 필요로 하는 능력 있는 직원들에게 책임의 부담감을 더하는 셈이다.
2. 당신은 정직과 투명성을 공개적으로는 지지하지만 실제로는 이를 부정하고 있으면서 직원들이 결코 그 차이를 모를 거라고 생각하고 있지는 않은가? 만일 그렇다면 직원들은 결국 그 사실을 알아챌 테고, 그들의 존경을 잃게 될 것이다.
3. 하강 국면이 나타날 때 당신은 어떻게 하는가? 당신은 당신이 할 것이라고 말한 것을 실제로 하는가? 아니면 사람들이 당신을 찾을 수 없도록 숨어 버리는가? 당신은 당신이 승인한 투자를 재빨리 철회하는가? 아니면 당신 팀 이외의 누군가에게 책임을 지우거나, 문제로부터 거리

를 두기 위해 즉시 이메일을 보내는가? 설사 당신의 직원들이 당신을 찾아오지 않는다 해도, 그들은 당신이 하는 일을 정확히 알고 있다. 당신이 총알을 피한다면, 이는 당신이 리더로서 신뢰할 수 없다는 사실을 스스로 증명하는 셈이 된다. 쟁점에서 도망친다면, 조직원들은 당신이 진실성과 용기, 그리고 헌신이 부족하다는 것을 알게 된다.

4. 당신은 입으로는 긍정적인 말을 하되, 화내거나 냉담한 몸짓을 표현하지는 않은가? 말과 비언어적 의사소통 사이에 모순이 있는지 주의하라. 사람들은 매번 당신의 비언어적 소통방식을 받아들일 테니 말이다.

만일 이들 중 하나라도 긍정적인 대답이 있다면, 당신은 말과 행동이 모순되는 의사소통을 하고 있을 확률이 높다. 일단 불신이 자리 잡게 되면 팀에 공포를 가져오게 되고, 조직원들은 각자 자기 자신만 챙기는 문화를 만들게 되기 쉽다. 무엇보다 나쁜 점은, 투명성 부족은 팀원들이 이해를 잘 할만큼 똑똑하다고 당신이 생각하지 않는다는 인상을 팀원들에게 준다는 것이다. 이런 태도는 직원들의 권한과 권리를 빼앗는 행위이다.

혁신은 상당한 위험 감수를 요구한다. 위험의 정도는 클 수도 있고 작을 수도 있지만, 어쨌든 모든 혁신에는 위험이 따른다. 언행일치를 이루는 문화의 최대의 성과는 상사나 주위 사람들을 믿을 수 있다는 점이다. 사람들을 정직하게 대한다면 그들이 성장하고 그들이 사업을 위해 올바른 일을 하는 데 필요한 환경을 제공해 줄 수 있다. 신뢰와 투명성이 뒷받침되는 환경에서 사람들은 뛰어난 결과를 얻기 위해 올바른 위험을 기꺼이 감수하고, 시장에서 승리를 얻기 위해 노력할 것이다.

성공과 실패로부터 배우기
혁신의 세계로 가는 길은 약간의 큰 성공과 다수의 작은 성공들, 그리고 엄청나게 많은 실패들로 이루어진다. 이것이 바로 혁신을 찾기 힘든 이유이다. 위대한 혁신문화가 다른 문화들과 구분되는 점은 사람들이 실패를 한 과정이라고 생각하며 실패로부터 배움을 얻었다는 사실을 기념할 줄 안다는 점이다. 토마스 에디슨은 상용할 만한 전구를 개발하는 데 실패했을 때(에디슨은 전구에만 거의 900번 정도 실패를 겪었다), 실패를 야기한 또 다른 변수를 제거함으로써 성공에 한 발자국 더 다가갈 수 있게 되었다고 팀원들에게 말했다.

심지어 오늘날에도 제너럴 일렉트릭은 궁극적인 성공으로 갈 수 있는 교훈을 배울 수 있었다는 점에서 실패를 기념하고 있다. GE는 이에 해당하는 '영예의 실패상'을 수여한다. 성공에 대해서 보상해야 하는 것은 말할 것도 없고, 용감하게 시도했다가 실패한 사람에게 상을 주어서는 안 될 이유라도 있는가? 더욱이 궁극적으로 성공으로 가는 길이 실패로부터 배운 교훈들로 이루어졌다면 말이다. 우리가 실패로부터 배운 것을 기념할 때, 우리는 진보하고 성장할 수 있으며, 성장이야말로 가장 중요한 것이다.

개발과 훈련

프록터 앤 갬블, GE, 토요타 같은 조직들은 마케팅, 재무, 전반적인 관리 같은 핵심 분야에서 뛰어난 훈련을 제공하는 것으로 널리 알려져 있다. 직원들이 지닌 능력 수준을 향상시키기 위해 직원들에게 필요한 도구와 경험을 제공하는 일은 매우 중요하며, 특히 혁신에 초점을 맞춘 문화에서는 더욱더 그렇다.

또한 사람들은 인생의 3분의 2를 일을 하며 보내기 때문에, 뛰어난 기업들은 그저 전문적인 훈련을 제공하는 것에서 그치지 않는다. 페라리의 직원들은 지속적인 직업 교육을 받을 수 있을 뿐만 아니라, 광범

위한 신체 단련 및 웰빙 프로그램의 혜택을 받을 수도 있다. 포뮬러 베네세레Formula Benessere라 불리는 페라리의 프로그램은 직원들의 건강에 대한 관심을 높이고 전문적인 건강 검진을 제공한다. 또한 포뮬러 베네세레 주니어는 직원들의 자녀들에게 스포츠와 신체 단련, 웰빙에 대한 흥미를 일찍부터 길러주는 것을 목표로 하고 있다. 뿐만 아니라 직원들의 전문성 개발과 취미 활동 모두를 포함하는 각종 훈련 프로그램과 외국어 교육 또한 제공된다. 이는 직원들의 충성심을 고취하는 데 도움이 될 뿐만 아니라 재능 있는 사람들에게 투자함으로써 수익을 얻는 데에도 도움이 된다.[4]

상급 직원들이 다음 세대들과 서로 연결될 수 있는 기회를 만들어 주는 멘토링 역시 중요하다. 멘토링은 원숙하고 노련한 직원들과 대담하고 아직 시도해 보지 않은 낙관과 비전을 가진 신세대들 사이의 연속성을 제공하는 동시에, 둘 사이에 아이디어를 교환할 수 있는 기회도 제공해 준다.

만일 리더십 개발 계획을 기업의 전략적 목표와 직접적으로 연결한다면 모든 면에서 좋은 결과를 얻을 것이다. 그렇게 한다면 사람들은 기업 목표에 더 큰 관심과 집중을 보일 수 있게 되고, 핵심 직원들은 혁신뿐만 아니라 성장과 효율성을 동시에 추진할 수 있는 영역의 교육을 많이 받을 수 있을 것이다. 바람직한 개발과 훈련은 결국 **모든 사람**에게 이득을 준다.

명료한 의사소통

우리는 2부에서 의사소통의 중요성에 대해 이야기한 바 있지만, 여기에 대해 한 번 더 다루고자 한다. 혁신 중심 환경에서 모든 사람들은 늘 회사의 비전과 전략 및 핵심 목적이 무엇인지 이해해야 한다. 이러한 강력한 지령을 이해하는 것은 조직을 단단하게 결합하는 접착제와 같다. 성공적인 혁신문화에서는 모든 사람들이 자신들이 하고 있는 일과 그 일을 하는 구체적인 목적을 연결 지을 줄 안다. 앞에서 우리는 혁신을 다양한 색실로 짜인 태피스트리라고 이야기한 바 있다. 당신이 명확한 의사소통을 할 때, 직원들은 완성된 태피스트리가 어떤 모양이 될지 이해할 수 있다. 그들은 이 엄청난 작품에서 자신들이 엮어내는 실이 어떤 색깔인지 잘 알고 있으며, 또한 다른 실들의 색깔을 아는 동시에 특정 색깔의 실들이 전체 작품의 어디에 속하는지도 이해하고 있다. 이러한 구체적인 이해야말로, 그저 그런 괜찮은 문화와 뛰어난 혁신문화를 구분짓는 커다란 차이이다.

앞에서 우리는 P&G의 CEO였던 더크 야거와 A.G. 래플리를 소개하며 둘의 차이에 대해서 이야기했었다. 둘은 소통방식에서도 뚜렷한 차이를 보였다. 야거는 근엄한 반면, 래플리는 편안한 타입이었다. 야거는 위협적이었던 반면 래플리는 설득적이었다. 래플리는 자신이 말을 하기보다는 더 많이 들었다. 간단히 말해, 래플리는 전달하는 내용 그 자체만큼이나 전달하는 사람의 태도가 중요하다는 것을 보여주는 산 증인이었다.

CEO로서 래플리는 P&G의 미래에 대한 거창한 선언을 하지는 않았다. 대신 그는 다소 지나칠 정도로 많은 시간을 그가 어떻게 P&G를 바꾸고 싶어 하는지에 대해 끈기있게 사람들과 소통하는 데 보냈다. P&G는 직원들에게 새로운 행동 방침을 한 페이지 분량으로 짧게 서술하게 하는 것으로 명성이 자자했지만, 레플리가 보다 선호한 접근방식은 바로 슬로건이었다. 예컨대 P&G가 고객의 욕구가 아닌 기술에 따라 새로운 프로젝트를 결정한다고 느꼈을 때, 래플리는 '고객은 왕'이라는 새로운 슬로건을 내걸었다. P&G와 소매업자들 간의 긴밀성을 높이기 위해, 그는 소비자들이 맨 처음 P&G의 제품을 만날 수 있는 상점에 '최초의 진실의 순간'이라는 별명을 붙였다. 그리고 가정에서 제품을 직접 경험해 보는 순간을 '두 번째 진실의 순간'이라고 불렀다.

래플리는 이러한 슬로건들을 줄기차게 사용했고, 이들은 오늘날까지도 여전히 P&G 조직 전반에서 반복적으로 활용되고 있다. 3일에 걸친 리더십 세미나의 후반부에, 그는 30명의 전 세계의 젊은 마케팅 관리자들에게 그들이 세미나를 통해 무엇을 배웠는지 말해 줄 것을 요청했다. 이들이 첫 번째로 한 말은 이것이었다. "우리는 P&G 내부에서 고객의 목소리를 내는 사람입니다. 그리고 우리가 하는 모든 일의 중심에는 고객이 있습니다." 이들 앞에서 의자에 앉아 있던 래플리는 그 말을 듣고 활짝 웃으며 "첫 번째가 정말 마음에 드는군요"라고 말했고, 회의실에는 박수가 터져 나왔다.

래플리는 효과를 유발하기 위해 의식적으로 말을 선택하는 경향이 있었다. 그는 이렇게 말했다. "사실 제 말투는 유아 교육 프로그램에서나 볼 수 있는 말투인 건 맞습니다. 사실 이는 어려운 일을 단순하게 풀어나가기 위해서입니다. 왜냐하면 조직의 모든 사람들이 조직의 목표를 명확하게 인식하고 목표에 도달할 수 있는 방법을 알기란 매우 어렵기 때문입니다."

이는 언어적·사회적 다양성이 있는 글로벌 기업에서는 특히나 벅찬 일이기 때문에, 단순하고 명쾌하게 목표를 세우는 것은 매우 중요하다. 하지만 다양성은 힘든 도전이기도 하지만, 풍부한 창의성의 원천이 되기도 한다.[5]

다양성을 수용할 것

오늘날 근무환경은 온갖 문화가 뒤섞여 있다. 점차 글로벌화되는 세계에서 다양한 문화적 배경을 가진 다수의 사람들이 모여 조직의 공통 목표를 성취해 가는 것은 더 이상 낯선 일이 아니며, 또한 긍정적인 일이다. 다양한 작업환경은 개선된 대인관계의 소통을 조성하며, 때로는 다른 문화에 뿌리를 둔 다양한 새로운 아이디어로 이끌어 준다. 다양성은 효과적인 의문을 제기하는 기술을 길러줄 뿐만 아니라, 조직원들의 관찰력도 증대시킨다. 또한 다양한 작업환경은 다양한 사회를 더 잘 이해하는 데 도움을 주기도 한다.

하지만 다양성을 가진 기업의 진정한 장점은 바로 사고의 다양성이다. 이는 팀원들이 가진 다양한 문화적 유산과 나이, 지리, 기능적 훈련법 및 사업 성향을 바탕으로 한 경험으로부터 나온다. 사고방식, 경험, 견해에 바탕을 둔 문화적 다양성을 받아들일 때, 회사의 목표에 초점을 맞출 수 있는 최대한 많은 도구를 확보할 수 있다. 다양성을 많이 수용할수록, 모든 단계에서 창조적 혁신을 이룰 승산은 더욱 높아진다.

고객 중심일 것

당신은 고객들을 당신의 가장 큰 자산이라고 생각하는가 아니면 문 밖에 있는 '적'이라고 생각하는가? 우리는 2장에서 깨달음에 대해 이야기할 때, 여기에 대해 이미 상당부분 논의한 바 있다. 조직원들이 고객에게 마음을 열고 있기만 한다면, 고객은 기업의 모든 조직원들에게 끊임없는 영감의 원천이 될 수 있다. 물론 고객들과 늘 만나고 봉사하는 접점에 있는 사람들이 늘 고객 중심적이어야 한다는 것은 비교적 당연하며 이해하기 쉽다. 하지만 가장 성공적인 혁신을 이룬 기업들에서는 접점에서 직접적으로 고객에게 봉사하는 사람들뿐만 아니라, 조직의 **모든 사람들**이 자신들은 고객을 위해 일한다고 믿고 있다. 당신이 회사를 경영하고 있든, 혹은 부서 또는 기능 집단을 이끌고 있든 간에, 당신 조직원들은 그들이 당신을 위해 일하는 것이 아니라는 점을 명확히 인식해야 한다. 당신이 그러하듯, 이들은 모두 고객을 위해 일해야 한다.

제인과 그녀의 가족들은 워너 브라더스Warner Bros의 VIP 투어에 한 번 참여했던 적이 있다. 주차장 직원부터 투어 가이드, 티켓 판매원, 보안 직원에 이르기까지 모든 사람들이 고객들을 기분 좋게 하는 데에 집중하고 있었다. 이는 회사의 경영진들이 그들은 모두 최종적 상사, 즉 고객을 위해 함께 일하고 있다고 생각했기 때문에 이루어진 결과이다. 그러한 환경이 주어졌을 때, 혁신을 위한 훌륭한 아이디어는 개인적 의제가 아니라 고객만족을 위한 가치로 평가받는다는 사실을 짐작하기란 어렵지 않다. 하지만 가장 훌륭한 점은 투어에서 아이스크림을 서빙하는 사람을 포함한 모든 사람들이 자신들이 하는 일에 대한 가치를 인정받음으로써 '그런 멋진 기업'에서 일하는 것이 정말 자랑스럽다고 입을 모으는 것이었다.

인적 네트워킹과 연결성

혁신 중심의 문화를 창조하는데 가장 도움이 됨에도 불구하고 잘 활용되지 못하는 것은 바로 아이디어를 공유하는 일이다. 이는 당신이 하는 일을 회사 안과 밖의 사람과 연결시키는 것을 의미한다. 사람들이 더 잘 연결될수록 사람들은 더 좋은 결과를 얻기 위해 협력할 수 있는 방법들을 이해할 수 있고, 실제로 더 뛰어난 결과를 얻어낼 수 있다. 하지만 이는 결코 자동적으로 일어나지 않는다. 이러한 분위기를 만들기 위해서는 위에서부터 시작해야 한다. 경영진들 간에 얼마만큼 잘 연결이 되는지 자문해 보자. 최고 경영자들의 네트워크는 내적, 그리고 외적으로 얼마나 잘 이루어져 있는가? 서로 아이디어를 공유하는 일은 박수를 받는가, 아니면 사내 정치 탓에 서로가 고립되어 있는가? 이는 혁신 문화를 일구는 데 꼭 필요한 중요한 질문들이다. 기업문화가 동료, 경쟁자, 그리고 다른 사업들 사이의 상호작용과 협력을 촉진할수록 혁신적 문화가 더 잘 이루어진다.

제인은 인재 모집 상담을 해 오면서, 무수한 최고 경영자들이 새로운 조직 속에 참여하는 모습을 지켜보았다. 네트워크에 대한 이해와 연결성 및 지지기반을 확실히 구축하지 않고 무작정 뛰어들어 일을 해내려는 사람들은 처음에는 강한 출발을 보이는 듯 했지만 결국에는 그렇지 않은 사람들보다 지속가능한 혁신과 기회를 만드는 데 훨씬 더 긴 시간이 걸렸다. 반면 주위 사람들의 말을 잘 듣고 이해하고 평가하는 데 시간을 들인 사람들은 새로운 것을 해내는 데는 조금 더 시간이 걸렸지만, 일단 본궤도에 오르고 난 후에는 사람들에게 오너십을 느끼게 하고, 더 많은 혁신을 장려하는 방향으로 훨씬 더 빨리 움직였다.

위기와 공포가 바탕이 되는 환경에서는 사람들의 말을 경청하고, 주위 사람들과 관계를 맺는 것이 결코 우선순위를 갖지 못한다. 이러한 환경은 또한 지나치게 단기적인 시야에만 초점이 맞추어져 있어서 네트워크 지향 및 연결성이 높은 환경이 만들어 내는 바람직한 결과를 결코 얻을 수 없다. 네트워크와 연결성의 존재 자체를 모른다면, 새로운 제품이나 서비스 및 시장을 창조할 수 있는 기회조차 얻지 못한다는 사실을 기억하자. 고립된 환경의 대가는 생각보다 훨씬 크다. 왜 그럴까? 왜냐하면 당신은 당신이 모른다는 사실조차 절대 알 수 없을 테니 말이다.

생각하고 꿈꾸고 창조할 시간

오늘날과 같은 좌뇌적 세상에서는 일분일초가 중요한 업무에 빡빡하게 할당되어 있으며 심지어 중요한 두세 가지 일을 동시에 처리해야 할 때도 있다. 각종 기술 덕분에 우리는 움직이는 동안에도 뭔가를 해낼 수 있게 되었고, 덕분에 우리는 늘 뭔가를 "하고 있어야만" 한다고 생각하게 되었다. 하지만 뭔가를 하는 것은 반응적인 과정에 불과하다. 중요한 것은 꼭 해야 하는 일이 무엇인지 아는 것이다. 우리는 생각하고 꿈꿀 때 우리에게 꼭 필요한 일들이 무엇인지 결정할 수 있다. 리더들이 생각하고 꿈꾸고 창조하는 것에 우선순위를 둘 수 있는 환경을 만드는 것은 마땅히 해야 할 일을 발견하는 데 도움이 될 뿐만 아니라 새로운 사업 기회를 만들어 줄 것이다.

사무실마다 요가 매트가 깔려져 있고, 매일 회사 내에 명상과 창조 시간을 마련하여 직원들이 회사의 슬로건을 읊조리고 있는 환경을 상상하고 지레 경악하지는 말았으면 한다. 우리는 집중, 상품 및 마감에 대한 책임 같은 것들이 중요하지 않다고 말하는 것은 아니라는 점은 확실히 해 두길 바란다. 당연히 이러한 요소들은 중요하다. 다만 우리가 하고자 하는 말은 분석적이고 두뇌의 창의적인 면을 모두 잘 자라게 해 주는 전뇌적 성향의 환경을 만든다면, 결국 조직으로부터 더 많은 생산성과 전략적 이점을 얻게 될 것이라는 점이다. 즉 행동하는 시간뿐만 아니라 성찰하고 상상하는 시간 역시 필요하다는 의미이다.

에스티 로더 컴퍼니즈의 회장이자 CEO인 파브리지오 프레다는 적어도 하루 30분 동안은 쉬면서 상상하는 시간을 갖는다. 또한 회의 시간도 45분으로 제한해 놓았다. 그는 회의실에 오랫동안 틀어박혀 있는 사람들이 혁신을 이루어 낼 수 있다고는 생각하지 않는다. 효과적인 혁신문화를 위해서는 명확한 집중과 자신들이 하는 일과 그 이유에 대한 이해, 그리고 아직 개발되지 않은 정의할 수 없는 여백에 대해 생각할 수 있는 공간이 필요하다.

사람들에게 정신적으로 숨쉴 수 있는 공간을 제공한다면, 실제로 사람들이 더 많은 일을 해낸다는 놀라운 사실을 발견할 수 있을 것이다. 구글은 몇 년 동안 이러한 방법을 시행해 오고 있다. 구글은 직원들이 흥미의 새 지평을 탐구하는 데 시간을 보내길 원할 뿐만 아니라 이를 요구하기도 한다. 이는 직원들을 늘 새롭게 해 주고, 배우고 확장할 수 있게 해 준다. 이러한 방식은, 결과적으로 구글의 새로운 사업 혁신을 위한 무수한 아이디어를 생성해 냄으로써 수십억 달러의 시장 가치를 창출해 냈다. 넷플릭스^{Netflix}(미국 인터넷 DVD 대여사이트 - 역자 주)는 휴가나 쉬는 시간에 대한 제한이 아예 없다. 운영적으로 이는 회사가 근무일수를 지속적으로 파악하거나, 사람들이 회사를 떠날 때 사용하지 않은 휴가에 대해 큰 돈을 지불할 필요가 없게 만들어 준다. 또한 문화적으로 신뢰를 전달함으로써 조직에 대한 충성심을 갖게 하는 동시에, 직원들이 일과 삶의 균형을 맞추는 데도 도움이 된다.

당신의 문화는 구글이나 넷플릭스, 페라리 같은가? 아니면 모든 사람들이 시간적 압박에 쫓기면서 사는 문화인가? 사람들이 늘 높은 압박 속에서 긴장하며 산다면 마침내는 '과잉 증후군'이라고 부르는 상태가 되고 만다. 이런 상황에서는 활동과 극적인 일은 많지만 정작 생각할 시간은 없게 된다. 이런 상태에서는 단기적으로든 장기적로든 사업에서 좋은 결과를 내지 못한다. 하지만 생각하고 꿈꾸고 쉬고 창조할 시간을 갖는다면 혁신적인 조직문화를 만들 수 있을 것이다.

오너십의 권한

혁신적인 문화에서는 조직의 모든 사람들이 뭔가를 해낼 수 있는 권한이 있다고 느낀다. 오너십은 상명하달식으로 이루어지는 것이 아니라, 늘 아래에서 위로 추진되어야 한다. 오너십은 팀 중심이다. 오너십과 권한을 부여하는 환경을 만드는 황금법칙에 대해 우리가 가장 좋아하는 말은 노자가 남긴 말이다. 노자는 "무릇 지도자는 사람들이 지도자가 있는지 없는지도 모를 때가 가장 좋다. 지도자의 일이 끝나고 목표가 이루어질 때, 사람들은 그 일이 우리 모두가 해낸 일이라고 입을 모을 것이다"라고 했다. 이 말은 오너십의 권한을 극명하게 설명해 준다. 즉 오너십의 권한이란, 당신의 조직에서 조직원들이 성취할 수 있는 것이 무엇인지 이해할 뿐만 아니라, 그들이 당신의 리더십 하에서 본인들이 가진 실력 이상의 능력을 발휘할 수 있는 수준까지 그들 자신에 대한 믿음을 강화시켜 주는 환경을 만드는 것이다. 이것이야말로 우리 모두가 원하는 수준이 아닌가? 오너십의 권한은 일반적으로 모든 사람들에게 가치 있을 뿐만 아니라 혁신문화를 위해서 꼭 필요한 요소이다.

세부적인 것까지 일일이 관리 감독하는 문화는 혁신을 죽이지만 권한을 부여하는 문화는 혁신의 꽃을 활짝 피운다. 당신이 직접 아는 사람, 혹은 책을 통해 아는 사람들 중에서 가장 혁신적이고 창의적인 사람을 떠올려 보자. 예컨대 항상 상사가 힐끔거리며 제대로 일을 하는지 살피는 통에 사소한 실패에도 벌벌 떨어야만 하는 환경에서 에디슨이 혁신을 이룰 수 있을까? 아니면 딘 케이먼이나 미켈란젤로의 코앞에서 위계적 인물이 버티고 서서 수시로 일을 제대로 하고 있나 확인한다면 과연 이들이 혁신적인 대작을 창조할 수 있겠는가? 그러니 당신이 이끄는 사람들은 당신과 그리 다르지 않다는 것을 기억하자. 그들이 성장하고 잘 자랄 수 있는 환경을 만들어 준다면, 혁신은 그리 멀리 있지 않을 것이다.

물리적 공간

지금까지 우리는 혁신의 감정과 사고의 측면을 다룬 문화적 요소들에 대해 이야기했다. 그럼 이제는 직접 눈으로 볼 수 있는 면에 대해 생각해 보자. 먼저 주위를 둘러보자. 당신 기업의 경영 환경은 협력을 조성하는 환경인가, 아니면 편가르기를 조장하는 환경인가? 비록 협력을 조성하는 개방적인 근무환경이라고 해서 모든 사람들이 혁신가가 되는 것은 아닐지라도, 개방적인 근무환경은 연결성과 네트워킹을 강화해 준다. 이는 또한 우뇌적 사고에도 눈뜨게 해 준다. 당신이 일하는 공간은 당신이 추구하는 문화에 대해 매우 강한 메시지를 전달한다는 사실을 기억하자.

수년 전, 제인은 새로운 본부를 설립하기로 계획 중인 한 제품 회사의 시설 책임 관리자를 찾기 위해 『포춘』지가 선정한 500명의 CEO 중 한 사람을 만난 적이 있다. 그 회의는 전체 프로젝트를 추진하고 개발하게 될 사람에 대해 그 CEO가 원하는 것을 더 알기 위해 가진 자리였다. 회의 초반에 제인은 "새로운 본부 건물을 지을 때, 그 건물을 통해 사업 문화의 어떤 면을 부각시키고 싶으신가요?"라고 물었다. 그녀는 이 질문이 중요하다고 생각했다. 하지만 그는 제인의 질문에 잠시 할 말을 찾지 못하고 침묵을 지키더니, 거기에 대해 생각해 본 적은 없지만 충분히 고려해 볼 만한 좋은 지적이라고 대답했다.

그것이 바로 A.G. 래플리가 프록터 앤 갬블의 CEO로 처음 임명되었을 때 생각했던 것이었다. P&G 본사 11층은 1950년 이후부터 오랫동안 중역들을 위한 견고한 요새와도 같았다. 하지만 래플리는 다섯 개 부서장들을 모조리 직원들과 같은 층을 쓰도록 짐을 꾸리게 함으로써 기존의 방식을 확 바꾸었다. 그러고는 사무실 몇 개를 리더십 훈련 센터로 만들었다. 그리고 그 층의 나머지는 벽을 부순 후, 그를 포함해서 남아 있는 중역들이 함께 쓰는 개방형 사무실로 바꾸었다. 직무기간동안 그가 가장 자주 대화하는 두 사람들, 즉 인사부장과 부의장 옆에 앉아서 일하는 것이 마케팅의 귀재였던 래플리가 주로 쓰던 방식이었고, 이는 플로우 연구에 의해 공식적으로 인정된 P&G 스타일로 자리 잡았다.

그는 또한 그와 중역들이 매주 결과를 살펴보고, 전략을 짜고 앞으로의 의제를 설정하는 11층 회의실에 중요한 변화를 가져왔다. 래플리가 맨 처음 CEO 자리에 올랐을 당시에는 회의실 테이블이 직사각형 모양이었지만, 그는 이를 원탁으로 바꾸었고 회의 참석자들은 원하는 자리 아무 곳에나 앉을 수 있도록 했다. 원탁에서 회의를 하면 누가 가장 높은 직책의 사람인지 찾아내기 힘들 것이다.[6]

래플리는 이런 미묘한 소통의 대가였고, 회사의 물리적 환경을 구축하는 방식을 통해 모든 사람이 중요하다는 것을 강조했다. 이러한 개방적인 분위기는 사람들이 서로 활발하게 상호작용을 하는 데 도움을 주고, 또 직원들이 자신의 공간을 사진이나 기념품 등으로 꾸민다면, 이는 창의성을 원활히 하는 동시에 촉진시켜 주기도 한다. 동양 문화에서는 물리적 공간에 대한 이러한 사고방식을 수 세기에 걸쳐 수용해 왔다. 최근 서구의 기업들은 작업 공간의 물리적 흐름과 기의 흐름을 개선하기 위해 오래부터 전해 내려오는 풍수 원칙을 적용하기도 한다. 부정적인 것은 제거하고, 긍정적인 에너지를 높이기 위해 노력한다면 혁신에서도 좋은 결과를 기대할 수 있을 것이다.

혁신문화의 암흑

우리가 이 책을 쓰기 시작했을 때, 우리는 가능한 한 의식적으로 긍정적인 면에 초점을 맞추자고 결심했다. 실패에서 가치를 찾을 수 있는 것과 마찬가지로, 부정적인 사례들로부터 얻을 수 있는 교훈이 분명 있긴 하지만, 우리는 여전히 동기와 영감은 자기 자신과 미래, 그리고 주위 세계에 대해 긍정적인 감정을 가질 때 나온다고 믿고 있다. 하지만 그렇긴 해도, 많은 기업들이 빠지는 위험들에 대해 조금이라도 언급하지 않는다면, 우리의 경험과 전문성을 공유하기 위한 의무를 소홀히 하는 것일 게다. 우리는 이러한 위험들을 '혁신문화의 암흑'이라고 부르겠다. 빛이 없는 곳에서는 거의 모든 것이 자랄 수 없듯이, 이러한 '혁신문화의 암흑'하에서는 혁신문화가 확실하게 제거되기 때문이다. 이제 우리는 혁신에 가장 치명적인 네 가지 혁신 암살범들을 소개하고자 한다.

공포 분위기

이야기는 냉혹하기로 악명 높은 독재자였던 스탈린Joseph Stalin이 사망한 지 얼마 후에, 그의 후계자인 흐루시초프Nikita Khrushchev가 최고 위원회에서 연설하던 시기로 거슬러 올라간다. 그가 새로운 리더로서 스탈린의 끔찍한 범죄에 대해 목청을 높여 고발할 때, 객석에서 "동무, 당신도 거기 있었잖소. 그런데 왜 그를 제지하지 않았소?"라는 목소리가 들려 왔다.

흐루시초프는 홀 안의 사람들을 보며 잠시 서 있었다. 그러고는 "누가 말했소? 얼굴을 드러내시오! 그 말을 한 사람이 누군지 알고 싶소!"

라고 외쳤다. 그러나 아무도 대답하지 않았고, 손을 드는 사람도 아무도 없었다. 불편한 침묵이 한참이나 흐르고 나서야 흐루시초프가 "이제 그 이유를 아시겠소?"라고 말했다.

공포는 삶의 한 부분이며, 불행한 일이지만 때로는 일에서도 그렇다. 사람들은 실수하는 것, 멍청해 보이는 것, 지배적인 상사를 거스르는 것, 혹은 전통과 '늘 해오던 방식들'에 도전하는 것을 두려워한다. 이러한 두려움은 직원들의 창의력에 제약을 가할 뿐만 아니라 에너지를 빼앗고, 싸움 혹은 도주fight-or flight 본능을 유발시킨다. 이런 상태가 되면 더크 야거가 P&G에서 그랬던 것처럼, 당신의 아이디어에 반감을 품은 사람들의 거센 저항을 끊임없이 헤쳐 나가야만 하거나, 혹은 뛰어난 인재들을 때로는 무더기로 경쟁사에 빼앗기고 만다. 끊임없이 방어적인 태도를 취하는 것을 즐기는 사람은 없다. 만일 당신의 기업문화가 실수와 패배, 심지어는 지나치게 창의적으로 생각하는 것조차도 나쁜 것으로 받아들인다면, 어느 누가 감히 모험을 하려고 들겠는가?

혁신 리더로서 당신은 조직 내의 공포를 완전히 제거할 수는 없지만, 적어도 이해심을 보여주고, 개방적인 태도를 장려하며, 진실하고, 의미있는 패배는 용인해주고, 도전적인 아이디어를 환영함으로써 공포를 줄일 수는 있다. 만일 당신이 현재 공포로 물든 조직문화를 갖고 있다면, 그러한 분위기를 바꾸는 것을 최우선으로 하자. 이는 시간과 노력이 따르겠지만, 두려운 분위기를 안정감 있는 분위기로 바꾼다면, 혁신의 질과 속도는 극적으로 개선될 것이다.

정치

많은 리더들이 말로는 혁신의 중요성을 믿고 있으며 혁신은 자신들의 의무라고 주장하지만, 빌 포드가 말했다시피 사람들은 말과 행동이 다른 경우가 너무나 많다. 이는 모든 사람들이 혁신을 위해 바쁘게 움직인다고 주장함에도 불구하고, 실제로는 그렇게 하지 않기 때문이다. 그렇게 되면, 조직은 내적 정치와 자리싸움 속에서 혼란에 빠지게 되어 기업의 목표에 집중할 수 없게 된다. 내적 혹은 외적 정치는 결국 모든 사람들이 시간만 낭비하는 꼴이 된다.

"전투에서는 이겼지만 전쟁에서는 패했다"라는 말을 들어 본 적이 있을 것이다. 이 말은 옆 자리에 앉아 있는 경쟁자를 누르거나, 혹은 강등시키는 것과 같은 내부의 자리싸움에 소비하는 에너지에 대해 생각해 볼 때 새로운 의미를 갖는다. 우리 대부분에게 이런 환경은 너무나 흔해서 그렇지 않은 경우를 상상하기조차 어렵다. 하지만 크래프트에서 비랄이 겪었던 경험을 떠올려 보자. 공장 관리자들은 아이디어를 공유하고, 설사 자신의 자리를 잃더라도 최선의 아이디어가 실행될 수 있는 정책을 채택했었다. 이들 관리자들은 모든 사람의 이익을 위하여 정치와 사리를 제쳐 둘 수 있었고, 마침내는 모든 사람들이 좋은 처우를 받았다. 당신의 기업에서는 이런 일이 일어날 수 있을까? 아마 대부분은 그렇지 못할 것이다. 정치 혹은 정치에 대한 두려움은 혁신을 가로막는 가장 큰 장애물이다. 정치는 팀워크를 해치고, 자기 잇속만 차리게 만들며, 모든 사람들의 성공을 약화시킨다.

조직 내의 정치를 뿌리 뽑는 유일한 방법은 보상 시스템을 바꾸는 것이다. 개인적 성공 대신 혁신에 대해 보상하고, 또 "모든 사람들을 위해 함께 협력하는 것"이 성공과 인정의 기준이 된다면 정치는 점차 사라질 것이다. 사리사욕만 챙기려는 사람들은 언제나 있겠지만, 출세가 혁신의 깃발을 쥐는 것을 의미한다면, 결국은 그들조차도 포용할 수 있게 될 것이다. 늘 정치적일 필요는 없다. 기업을 위해서 목표로 해야 할 것은 하나는 모두를 위해, 모두는 하나를 위하는 것이다.

오만함

자신이 모든 것을 안다고 확신하며, 새로운 아이디어나 현명한 조언, 그리고 필요할 때 도움의 손길을 거절하는 사람들이 있다. 이는 혁신에 있어서 최악의 리더십이다. 왜냐하면 혁신의 본질은 마음을 열고 미지의 것을 적극적으로 받아들이는 것이기 때문이다. 오만함은 우리를 고립되게 하며, 고객 및 직원, 그리고 현실과의 접촉을 끊어 버린다. 오만함은 내부적이고 출세지향성에 초점을 맞춘 위계적인 문화를 촉진한다. 오만함이 전제 군주적 리더십과 더해지면, 대개의 경우 조직원들은 무슨 수를 써서라도 위험을 피하려고 안간힘을 쓰게 된다. 그리하여 조직원들은 점점 더 사람들이 자랑스러워하는 기업을 만들기보다는 상사를 기쁘게 하거나 상사로부터 몸을 숨기는 것에 더 집착하게 된다. 오만함의 애처로운 점은 종종 오만함이 불안정성이나 자신감 부족을 가리기 위한 것이라는 점이다. 만일 당신이 모든 것을 다 안다고 생각하는 유형의 리더를 위해 일하고 있다면, 아마도 팀을 위해 희생하는 것 외에는 다른 좋은 방법이 없을 것이다. 예컨대 좋은 아이디어가 있을 때, 그것을 리더의 공으로 돌려라. 결국 이런 유형의 리더는 그리 오래 가지 못하리라는 것을 기억하면서 말이다.

근시안적 태도

지금까지 우리가 살펴본 혁신의 암살자들은 비교적 알아채기 쉬운 것들인 반면, 이번에 설명할 근시안적 태도는 마치 심장마비처럼 조용한 살인자에 가까워서, 대개의 경우 너무 늦을 때까지 그것 때문에 고통을 받는다는 사실조차 모를 경우도 많다. 근시안적 태도란 수치를 개선하기 위해 무분별하게 비용을 삭감하거나, 연구 혹은 마케팅 분야 같은 혁신이 필요한 분야를 축소시키고, 모든 사람들을 눈앞에 닥친 다음 분기에만 집중하게 함으로써 기업이 앞으로 수십 년 동안 가야 할 길을 생각할 시간을 갖지 못하는 것이다.

지금까지 우리가 이 책에서 이야기 했던 내용의 상당 부분은 바로 이 근시안적 태도에 대항하기 위한 것이었다. 즉 기회를 위해 혁신의 네 가지 단계를 연구하고, 깨달음을 얻기 위해 고객을 탐구하고, 위험을 평가하고, 책임을 받아들이고, 뛰어난 팀과 혁신문화를 만드는 것들이 바로 그것이다. 하지만 근시안적 태도를 뜯어 고치기 위한 첫 번째 단계는 우선, 그것을 인식하는 것이다. 근시안적 태도는 기업들이 자신들은 혁신에 헌신한다고 수없이 반복하여 말하면서도 정작 이를 따르지 않고, 혁신 엔진을 가동시키지 않도록 만든다. 시동을 걸지 않는다면 어디에도 갈 수 없고, 눈앞의 것밖에 볼 수 없다. 하지만 저 멀리 지평선을 본다면 그곳에는 엄청난 미래가 있을 것이다. 그리고 당신이 이 장에서 우리가 하는 마지막 조언을 따른다면, 그것은 생각보다 훨씬 더 쉽다는 것을 알게 될 것이다.

단순할 것

이 책에서 우리가 연구했던 모든 기업에서, 풍부한 혁신문화를 위한 토대로 두드러지는 한 가지는 바로 단순함이다. 당신이 사람들에게 기대하는 것이 무엇인지 쉽게 이해시키자. 그리고 명확한 목표를 갖고, 조직원들이 기업에게 최선이 되는 방향으로 사고하고 행동할 수 있도록 그들에게 권한을 주자. 또한 의제를 숨겨서는 안 된다. 고객과 조직원, 그리고 기업 모두를 위한 단 하나의 의제만 있을 때, 모두는 의무에서 길을 잃지 않는다.

단순함이란 모든 사람들이 자기 자리를 아는 동시에, 자신들이 하나의 조직의 일부라고 느끼는 것이다. 또한 단순함은 자유롭게 질문하고, 그에 대한 대답을 들을 수 있는 것이다. 단순함은 규칙들이 가이드라인으로 대체되고, 자기 홍보가 자신감으로 바뀌는 것이다. 사람들이 동일한 목표를 갖고 자신들의 역할이 무엇인지 이해한다면, 삶은 보다 단순해지고 더 행복해질 것이다. 그리고 조직원들이 행복하면 당신 역시 행복해질 것이다.

당신이 혼자서 혁신을 활성화시키는 일은 불가능하다. 이를 위해서는 기업과 기업의 모든 사람들이 필요하다. 당신이 혁신의 미묘한 차이를 이해하고, 리더십을 통한 책임감을 받아들이고, 주변 사람들을 활성화시킨다면, 이제 할 일은 한 가지뿐이다. 그것은 바로 시장을 활성화시키는 것이다.

09 시장을 활성화하라
이기는 게임을 하라

당신은 내일 엄청난 행운을 만날 수도 있다.
그렇게 된다면 좋다. 하지만 그런 행운을 기대하지는 마라.
특히 그런 행운을 기다리며 마냥 앉아 있지는 마라.

−허먼 W. 레이 Herman W. Lay

완구 회사인 마텔Mattel은 지속적인 디자인 혁신을 통해 역사적인 제품들을 만들어 냈다. 씨앤 세이See'n'Say나 매치박스Matchbox, 그리고 10억 대가 넘게 생산된 장난감 자동차 핫 휠스Hot Wheels 같은 고전들은 60년이 지난 지금까지도 여전히 판매되고 있다. 하지만 마텔이 이룬 모든 혁신 중에서도 마텔을 스타덤에 올려놓는 데 결정적인 공헌을 했지만, 처음에는 성공할 가망성이 거의 없다고 비난받던 혁신이 두 가지 있었다. 그 두 가지 혁신을 이뤄 낸 사람은 남편 엘리엇Elliot과 그들의 사업 파트너인 해럴드 맷슨Harold Matson과 함께 마텔의 공동 창업주였던 루스 핸들러Ruth Handler였다.

두 아이의 어머니였던 루스는 놀라울 정도로 아이들의 마음을 잘 읽었다. 그녀는 아이들의 행동과 노는 방법, 그리고 당시 새로운 형태의 오락거리였던 TV에서 아이들이 어떤 프로그램을 시청하는지 주의 깊게 관찰했다. 1950년대에는 "미키 마우스 클럽The Mickey Mouse Club"이 매우 인기가 있었다. 한 주에 한 번, 한 시간 동안 미국 전역의 거의 모든 아이들은 자그마한 TV화면 앞에 딱 붙어 앉아 마우스케티어(공연 중에서 춤을 추거나 쇼를 진행하는 아이들 - 역자 주)가 치어리더복 같은 옷을 입고, 커다란 미키 마우스 귀를 단 채 노래하고 춤을 추는 모습을 지켜보았다. 60분 동안 홀린 듯이 TV를 지켜보던 그 아이들은 얼마 지나지 않아 마텔의 고객들이 되었다. 전통적으로 장난감 마케팅은 크리스마스 시즌에 부모들에게 카탈로그를 보여 주며 판매를 권유하는 방식으로 제한되어 있었다. 하지만 루스는 이러한 방식을 살짝 바꾸어 보면 어떨까 하고 생각했다. 즉, 장난감 제조업자들이 아이들이 무엇을 원하는지 부모들에게 말해 주는 대신, 아이들이 직접 부모에게 말하도록 하면 어떨까? 그리하여 루스는 버프건burp gun이라는 신제품이 출시될 때, 다소 심드렁한 태도로 디즈니와 50만 달러짜리 연간 TV광고 계약을 맺었다.[1] 이는 거의 마텔의 판매 수익의 10퍼센트에 달하는 금액이었고, 사람들은 루스가 제정신이 아니라고 생각했다. 광고가 여섯 번 방송을 탔을 때까지도 반응은 잠잠했다. 하지만 마텔 직원들이 휴일을 보내고 다시 출근했을 때는 직원들이 문을 열 수도 없을 만큼 엄청난 주문서와 재주문서가 회사 문 앞에 높이 쌓여 있었다.[2] 루스는 결국 자신을 입증해 보인 것이다.

버프건의 이름만큼이나 마텔의 이름을 견고하게 각인시킨 마텔의 "미키 마우스 클럽" 광고는 미국 장난감 시장에 혁명을 불러 왔다. 그 광고의 슬로건이었던 "보면 알아요, 마텔은 멋지거든요!"는 여러 세대를 걸쳐 아이들이 반복해서 외치는 구호가 되었고, 루스가 두 번째 위대한 쿠데타를 일으킬 수 있는 장을 마련해 주었다.

루스가 장난감 산업 마케팅에서 혁명을 일으키고 있던 시기에, 그녀는 또 다른 아이디어를 구상하고 있었다. 딸과 친구들이 종이 인형을 가지고 옷 입히기 놀이를 하는 모습에서 영감을 얻은 그녀는 장차 소녀들이 자랐을 때 되고 싶은 모습을 반영하는 인형을 만들 계획을 세웠다. 소녀들의 미래 모습은 아기를 안고 있는 엄마의 모습이 아니었고, 이는 그녀의 흥미를 자극했다. 비록 인형을 안고 있는 여자 아이의 모습은 완벽한 가정의 아이들의 전형적인 모습이긴 하지만, 여자 아이들이 꿈꾸는 미래 모습을 구현하는 성장한 여자 인형은 아직 시장에 존재하지 않았다. 루스는 그 사이의 간극을 메우고 싶었다. 얼마 후, 독일 휴가 중에 그녀는 사람 크기와 똑같은 성인 여자 인형인 릴리Lilli를 보았고, 그 순간 릴리를 자신의 제품의 모델로 정하기로 결심했다. 남편인 엘리엇이 그런 인형을 위한 시장은 없다며 그녀를 만류했지만, 그녀는 뜻을 굽히지 않고, 계속 밀어 붙였다. 그리고 마침내 시장에 내놓을 준비를 갖출 때까지 삼 년에 걸쳐 그녀는 그 인형을 완성하는 데 공을 들였다.

약 28센티미터 크기의 풍만한 가슴을 가진 아름다운 그 인형은 루스의 딸의 이름인 바비Barbie라는 이름이 붙었고, 바비는 1959년 미국 장난감 전시회를 통해 데뷔했다. 하지만 실망스럽게도 처음에는 그녀의 남편이 옳은 듯 보였다. "고객의 반 이상은 바비 인형을 원하지 않았죠." 엘리엇은 이렇게 말했다.[3] 하지만 패배를 받아들일 수 없었던 루스는 바비를 TV에 선보였다. 비록 상점에서는 바비를 원치 않았지만, 루스는 소비자들이 바비를 선택하리라 믿었다. 1959년 3월, "미키마우스 클럽"에서 "언젠가는 나도 너처럼 될 거야"라는 광고메시지와 함께 바비가 방송에 나간 후, 바비 인형뿐만 아니라, 바비 인형용으로 특별 제작된 옷과 장신구들이 날개 돋친 듯이 팔려 나갔다. 고객들은 "바비가 좋아!"라고 화답하고 또 답했다.

그로부터 거의 50년 이상 지난 지금, 바비는 전 세계 거의 모든 곳에서 거의 3초에 한 개꼴로 팔리고 있다. 어린 소녀들과 엄마들은 바비 인형을 갖고 놀고, 또 수집하면서 유대감을 쌓고 있으며, 심지어는 마텔사의 최신 혁신 제품인 비디오 걸 바비Video Girl Barbie(카메라가 내장되어 있어 동영상 촬영이 가능한 바비 인형 – 역자 주)로 트위트를 통해 보물찾기를 하기도 한다. 만일 루스 핸들러가 주변에 관심을 갖지 않았더라면, 그리고 이 놀라운 장난감을 개발하는 동시에, 호소력 있는 메시지와 함께 이를 시장에 내 놓을 방법을 찾지 못했더라면 이 모든 일들은 이루어지지 못했을 것이다.

혁신 탐구로의 여정의 거의 마지막에 도달했으니 이제 우리는 성공의 가장 중요한 요소, 즉 시장 활성화를 위해 전체를 내려다보는 시각 bird's eye view을 가져야 할 때다. 당신은 상상 가능한 최선의 혁신을 이룰 수 있지만, 고객을 확신시킬 수 없다면 이는 결코 성공할 수 없을 것이다. 우리는 사람들이 실제로 원하는 제품을 갖는 것부터 시작하여, 그 제품이 고객들을 사로잡을 수 있도록 하는 중요한 원칙들을 먼저 살펴볼 것이다. 이는 지극히 당연한 일처럼 보이지만, 사실 놀라울 정도로 많은 사람들이 이 점을 놓치고 있다. 또한 우리는 시장 어디에서 혁신이 적합한지 알아내고, 또 고객이 실제 삶에서 그것을 접한 후의 시장 가치를 밝혀내며, 적용 및 진화의 중요성 등에 대해 살펴볼 것이다. 여기에 대해 살펴볼 때, 우리는 소셜 네트워킹이나 전 세계 영업조직,

친구, 트위트처럼 그 자체로 시장적 혁신인 고객 참여를 위한 방법들에 대해서도 이야기 할 것이다.

확률을 넘어서라

한 회사가 혁신을 이루는 데 엄청난 시간과 돈, 그리고 자원을 쓰는 도박을 했다가 결국에는 시장에서 실패할 때, 그 기업이 경험하는 실망은 엄청날 것이다. 사실 신상품이나 새로운 서비스의 70퍼센트 이상이 1년 내에 망하고 만다. 그 숫자에는 마땅히 효과를 내야 할 혁신적인 제품이 제대로 효과를 내지 못해서 실패한 경우도 포함되어 있다. 많은 경우에 그 이유는 매우 자명하다. 즉, 그 회사가 고객을 위해 응당 해야 할 일을 하지 않았거나, 혹은 타이밍이 잘못되었다거나 아니면 필요한 보답을 얻기에는 적용이 너무 늦었기 때문이다. 이들은 우리가 4장에서 이야기했던 세 개의 W를 제대로 배치한다면 충분히 피할 수 있는 문제들이다. 하지만 설사 세 개의 W, 즉 고객이 원하는 상품, 이를 제대로 해 내기 위한 기술, 그리고 돈을 벌기 위한 명확한 방식이 정립되었음에도 불구하고 오늘날의 변덕스러운 환경에서는 모든 것들이 불명확하기만 한 듯 보인다. 하지만 앞일에 대해 미리 생각한다면 이를 유리한 결과로 바꿀 수 있다.

어떤 혁신을 시장에 적용하기 전에, 우선 마케팅, 판매, 기술 개발 및 재무 등의 다기능cross-functional을 갖춘 출시 전담팀launch team이 목적, 적합성/포지셔닝, 진정한 가치, 명확한 의사소통, 가속화를 위한 방법이라는 다섯 가지 중요한 요소들을 제대로 처리하고 문제를 해결할 수 있는지 확인하자. 그리고 언제나처럼 당신이 적응력을 갖추었는지, 그리고 끊임없는 고객의 피드백을 통해 더 나아졌는지 확인하자. 이 모든 요소들이 제대로 이루어진다면, 성공확률을 30퍼센트보다 더 높일 수 있을 것이다.

고객이 원하는 것을 만들 것

고객들이 실제로는 원하지 않는데, 기업들은 고객들이 특정한 것을 원한다는 잘못된 판단 하에 혁신적인 제품들을 출시하곤 하는데, 사실 이런 일은 놀랄 정도로 흔하다. 고객들이 원하는 것을 알고, 그들을 놀라게 할 수 있다고 생각하는 것은 혁신에 있어서 가장 큰 함정이라 할 수 있다. 하지만 고객들의 인정을 받기 전까지는 그 어떤 제품도 히트상품이 될 수 없다. 그 사실을 누구보다도 뼈저리게 느낀 사람은 바로 R.J. 레이놀즈R.J. Reynolds였다. 1988년에 그의 기업은 간접흡연에 대한 부정적인 여론이 높아지는 데에 부응하여 '연기 없는' 담배를 출시했다. 흡연가들은 그 아이디어를 좋아하는 듯 보였다. 연기 없는 담배는 비흡연가들로부터 받는 압박감을 낮추고, 옷이나 머리카락에 배인 담배 냄새와 환경에 남기는 흡연 잔여물 같은 흡연으로 인한 불쾌한 결과물도 일부 없앨 수 있었기 때문이다. 그 아이디어는 매우 유망해 보였기에 그 기업은 연기 없는 담배를 개발하기 위해 무려 3억 2,500만 달러를 썼다. 하지만 이 연기 없는 담배에는 유일하게 작은 문제가 하나 있었는데 『리포터 매거진』은 거기에 대해 "그 담배는 고객들과 주위 사람들에게 토할 것 같은 냄새와 향기를 풍겼다"라고 우아하게 표현했다. 프리미어Premier라는 이름이 붙은 그 담배는 시장에 단지 4개월 동안만 팔렸을 뿐이다. 하지만 포기를 모르고 1996년에 그 회사는 다시 1억 2,500

만 달러를 더 투자하여 이클립스Eclipse라는 이름의 새로운 버전의 담배를 내놓았지만 상황은 조금도 더 나아지지 않았다.[4]

R.J.레이놀즈가 미처 생각하지 못했던 것은 흡연은 감각적 경험이라는 사실이다. 담배가 맛이 좋다고 대놓고 말하고 다니는 사람은 별로 없지만, 사람들은 또한 담배가 맛이 없다고 생각하지도 않는다. 게다가 소비자 조사 결과에서는 설사 연기 없는 담배에 대한 필요성이 높다고 나온다 할지라도, 실제로 그 설문에 대답하는 사람들은 담배를 피우는 경험을 포기할 만큼 연기 없는 담배를 간절히 원하지는 않았다. 즉, 그 거래는 충분한 가치가 없었다. 이 점이 바로 혁신에서 심각하게 고려해 보아야 할 점이다. 당신은 사람들이 무엇을 포기해야 할 것인지에 대해 알아야 한다. 만일 사람들이 친숙하고 편한 것을 포기해야만 한다면 이는 문제가 된다. 초기에 친환경적인 제품이 나왔을 때, 사람들은 환경에 도움이 된다는 아이디어 자체는 좋아했지만 친환경 세제나 비누가 거품이 잘 나지 않으면, 자신들이 평소 쓰던 제품과 괴리감을 느낀다. 거품이 잘 나지 않자 사람들은 "깨끗하다"라는 느낌을 받지 못한 데다, 가격까지 더 비쌌기 때문에 그런 제품들은 널리 쓰이기 어려웠다.

사람들이 혁신에 대해 어떻게 느끼는가는 그 제품이 사람들에게 어떤 느낌을 주는지와 관련이 있다. 이는 시장을 사로잡기 위한 매우 중요한 요소이다. 자신감과 존귀함은 모든 사람들이 반응할 수 있는 가치들이다. 만일 당신의 혁신이 이러한 가치들을 높여 준다면, 그 가치들을 적극적으로 과시하라! 하지만 당신이 제공하는 제품이나 서비스가 그런 가치들을 약화시킨다면, 아마 문제가 생길 것이다. 그리고 실제로도 그런 혁신은 사람들이 자기 자신에 대해 좋은 느낌을 갖지 못하게 한다.

미혼 성인들이 혼자 먹기 위해 요리하는 걸 즐기지 않는다는 것은 공공연한 비밀이다. 하지만 아무리 요리하기는 싫어도 뭔가 먹기는 해야만 한다. 간편함과 편리함은 사람들이 흔히 잘 반응하는 두 가지 요소이기 때문에, 이유식 제조사인 거버Gerber는 놀라운 시장적 혁신을 이룰 만한 상품이 될 것이라는 기대 하에, 병에 담긴 성인용 음식을 선보였다. 거버는 구매하기 쉽고, 저장 및 활용이 쉬운 이 상품을 통해 새로운 영역으로의 확장을 꿈꾸었다. 하지만 불행히도 그러한 실행은 결국 꿈으로만 남았다. 기업이 겨냥한 그 제품의 주요 대상층은 대학생이나 미혼의 성인들이었는데, 정작 그들은 이유식 병에 담긴 크림 소스 쇠고기를 먹는 데 전혀 관심이 없었기 때문이었다. 그 제품의 이름을 싱글즈Singles로 정한 것 역시 판매에 도움이 안 되었다. 여기에 대해 『비즈니스 2.0』 2000년 10월호에서 수전 케이시Susan Casey는 "그 제품을 '난 혼자 살고 병에 든 음식을 먹어요'라고 부르는 게 더 나을 것 같다"라고 비꼬아 말했다.[5] 한 마디로 그 제품은 재앙이나 마찬가지였다.

고객들의 시각에서 바라보면 그 제품이 실패한 것은 당연했다. 비록 거버 싱글즈는 기업 입장에서는 합리적이었지만(이유식에서 사용하던 것과 똑같은 병을 활용함으로써 제조비용을 아낄 수 있었으니 말이다) 고객들은 자신이 혼자 산다는 것을 온 세상에 알릴뿐만 아니라, 자신을 유아로 퇴행시키는 제품을 사는 데 전혀 관심이 없었고, 이는 갓 독립한 대학생들도 마찬가지였다.

R.J 레이놀즈와 거버는 전자는 전체 산업을 바꿀 기술적 진보를 갖고 있었다는 점, 그리고 후자는 회사가 엄청난 새로운 고객들을 확보할 수 있는 시장적 혁신을 시도했다는 점에서 둘 다 확실히 혁신적이긴 했지만, 이들은 사람들이 원하는 제품을 제공하지 못했기 때문에 결국 수

백만 달러를 잃고 말았다.

완벽한 적합점 찾기

혁신의 기본적인 목적은 지속가능한 성장을 만들어 내기 위해 새로운 시장으로 확장해 나가는 것이다. 여기에는 기존의 라인을 잠식하지 않는 새로운 제품들을 출시하는 것도 포함된다. 하지만 때로는 거버의 경우처럼 아이디어는 좋다 해도 의도한 고객과 잘 맞아 떨어지지 않으면 성공할 수 없다. 거버는 대학생을 대상으로 하기에는 다소 껄끄러운 그 음식을 노년층에게 직접 공략하거나 노인들을 위한 재택 치료기관을 통해 마케팅을 했다면 좋은 결과를 낳을 수 있었을지도 모른다. 그렇게 했다면 거버는 한 사람의 생애주기에서 부드럽고 건강한 음식이 필요한 두 시기를 유용하게 활용할 수 있었을지도 모른다. 시장과 포지셔닝에서 혁신을 도입하거나, 혹은 다음에 보여줄 사례처럼 새롭게 포지셔닝을 한다면 엄청난 기회를 얻고, 혁신의 길을 더 멀리까지 나아갈 수 있을 것이다.

전 유니레버Unilever의 화학자였던 그레엄 울프Graham Wulff가 만든 오일 오브 올레이Oil of Olay는 1949년 남아프리카에서 발명되었다. 무거운 유리병에 담긴, 은은한 향기의 연분홍색의 매끄러운 이 액상 제품은 당시의 뻑뻑한 미용크림과는 차별화되는 제품이었다. 그 제품은 보기에도 좋았고 느낌이나 냄새도 좋았기 때문에 그 제품을 사용해 본 여성들은 누구나 마음에 들어 했다.

하지만 제품도 제품이었지만 제품을 마케팅하는 방식은 훨씬 더 남달랐다. 25세 이상을 대상층으로 한 그 제품은 포장뿐만 아니라 광고에서도 그 제품이 실제로 어떤 제품인지 전혀 언급하지 않았다. 제품에 대한 유일한 단서는 "당신을 더 젊어 보이게 하는 비밀을 공유하세요" 와 같은 광고카피와 오일 오브 올레이의 '아름다움의 비결'에 관한 이야기뿐이었다. 이는 수수께끼 같은 분위기를 자아냈고, 참을 수 없을 정도로 여성들을 유혹했다.

울프와 그의 마케팅 파트너였던 잭 로베Jack Lowe는 또한 배급에 있어서도 특이한 방식을 택했다. 제품을 배치하기 위해 소매점으로 가는 대신, 그들은 광고에 의해 불거져 나온 소비자의 요구를 바탕으로, 약국에서 이 제품을 제공해 달라고 할 때까지 참고 기다렸다. 그리고 그 전략과 제품은 모두 기대를 넘어서는 성과를 거두었다. 30년이 넘는 기간 동안 그 핑크색 미용 크림은 전 세계로 퍼져나갔다.

프록터 앤 갬블이 1985년에 오일 오브 올레이를 인수했을 때, 그 브랜드는 2억 달러에 달하는 연간 판매를 보이고 있었다. 하지만 P&G의 힘이 뒷받침되면서, P&G는 이 제품을 위한 더 큰 계획을 세울 수 있었다. 당시 P&G의 목적은 미용/피부 관리 분야에서 이 제품의 존재감을 부각시키는 것이었다. 그리하여 당시 글로벌 뷰티 및 글로벌 여성 위생 제품 분야의 사장으로 있던 수전 아놀드Susan Arnold에게 마법을 창조할 모든 책임이 주어졌다. 그녀가 오일 오브 올레이에 대해 맨 처음 한 일은 바로 오일이라는 말을 빼 버린 것이다. 두껍고 번들번들한 피부결은 스킨케어 제품에서 더 이상 가치가 없었기 때문이다. 그런 후에 그녀는 본격적인 브랜드 재단장에 착수했다. 아놀드는 이렇게 말했다. "사람들은 그 제품을 할머니들이 쓰는 신비스러운 분홍색 미용 크림으로 생각하고 있었지요. 우리는 내적, 외적 아름다움에 대해 이야기하고, 시장에서 안티 에이징 제품이라는 보다 높은 목적을 추구하기 위해 '당신의 피부를 사랑하세요'라는 슬로건과 함께 올레이를 다시 선보였습니다."[6]
그 전략은 그 제품이 팔리던 경로를 고려하면 도박이나 마찬가지였다.

약국 체인점 및 할인 매장 고객들은 가격을 고려해서 구매를 하는 데
익숙해져 있었지만, 아놀드는 설사 가격이 조금 비싸더라도 제품과 함
께 제품의 가치를 전달한다면 고객들이 그 제품을 찾을 것이라고 확신
했다. 소매점 고객들을 끌어 모으기 위해서는 캠페인이 필요했지만, 그
녀는 제품의 가격이 전문점이나 백화점에서 판매하는 브랜드 상품보
다 값이 저렴하기만 하다면, 여성들은 이 감당할 만한 사치품을 원하리
라고 확신했다. 그리고 그녀의 생각은 옳았다. 그녀는 완벽한 적합점을
찾았고, 거기에서부터 성장을 위한 뚜렷한 길이 보이기 시작했다.

그리하여 새로운 제품 개발을 통해 올레이 데일리 페이셜스 클렌징
클로스가 포함된 최초의 '뷰티 플로이드' 라인과 올레이 토탈 이펙츠 라
인 및 기존 모이스쳐라이저 라인에서 업그레이드된 제품들이 탄생했
다. 그 브랜드는 또한 피부톤을 새롭게 해 주는 올레이 리제너리스트
Regensit도 선보였다. 이러한 라인 확장을 통해 P&G는 돈을 더 벌어들
일 수 있었을 뿐만 아니라, 올레이의 고객층을 기존의 베이비부머들에
서 X세대, 그리고 심지어는 보다 젊은 세대인 Y세대까지 확장시킬 수
있었다.

여세를 몰아 P&G는 소규모 생명공학 기업들 및 대학, 주요 공급회사
들과 제휴를 맺고 혁신을 가속화했다. 아놀드에 따르면 올레이 브랜드
하나에만 무려 50여 개의 외부 협력업체가 있다고 한다. 2억 달러에서
시작한 올레이 브랜드는 2003년에 10억 달러를 돌파했고, 2009년에는
28억 달러의 수익을 내고 있다.[7] 시작부터 이 제품은 시장의 어디에 자
리잡을지 제대로 알고 있었으며, P&G의 뛰어난 혁신가의 관리 하에서

기업에 엄청난 성장과 가능성에 보탬이 되고 있다. 이 경우처럼, 당신의 고객들에 대해 가능한 잘 아는 것, 즉 고객이 어려움을 느끼는 것이 무엇인지 최대한 잘 안다면, 시장에 민첩하게 반응할 수 있고 성공을 보장할 뿐만 아니라 향후 몇 년 동안 혁신의 흐름을 유지할 수 있는 방법에 매진할 수 있을 것이다.

세부적인 것들을 놓치지 말 것

고객을 알고, 시장에서의 적합점을 찾는 것이 매우 중요한 첫 번째 발걸음이긴 하지만, 이는 그저 첫 걸음에 불과하다. 새로운 깨달음은 당신의 제품이나 서비스가 고객의 경험 속으로 들어갈 때 얻을 수 있다. 이는 시장에 대한 민첩성이 혁신 그 자체만큼이나 중요해지는 지점이다. 사실 고객이 그 제품을 경험할 때 얻는 새로운 정보들에 맞추어 제품을 수정하거나 새롭게 적용시키는 데 실패한다면, 더 나은 제품이나 서비스를 갖고도 결국 승자의 자리를 빼앗겨 버릴 수도 있다. 이는 변혁적, 혹은 범주적 단계의 혁신일 때 더욱 그렇다. 변혁적, 범주적 단계의 혁신일 경우, 사람들은 그들이 실제로 그러한 혁신을 얼마간 경험해 보기 전까지는 자신들이 무얼 원하는지 모를 가능성이 높다. 이런 상황에서 당신의 경쟁자가 이러한 미묘한 차이를 더 약삭빠르게 알아차린다면, 제품의 성능과는 상관없이 당신은 어려움을 겪게 될 것이다.

혁신의 선구자를 술책으로 이긴 고전적인 사례는 1970년대 홈비디오 시장 경쟁에서 찾아볼 수 있다.[8, 9] 소니Sony는 1975년에 최초로 홈비디오 레코더를 시장에 소개했다. 베타맥스 방식의 그 기기는 홈 엔터테인먼트 분야에서 완전히 독창적인 혁신으로 소비자의 상상력을 사로잡았다. 무엇보다도 소니는 그 분야의 독보적인 존재였다. 소니의 라이벌인 JVC는 1년이 지나서야 자신만의 방식인 VHS 방식의 비디오 레코더를 출시했다. 경쟁자의 출현을 예상하지 못한 것은 아니었지만 소니는 자신들이 전투에서는 승리했지만, 전쟁에서는 지게 될 것이라고는 생각하지 못했다.

우선 획기적인 기술을 개발하는 데만 몰두한 나머지 소니는 홈비디오 시장의 잠재성을 제대로 판단하지 못했다. 이는 소니가 최초로 홈비디오를 개발한 데다 유일한 공급자였기 때문에 다소 안일한 전망을 했기 때문이다. 소니는 베타맥스가 주도적인 방식으로 굳어질 것이라 확신했고, 여기에 대한 확신이 지나친 나머지 소니는 다른 제조업체들이 그 기술에 대한 사용권 계약을 확정짓는 것을 더디게 진행했다. 반면, 소니와 달리 JVC의 모기업은 재빨리 VHS 방식이 통용되도록 계약을 체결했다. 소니의 동의는 진행이 더뎠지만, JVC의 합의는 재빨리 이루어졌고, 결국 베타맥스의 운명은 가로막히고 말았다.

1977년 초까지 그 시기의 주요 전자 제품 회사는 소니의 베타맥스보다는 소매가격이 현저하게 싼 VHS 방식으로 비디오카메라 레코더를 제작했다. 베타맥스와 VHS 이 두 가지 방식은 양립할 수 없었기 때문에, 소비자들은 두 가지 방식 중 하나를 선택해야만 했다. 결정은 간단했다. VHS 방식은 브랜드별로 선택의 폭이 넓었을 뿐만 아니라 경쟁 탓에 가격도 쌌기 때문에 대부분은 VHS 방식이 승리했다. 이것이 바로 소니의 첫 번째 실수였고, 불행히도 실수는 거기에서 끝나지 않았다.

사람들의 마음을 읽을 것

시장에 혁신이 소개되면, 고객과 기업 양측 모두 기대치 못한 깨달음을 얻게 된다. 설사 제품의 활용이나 선호에 대해 사전 평가를 한다 하더라도, 이를 통해서 얻을 수 있는 깨달음에는 분명 한계가 있다. 대부분의 경우, 사전 평가를 통해 얻는 깨달음은 기업의 평가 방식의 영향을 많이 받기 때문이다. 우리는 우리가 듣고 싶어 하는 말만 들으려고 하는 경우가 너무나 많다. 이는 사람들에게 무슨 색을 선호하는지 묻는 대신, 검은색이나 흰색 중 무엇을 원하는지 물어보는 것과 같다. 비디오 카메라 레코더(VCR)의 경우, 소니는 사람들이 그 어떤 요소보다도 화질에 가장 큰 가치를 둔다고 믿었다. 하지만 불행히도 고객들은 여기에 동의하지 않았다.

소니는 자신들이 원했던 고화질을 위해 녹화와 재생 모두 한 시간짜리 방식을 고수했다. 하지만 이러한 방식은 저녁 황금시간대의 프로그램을 녹화하기에는 불충분했으며, 특히나 월요일 밤의 풋볼 경기를 녹화하기에는 턱없이 부족했다. 소니의 품질은 좋았지만 사람들이 정말로 원했던 것은 시간이었다. 그들은 풋볼 경기나 오후에 하는 드라마, 그리고 할리우드 영화들을 자신들이 원하는 시간에 거실에서 보고 싶어 했다. 고객들의 목소리는 그러했지만 소니는 여기에 귀 기울이지 않았다. 하지만 JVC는 귀를 쫑긋 세우고 고객의 소리를 들었다. 그리하여 JVC는 더 오랫동안 녹화할 수 있도록 자신들의 기기를 '영화를 녹화하기에 완벽한' 두 시간짜리 재생시간을 제공하는 방식으로 즉각 수정하기 시작했다.

가정에서 장편 영화를 감상할 수 있게 된 것은 커다란 혁신이었다.

이는 고객들의 습관을 바꾸어놓았을 뿐만 아니라, VHS 방식의 폭넓은 적용과 장소를 보장하는 것이기도 했다. 마침내 이러한 영화 재생 능력은 1970, 1980년대에 크게 성공한 거대한 비디오 대여 산업을 낳았을 뿐만 아니라, VHS를 확고한 승자로 굳혀 주었다.

이 이야기에서 놀라운 점은 바로 소니의 제품이 JVC보다 더 나았다는 점이다. 고객들은 소니의 베타맥스 방식이 더 뛰어나다고 믿었으며, 평가에서 다른 조건이 모두 동일하다면 그들은 베타맥스 방식을 구매하는 것을 선호한다고 말했다. 하지만 막상 선택의 시간이 닥쳤을 때, 고객들은 선뜻 소니를 택하지 않았다. 그들은 **합리적인 가격**의 VCR을 원했으며 더 긴 **시간**을 녹화, 재생할 수 있는 제품을 원했고, 이 두 가지 조건을 모두 만족시킨 것은 소니가 아니라 JVC였다.

1988년, 소니는 마침내 무릎을 꿇고 자신들만의 VHS 방식의 기기를 시장에 내놓기 시작했다. 소니가 여전히 베타맥스를 지원해 주어야 한다는 요청에도 불구하고, 베타맥스의 생명은 이미 끝난 것이 자명했다. 오늘날 베타맥스가 사용되는 유일한 경우는, 상품 생명이 짧고 경쟁자들에 의해 재빨리 대체되는 상품을 묘사할 때 쓰는 표현인 베타맥스당하다betamaxed라는 속어에서뿐이다. 반면 JVC는 홈비디오 시장을 30년 동안 독점함으로써 로열티로 수십억 달러를 모아들였다.

결국 결정적인 요소는 혁신 그 자체가 아니었던 셈이다. 소니와 JVC 두 기업은 모두 홈 엔터테인먼트 시장을 변화시킬 잠재력을 갖춘 돌파구를 개발했고, 두 기업 모두 강력하고 자리 잡은 브랜드였다. 하지만 JVC가 자신들의 기술 허가를 체결함으로써 사업 요소를 활성화시키고, 사업이유를 강화시킴으로써 둘 사이의 균형은 기울어지기 시작했다. JVC는 새로운 고객의 깨달음이 표면화되었을 때 고객 부문을 활성화시킬 수 있도록 제품을 수정함으로써 최적점을 찾을 수 있었다. 그러니 당신의 상품이 그저 좋기만 한 것으로는 부족하며, 고객의 생각과 일치해야만 한다는 점을 잊어서는 안 된다. 그리고 거기에다 고객을 설득시키는 말솜씨까지 뛰어나다면 금상첨화일 것이다.

고객을 설득시킬 것

시장을 사로잡기 위해서는 의사소통이 매우 중요하다. 당신은 사람들이 원하는 것을 갖고 있어야 할 뿐만 아니라, 사람들에게 왜 그것을 원하는지 이해시킬 수 있어야 한다. 그렇지 않다면, 결국에는 부모가 아이에게 야채를 먹일 때 "내가 먹으라고 했으니까 먹어야 해"라고 말하는 꼴밖에 되지 못한다. 아이에게 이런 방식이 먹히지 않는 것과 마찬가지로, 고객에게도 역시 그런 방식은 통하지 않는다. 혁신은 그 자체로 고유한 것이기 때문에, 사람들이 그러한 혁신을 수용하기 위해서는 그 상품이나 서비스에 대해 때로는 배워야 할 필요가 있다.

우리는 이 책에서 애플에 대해 자주 이야기했다. 왜냐하면 애플은 전반적으로 정말 뛰어난 기업이지만 특히 마케팅에서 매우 탁월했기 때문이다. 작지만 위대한 기계였던 아이맥이 시장에 소개되는 과정은 진정 천재적이었다. 사실 인터넷이 일반 가정에서 적용되는 데 가장 큰 장벽은 일반인들이 온라인에 접속하기가 매우 어려웠다는 데 있었다. C 드라이브와 HTML언어를 갖고 있는 대부분의 컴퓨터에서는 온라인에 접속하려고 할라치면, 이유 없이 정지되었다가 이내 컴퓨터가 윙윙대고 삑삑대고 꾸르륵대기까지 하는 통에 마음 약한 사람들은 감히 인터넷을 사용할 엄두를 내지 못할 정도였다. 아이맥과 아이맥을 설명해 주는 광고가 나오기 전까지는 말이다.

"3단계로 인터넷에 접속하는 쉬운 방법이 있습니다"라는 음성과 함께 "1단계, 선을 꽂습니다. 2단계, 인터넷에 접속합니다"라는 소개가 나온다. 그리고 화면이 점차 어두워지다, 전혀 위협적이지 않은 산뜻한 아이맥의 모습이 360도로 회전하며 나타나고, 목소리가 이어진다. "그리고 3단계, (조용한 웃음 섞인 목소리로) 3단계는 없어요. 필요 없습니다!"

이 광고가 나오기 전까지 일반인들은 애플이라는 회사가 존재하는지도 몰랐다. 하지만 가치를 전달하고, 회사와 제품에 브랜드를 부여하는 데 천재적이었던 애플은 이제 새 제품을 낸다는 걸 살짝 귀띔만 해도 주문이 쏟아지는 경지에 이르렀다. 2010년에 애플이 아이패드를 소개했을 때, 이 제품은 출시된 지 첫 8일 동안 무려 300만 대가 팔려 나갔다.[10]

창의적이며 간결한 광고에서부터 매끈한 디자인과 매력적인 포장, 그리고 이해하기 쉬운 제품 설명에 이르기까지 애플이 한 모든 일은 바로 가치를 전달하고 이야기하는 것이었다. 애플에게서 찾을 수 있는 유일한 실패 사례는 바로 시대를 너무 앞서갔던 뉴턴Newton뿐이었다. 뉴턴의 광고는 수수께끼와 빈정거림으로 가득 차 있었지만, 그 광고는 결코 시장을 사로잡지 못했다. 그 광고는 사람들에게 "도대체 저게 뭘 하는 거지?"라는 따가운 의문의 시선만을 남길 뿐이었다.

개인 휴대 정보 단말기(PDA)에 대한 아이디어는 완전히 새로운 것이었기 때문에 사람들은 그걸 어떻게 사용해야 할 지 전혀 이해할 수 없었다. 하지만 뉴턴 광고는 그 제품이 사람들의 삶에 어떤 영향을 미칠 것인지에 대해 전혀 말해 주지 못했다. 사람들을 떠들게 하는 것 역시 마케팅의 방법이지만, 뉴턴 광고는 그 이상으로 진전되지 못했다. 혁신은 삶을 더 좋고, 행복하고, 단순하며, 즐겁고, 의미를 주는 방향으로 만드는 것과 관련이 있다. 그걸 고객에게 알아서 이해하라고 해서는 안 된다.

오하이오 기반의 플라스틱으로 코팅된 끈을 제조하는 회사인 바이오플라스틱스BioPlastics는 구급차나 병원에서 환자를 이송할 때 쓰는 들것에 쓰일 혁신적인 끈을 내놓았다. 전통적으로 이송되는 환자들을 보호하기 위해 사용되던 끈은 다공성 나일론으로 만들어져 있어 물기와 나쁜 미생물들이 스며들기 쉬웠다. 그러한 이유로 법규상 이러한 끈들은 사용한 후 곧바로 새것으로 교체해야 했다. 하지만 바이오플라스틱사가 개발한 혁신적인 제품은 부드럽고 잘 휘어지는 플라스틱으로 완전히 코팅되어 있어서, 간단히 씻어 내고 소독할 수 있었다. 이는 제품을 더 오래 사용할 수 있게 해 줄 뿐만 아니라 세척시간을 줄여주고, 환자와 병원 직원들의 안전성도 높여 주었다. 그 제품은 그토록 많은 장점을 갖고 있었지만, 상용화되기에는 두 가지 장벽이 있었는데 이는 바로가격과 제한된 마케팅 예산 문제가 그것이었다. 바이오플라스틱스는 그제품의 가치를 빠른 시일 내에 전달해야만 했다. 바이오플라스틱스는그 제품의 이름을 바이오세이프BioSafe라고 붙임으로써 해결방법을 찾았다. 그런 후에 이중의 홍보작업을 펼쳤다. 한쪽으로는 이 제품의 안전성과 용이성에 대해 병원 직원들에게 알렸고, 다른 쪽으로는 최고 재무책임자들에게 비용 대비 효율성 및 직원 및 환자가 병원균에 노출되는 문제를 낮출 수 있다는 점을 강조했다. 현재 바이오플라스틱스는 이 제품의 3세대 상품을 제작중이다. 이 제품은 이제 바이오의약품, 스포츠, 레크리에이션 분야 같은 인접 산업으로 확장되어 가고 있다.

애플과 바이오플라스틱스, 그리고 더 앞에서 나왔던 마텔은 혁신을고유하고, 가치 있고, 교환 가치가 있게 만드는 것이 무엇인지 밝히고,

이 세 가지 요소를 명확하고 효과적으로 전달하는 것이 얼마나 중요한지 잘 보여주었다. 명확한 소통의 중요성을 이해하기 위해서는 다음 사항을 고려하자. 십여 년 전 미국 신문협회에 따르면 평균적인 미국인은 매일 3천개 이상의 광고 메시지에 노출되어 있다고 한다. 여기에다 전자 매체까지 더해진다면 오늘날 우리가 접하는 광고는 훨씬 더 많을 것이다! 오늘날 모든 사람들은 브랜드를 만들기 위해 안간힘을 쓰고 있기 때문에, 당신이 뭔가 새로운 것을 출시한다면 쓸데없는 것들은 싹 빼버리는 것이 더욱 중요하다. 당신에게 필요한 것은 명확하게 핵심만 전달하는 것이다. 그렇게 한다면 이제 시장을 사로잡을 최선의 도구, 즉 전도활동evangelism이 시작될 것이다.

열광적 지지자들을 활용할 것

당신이 올바른 제품을 갖고 있으며, 그 제품이 시장에서 적절한 위치를 잡고, 혁신의 독자적인 가치를 명확하게 설명할 소통 창구를 갖추었다면, 이제 당신에게 필요한 것은 당신의 제품을 재빨리 사용하고, 이를 다른 사람들에게 전도해 줄 탄탄한 지지자들이다. 이러한 지지층을 어디서 발견할 지는 전적으로 당신이 어떤 종류의 혁신을 이루었는가에 달려 있다. 만일 당신이 변혁적, 혹은 범주적 혁신을 이루었다면, 그것이 전자산업이든, 과학 혹은 스포츠 분야든, 주식 분야든 혹은 구매 분야이든 간에, 당신의 제품의 초기 적용자들은 완강한 괴짜들일 확률이 높다. 변혁적 혁신이나 범주적 혁신은 대개 이제껏 시도된 적이 없는 모험적인 사업이기 때문에 고객층을 만들기 위해서는 교육이 매우 중요하다. 사정이 그렇기 때문에, 당신의 혁신에 대한 직관은 무엇이며,

제품을 설명할 때 꼭 필요한 것은 무엇인지 이해해야 한다.

예컨대 ATM이 맨 처음 나왔을 때, 사람들은 한 번도 ATM을 써 보지 못했기 때문에 ATM의 명확한 사용법이 있어야 했다. 사람들은 어리둥절한 표정으로 줄을 서서 설명서의 글자를 하나하나 읽다가, 마침내 돈이 나오면 놀라운 표정을 지었을 것이다. 이제 ATM에서 돈을 뽑는 일은 너무나 일상적인 일이 되었고, 사람들은 순식간에 그 일을 해치운다. 심지어 어린 아이들조차 그 기계가 돈이 나오는 기계라는 걸알고 있다. 일단 사람들이 ATM의 사용에 익숙해지고 나면, 쇼핑용 직불카드 역시 직관적으로 쉽게 이해할 수 있게 된다. 유사한 혁신의 적용률을 아는 것은 시장을 사로잡는 전략계획을 세우는 데 도움이 된다. 특히 변혁적, 혹은 범주적 혁신에서는 더욱 그렇다. 시장적 혁신과 운영적 혁신에서도 마찬가지이긴 하지만, 대개 시장적, 운영적 혁신들은 사람들에게 친근하기 때문에 진행속도가 더 빠르다.

예컨대 스팽스의 경우를 떠올려 보자. 우리는 2장에서 몸매를 잡아주는 사라 블레이클리의 스팽스라는 제품에 대해 이야기한 바 있다. 혁신 면에서 그녀의 제품의 적용은 비교적 빨랐는데(그녀의 사업은 2000년 5,000달러에서, 7년 만에 1억 5천만 달러짜리 사업으로 성장했다) 아마도 그녀의 친구들의 작은 도움이 없었다면 그토록 빠른 성장을 이룰 수는 없었을 것이다. 노력 면에서 지칠 줄 모르고 부끄러움도 몰랐던 그녀는 자신의 상품이 주목받게 하기 위해, 친구들에게 전화를 해서 상점으로 와서 그녀의 제품들을 좀 사 달라고 요청했고, 친구들은 결국 필요한 것보다 더 많은 제품을 주문했다. 그녀는 또한 트라이 델타 여학생 클럽 친구들을 고용해서 셀 수 없이 많은 샘플들을 프로듀서와 에디터들에게 보낸 후, 그들에게 전화해서 그녀의 제품의 장점을 '발견해

볼' 것을 요청했다. 그리고 이듬해에 스팽스는 "오프라 윈프리 쇼", "투데이 쇼", "더 뷰", "타이라 뱅크스 쇼", CNN을 비롯한 무수한 TV 프로그램과 뉴스 채널뿐만 아니라 『포브스』, 『포춘』, 『피플』, 『안트러프러너』, 『인 스타일』, 『뉴욕타임즈』, 『USA 투데이』, 『글래머』, 『보그』 등의 잡지에 소개되었다. 그로부터 얼마 지나지 않아, 스팽스는 추종자들이 생겼다. 추종자들은 팬층을 형성했고 그 팬층은 충성도 높은 시장이 되었다.

신제품을 출시한 신생 기업으로써 스팽스는 팬층을 형성하기 위해 밑바닥에서부터 시작해야 했다. 하지만 당신이 확고히 자리를 잡은 브랜드라면 일은 훨씬 쉬워진다. 특히 제품을 구매하는 것 이상more으로, 사람들을 계속 당신과 연결시킬 수 있는 방법을 찾는다면 더욱 그럴 것이다. 여기서 '이상'은 바로 기업가들을 위한 논의와 전문적인 조언을 얻을 수 있는 아메리칸 익스프레스의 스몰 비즈니스 아이디어 허브American Express Small Business Idea Hub 같은 교육이 될 수 있다. 끊임없는 정보의 원천으로써 그 기업은 새로운 제품이나 서비스를 소개하기 위한 자연스러운 창구를 갖고 있다.

에스티로더 브랜드는 "렛츠 플레이 메이크오버"라는 놀라운 서비스를 웹사이트에 구현하여 여성들이 자신의 사진을 업로드한 후, 새로운 메이크업을 가상적으로 시행해 볼 수 있게 해 두었다. 파운데이션, 브러시, 아이섀도, 립스틱 같은 개개의 메이크업 요소들을 활용하여 고객들은 자신만의 컬러 조합을 만들거나, 혹은 에스티로더의 특정 메이크업을 클릭하면, 각각의 요소들이 합쳐져서 어떤 모습으로 나타날 지 곧 바로 확인할 수 있다. 즉 간단한 클릭만으로 화면 속에서 놀라울 정도로 바뀐 모습을 볼 수 있게 된다. 이는 재미있을 뿐만 아니라 특정 메이크업 제품을 사용했을 때 어떤 모습이 될지 추측하는 데도 도움이 된다. 뿐만 아니라 이는 가장 충성도 높은 고객층에게 신제품을 출시하는 창구가 되기도 한다. 팬층이 넓어지면 제품이 적용되는 데 걸리는 시간을 줄일 수 있는 동시에 투자수익도 개선할 수 있다.

여기서 핵심은 바로 전도evangelism다. 이렇게 생각해 보자. 만일 당신이 두 사람에게 말한다면, 그들은 각각 또 다른 두 사람에게 말하고, 이런 식으로 모든 사람들이 날마다 두 사람에게 말한다면, 최초에 두 명에게 한 말이 몇 주 안에는 50만 명 이상으로 늘어날 것이다. 그리고 오늘날처럼 디지털화되고, 소셜 네트워크로 연결된 세상에서 이 말은 결코 과장이 아니다. 오늘날 애벗래버러토리스(미국의 대표적인 제약회사—역자 주)에서부터 제록스에 이르기까지 모든 기업들은 수천 명의 '친구들'이 등록된 페이스북 페이지를 갖고 있다. 트위터 역시 출판, 오락, 스포츠 같은 분야에서 거의 필수적인 요소가 되었다. 심지어는 우리가 아는 치과 의사 중에는 진료가 예상보다 늦어졌을 때, 환자들에게 스케줄을 조정할 수 있도록 트위터를 통해 연락하는 의사도 있다. 그는 진료실에서 환자들에게 영화를 보여 줄 정도로 매우 진보적인 의사인 만큼, 그가 트위터를 적극적으로 이용하는 것은 지극히 당연한 일인지도 모른다. 여기서 핵심은 고객과 연결될 수 있는 방법은 너무나 많기 때문에, 전도는 시장을 사로잡는 데 꼭 필요한 요소라는 것을 부정할 수 없다는 점이다.

구독 기반의 마케팅 뉴스레터를 발행하기를 원했던 한 기업은 수신자들에게 무료 버전의 뉴스레터를 동료들에게 전송해 달라고 요청하는 방식으로 서비스를 시작했다. 그 기업은 간단히 제목란에 "전송을 부탁드립니다"라고 쓰고 이를 실행에 옮겼다. 그 뉴스레터의 내용이 매우 좋았기 때문에 사람들은 그것을 다른 사람들에게 전송했고, 때로는 친구들이나 동료들에게 그것을 구독하라고 추천하기도 했다. 이와 동일한 전략은 가치 있는 내용을 포함하고 있다면, 백서나 교육적 기사, 혹은 성공 스토리 등에도 적용될 수 있다. 그것이 무료이고, 내용이나 질이 좋다면 사람들은 기꺼이 이를 공유하려 할 것이다. 그것이 가장 좋은 전도 마케팅이다. 만일 당신이 전도 마케팅을 구축한다면, 마케팅에 가속도가 붙을 것이다. 일단 그렇게 되기만 한다면, 혁신의 적용도 훨씬 수월해질 것이다.

다음으로 넘어가기 전에 우리가 전도 마케팅에 대해서 마지막으로 하고 싶은 말이 한 가지 있다. 시장에 접근하려고 할 때, 기술에 초점을 맞추는 것은 쉽다. 왜냐하면 우리는 초연결hyperconnected 세상에 살고 있기 때문이다. 하지만 한 현명한 친구가 말했듯이, 무수한 '연결'들에도 불구하고 우리는 그 어느 때보다 외로워 보인다. 하지만 전도 마케팅은 사람들이 뭔가를 너무나 좋아해서 그것을 진심으로 다른 사람들과 함께 나누고 싶어 하는 것이다. 그리고 그것은 그저 고객들에게 적용하는 데 그칠 것이 아니라, 판매 인력 및 당신의 상품 판매 채널에도 적용해야만 한다.

어떤 혁신이 시장에 소개될 때, 기업 내의 모든 사람들은 마땅히 그것을 축하하고 거기에 대해 이야기하고 흥분해야 한다. 설사 그것이 자기네들의 제품이 아니거나, 자기네 사업부문에서 이룬 성과가 아니라 할 지라도 말이다. 만일 표본추출을 하는 것이 출시전략의 일부라면, 표본을 고객에 한정하지 말고, 유통에 관련된 사람들 및 직원, 그리고 전략 파트너들을 포함시켜라.

당신의 회사 직원이 4만 명이고, 직원 각자가 신제품의 좋은 점이나 그 기업이 소개할 서비스의 뛰어난 점에 대해 두 명에게만 말한다고 했을 때, 그 영향력에 대해 상상해보자. 설사 모든 사람들이 사용하는 것이 아니라할지라도, 당신은 그 싹이 어디에 뿌려질 지 절대 알지 못할 것이다. 한 동료가 우리에게 이런 말을 해 준 적이 있다. 비행기를 타고 가던 중 그녀는 옆자리에 앉아 있는 사람과 대화하던 중, 그의 회사가 막 출시한 새로운 재고품 추적 시스템에 대한 이야기를 들었다고 한다. 이후 그녀는 그 대화에 대해 그녀의 오빠에게 말했고, 마침내 그녀의 오빠는 그 기술을 발 빠르게 적용했다고 한다. 그 기술에 대한 이야기를 전해 듣지 않았다면, 그녀의 오빠는 결코 재고품 추적 시스템에 대해 알 수 없었을 것이다.

　시장을 사로잡는 것이란 뭔가 고유한 것을 세상에 소개하기 위해 사람들과 그 외 모든 것들의 힘을 총동원하는 것이다. 당신은 그것이 자그마한 불꽃으로 끝나는 대신, 팜플로나에서 질주하는 들소 떼처럼(스페인의 팜플로나에서 열리는 산 페르민 축제에서는 투우에 쓰일 소들이 수백 명의 사람들과 뒤엉켜 산토 도밍고Santo Domingo 사육장에서 투우장까지의 8백미터 가량의 거리를 질주하는 행사가 있다 - 역자주) 엄청난 흥분을 몰고 널리널리 퍼져 나가길 바랄 것이다. 혁신은 그저 일시적인 유행이 아니다. 만일 그것이 고유하고 가치 있으며 교환할 가치가 있다면, 충분히 흥분할 만하고 만일 당신이 흥분한다면 다른 사람도 그럴 것이다.

마지막 연결 고리 완성하기

시장을 사로잡는 것을 끝없는 원을 돌고 도는 것으로 본다면, 끝없이 원을 돌 수 있게 해 주는 추진력은 바로 고객의 끝없는 피드백이다. 고객들은 우리에게 혁신에 대한 영감을 줄 뿐만 아니라, 우리가 제대로 가고 있는지 그렇지 못한지, 또 뭔가를 더 좋게 만들거나 더 뛰어나게 만들기 위해 개선 및 수정을 해야 할 때가 언제인지 알려준다. 아마 여기에 대해 아마존닷컴만큼 잘 알고 있는 기업은 없을 것이다.

십년도 채 걸리지 않은 기간 동안, 제프 베조스Jeff Bezos는 한때 그가 차고에서 경영하던 사업을 세계에서 가장 눈에 띄는 브랜드 중 하나로 바꾸어 놓았다. 아마존닷컴은 인터넷의 시대와 함께 나타났고, 아마존의 고객들은 결코 살아 있는 사람들을 직접 보거나 그들과 대화하지 못하는데도 불구하고, 아마존은 여전히 고객 경험과 전반적인 만족도면에서 높은 명성을 자랑하고 있다.

한때 세계에서 가장 큰 서점이었던 아마존닷컴은 범주적 혁신과 운영적 혁신의 결과, 지금은 세계에서 가장 큰, 선택 가능한 모든 것들을 제공하는 장이 되었다. 아마존닷컴에서는 새로운 주방용품이든, 아기 옷이든, 아니면 상상할 수 있는 모든 새것, 혹은 중고 CD, DVD이건 책이건 상관없이 모든 것을 구할 수 있으며, 심지어는 가장 좋아하는 대통령 후보에게 기부할 수도 있다. 이 상업적인 온라인상의 우주는 그저 몇 번의 마우스 클릭만으로 경험할 수 있다. 일단 아마존 사이트에 방문한 후에, 다시 그 사이트를 찾아가면 아마존닷컴은 우리의 이름과 우리가 지난번에 샀던 물건 및 우리가 검색한 상품들을 기억하고, 다음 쇼핑을 위해 당신이 흥미를 느낄 만한 다른 제품들을 추천해 준다.

이 정도 수준의 고객 반응과 고객 경험을 유지하기 위해서는 고객이 좋아하는 것과 좋아하지 않는 것이 무엇인지 끊임없이 평가해야 하며, 이를 위해서는 끝없는 혁신이 뒷받침되어야 한다. 아마존은 자체 소유의 소프트웨어와 비즈니스 인텔리전스(기업 사용자들이 비즈니스 의사결정을 위해 사용하는 데이터의 접근, 수집, 보관, 분석 등의 애플리케이션과 기술의 집합 - 역자 주) 분야의 강자인 SAS의 소프트웨어를 활용하여 끊임없이 모든 신상품과 페이지 레이아웃, 탐색 기술을 평가하기 위한 검증학습test-and-learn적 접근을 활용함으로써 '적응과 진화' 게임에서 우위를 점하고 있다.

"우리는 다른 그룹들이 개발한 아이디어들이 실제로 고객 경험에 긍정적인 영향을 줄 수 있을지 이해하기 위해 많은 일을 하고 있습니다. SAS를 토대로 우리는 다른 디자인적 강화요소들이 페이지의 질을 개선하고, 궁극적으로는 전반적인 고객 경험을 높일 수 있는지 결정하기 위해 모든 데이터를 분석합니다. 우리는 보통 한 번의 실험에서 70가지 지표를 갖고 있습니다." 아마존의 전 세계 데이터 마이닝(고객 관련 정보를 토대로 미래의 구매행태를 예측하거나 변수간 인과관계를 분석하는 마케팅 기법 - 역자 주) 부분 선임 관리자인 다이앤 N. 라이Diane N. Lye 박사는 이렇게 설명한다. 이를 통해 아마존은 어떤 혁신이 개시됨과 동시에 그 영향력을 측정할 수 있다. 그녀는 또한 "우리가 뭔가를 출시하면 우리는 이와 동시에 그것이 사업과 고객을 위해 어떤 일을 하게 될지 알 수 있습니다"[11]라고 덧붙인다. 이런 식의 끊임없는 피드백을 통해 아마존닷컴은 기대치 못한 위험요소는 낮추면서, 성공적인 혁신의 채택을 적극적으로 밀어붙일 수 있다.

모든 사람들이 아마존처럼 혁신을 그때그때 대략적으로나마 평가할 수 있는 능력을 갖고 있는 것은 아니지만, 고객들의 생각을 이해하고, 고객들을 혁신의 여정에 참여시키기 위한 수단을 고안하는 것은 매우 중요한 일이다. 우리는 앞에서 포드에 대한 이야기를 하면서, 포드가 피에스타 차종을 시승할 수백 명의 사람들을 모집하고, 페이스북을 통해 그들의 피드백을 기록했다는 이야기를 한 바 있다. 그 결과 포드는 판매에 탄력을 가할 수 있었을 분만 아니라, 가치 있는 피드백 흐름을 제공해 주었다. AAA 오토 클럽이 혁신의 일환으로 제공하는 온더고On the Go라는 자동차 긴급구조 프로그램은 현장에서 배터리를 교체해주는 서비스를 지원한다. 또한 AAA 오토 클럽은 사고 이후에 당시 상황이 어땠는지 점검하는 전화를 통해, 고객으로부터 즉각적인 피드백을 얻어낸다.

시장을 활성화시키기 위해 피드백 시스템을 설정하는 것은 상품을 처음으로 선보이기 위해 치밀하게 조직하는 것만큼이나 중요하다. 오늘날에는 기술 덕분에 피드백을 얻는 것이 그 어느 때보다 수월하다. 사실상 모든 상품이나 서비스, 기업에 대한 솔직한 평가들은 트위트를 통해 얼마든지 얻을 수 있다. 뭔가를 물어보면 틀림없이 당신이 원하는 것보다 훨씬 더 많은 답을 얻을 수 있을 것이다. 하지만 당신이 얻는 엄청난 정보의 홍수가 혁신의 시작에 영감을 주는 것과 마찬가지로, 당신이 출시한 제품이나 서비스에 대한 엄청난 피드백은 시장을 사로잡는 마지막 연결고리가 됨으로써 에너지가 계속해서 흘러갈 수 있도록 해줄 것이다. 그렇게 될 때, 혁신은 최대 잠재력에 도달하게 되고, 또한 새로운 성장의 길로 상승 궤도를 그리게 될 것이다. 당신이 해야 할 일은 피드백을 통해 당신과 기업, 그리고 고객들이 더 위대한 단계로 도달할 수 있도록 만드는 것이다.

활성화의 함정에서 피하는 법

우리가 지금까지 이야기 한 모든 것, 즉 올바른 제품을 갖고, 고객의 소리에 귀를 기울이며, 가치를 전달하고, 전도의 목소리를 만들어 내고, 고객의 반응에 끊임없이 대응하는 것은 시장에서 승리하는 데 필요한 단계들이다. 우리는 이에 대해 머리로는 잘 알고 있지만 한물간 방식이나, 고객 중심보다는 제품 중심적인 사고의 틀에 갇혀 이를 제대로 실천하지 못하는 경우가 비일비재하다. 그렇게 되면 혁신은 결코 제대로 작동되지 못한다. 우리는 한 가지 일화를 덧붙이며 이 장을 마칠까 한다. 이 일화는 길을 잃었다가 다시 길을 찾음으로써 사망 일보직전이었던 혁신을 멋지게 되살린 한 기업의 이야기다. 이 이야기에는 우리 모두를 위한 교훈과 희망이 담겨 있다.

이스트만 케미컬 컴퍼니Estman Chemical Company가 투명하고 딱딱한 혁신적인 포장재를 개발했을 때, 그들은 그것이 매우 특별하다는 것을 알았다. 그 기업은 이 혁신적인 포장재를 가지고, 인체에 안전하며, 매우 투명한 동시에 투명 손잡이와 일체형으로 주조될 수 있을 정도로 디자인적 응용성이 높은 용기들을 만들어 낼 수 있었다. 전통적 방식의 세분화Segmentation(신제품을 발매하기 전 마케팅 계획단계에서 전체시장을 공통적인 수요와 구매행동을 가진 층으로 나누어서 그 층의 욕구와 필요로 하는 것을 가려 거기에 맞추어서 제품을 디자인하여 제공하려는 노력 - 역자 주)와 표적 시장 선정 및 홍보 기술을 적용시킨 이 제품은 2003년에 출시되었다. 하지만 제품에 대한 사람들의 흥미는 높았던 반면, 수익은 그렇지 못했다. 조사에 따르면, 고객들은 그 혁신적인 제품을 좋아했지만, 그만큼의 돈을 내고 살 가치는 느끼지 못했던 것이다.

실패에 직면하여, 이스트만은 단계들을 거슬러 올라가며 확인한 결과 다음과 같은 세 가지 문제점을 찾아냈다. 첫 번째는 혁신 활성화를 지지하기보다는 혁신에 장애가 되는 제조업계의 전통적인 기업문화에서 벗어나지 못했다는 것이고, 두 번째는 전략적 성장 계획에서 마케팅이 소외됨으로써 모든 팀들은 고객은 보지 못한 채, 오로지 제품에만 신경 썼다는 점이다. 그리고 세 번째는 이스트만이 출시 결정을 내릴 때, 고객에 대한 깨달음을 거의 반영하지 못했다는 점이다. 간단히 말해, 이스트만은 그 제품이 시장에서 어떤 역할을 할 지, 그리고 그 계획을 어떻게 실행해야 할 지 이해할 필요가 있었다. 이를 위해, 이스트만은 자신만의 방식에서 벗어나야만 했다. 그리고 세계적인 경영 관리 컨설팅 회사인 모니터 그룹Monitor Group의 도움으로 마침내 그들은 그렇게 할 수 있었다.[12]

　과거에 이스트만은 주조와 소재의 공정 및 투명성, 유연성, 가격 같은 기능적 이점 같은 제품의 속성들에만 관심을 둠으로써 시장 기회를 찾았다. 다시 말해 이스트만은 기능 및 장점을 승부수로 내건 것이다. 또한 목표를 그저 단순히 대, 중, 소로 간단히 분류함으로써 세분화에 대한 노력도 부족했다. 하지만 새로운 전략을 통해, 이스트만은 직접 포장을 하는 고객들과 제품 공급망의 하위단계에 있는 고객들에 초점을 맞추었다. 여기에는 브랜드 소유자들 및 소매업자, 그리고 고객들을 포함하고 있었다.

　이런 방식으로 전망을 열어 두고 나서야, 이스트만은 디자인 응용성 같은 혁신의 속성에 최상의 가치를 두고, 기꺼이 돈을 지불할 대상을 찾을 수 있게 되었다. 이스트만은 이전까지 포장재 제조업자로서, 자신들이 늘 가장 타당하다고 생각했던 그런 방식의 세분화가 사실은 그 혁신의 특혜를 별로 입지 못하는 대상층을 겨냥하고 있었다는 것을 알게 되었다. 즉, 최초에 기업이 목표로 삼았던 고객들은 돈을 더 내고서라도 그 제품을 살 만한 가치를 느끼지 못했던 것이다. 이처럼 자신의 안전지대 안에 머무르다 실패를 하고는 되려 혁신 그 자체에 문제가 있었다고 생각하는 경우를 흔히 볼 수 있다.

다행히도, 모니터 그룹의 도움으로 이스트만은 함정에서 벗어나 마침내 브랜드 소유자를 찾게 되었다. 당시 음료회사들은 고객의 이목을 끌기 위해 진열대를 가득 채우고 있는 고만고만한 병bottles들과는 다른, 뭔가 획기적이고 눈에 확 띄는 용기containers를 찾고 있었다. 그리고 이들 음료회사들은 그러한 특별한 용기를 위해 기꺼이 돈을 지불할 용의가 있었다.

이러한 깨달음으로 무장한 이스트만은 브랜드 소유주들에게 제대로 된 이야기를 들려 줄 활성화 계획을 개발하기 시작했다. 이스트만은 또한 평범한 접근에서 크게 벗어난 방식으로, 잠재 고객들이 자신들의 내부 주주 및 이해관계자들에게 그 혁신제품을 납득시킬 수 있게 도와 줄 도구들을 개발했다. 그리하여 최초로 이스트만은 유망한 기업들과 긴밀하게 접촉할 만큼 판매력을 확장시킬 수 있었다. 그 전략은 주효했다. 2006년 석류주스의 혁신적 생산자이자 마케터인 POM 원더풀POM Wonderful은 이스트만의 첫 번째 고객이 되었다. POM이 숫자 8을 닮은 새롭고 투명 손잡이가 달린 새로운 용기를 소개했을 때, 주스의 판매량은 급증했다. 『뉴스위크』는 POM이 "볼품없는 석류주스를 매력적인 신의 음료로 바꾸어 놓았다"고 묘사했다.

POM이 고객들의 시선을 사로잡은 지 얼마 되지 않아 경쟁자들이 이를 눈치 채기 시작했다. 그리하여 이스트만은 글로벌 음료기업과 두 번째 계약을 성사시킬 수 있었다. 이스트만은 이제 공식적으로 모든 기준을 만족시키는 혁신을 이루어 냈다. 즉, 고유하고, 가치 있으며, 브랜드 주주들과 고객들이 기꺼이 지갑을 열게 만들 교환 가치를 갖고 있었던 것이다. 만일 이스트만이 기업 내부의 조직원들을 활성화시킬 필요성을 느끼지 못했다면, 또 혁신을 위한 올바른 시장을 찾고, 여기에 매진해야겠다고 생각하지 않았더라면 결코 그와 같은 성과를 이룰 수 없었을 것이다.

당신은 처음부터 반드시 완벽해야만 하는 것은 아니다. 하지만 설사 첫 번째 시도가 실패했더라도, 다시 한 번 시도하고자 하는 용기가 있다면, 즉 당신의 혁신을 고객 및 사업의 필요성에 맞추어 제대로 정렬한다면, 실패인 줄만 알았던 것을 깜짝 놀랄 만한 성공으로 바꿀 수 있을 것이다.

10 당신을 활성화하라

레디 셋 고

꿈, 희망, 성공의 목표 없이
감히 인생을 살려고 하지 마라.
–루이스 노보아 나란호

2002년 5월, 사토루 이와타는 1889년 후사지로 야마우치가 닌텐도 Nintendo를 설립한 이래, 닌텐도의 네 번째 회장으로 선출되었다. 당시 그는 고작 43세에 불과했지만, 사실 그는 자신의 인생 대부분을 그 자리를 위해 준비해 왔다고 해도 과언이 아니었다. 사토루 이와타는 고등학교 시절 처음으로 게임을 만들었고, 대학시절에는 단지 게임을 하고 싶다는 이유로 컴퓨터를 판매하는 일을 했다. 도쿄공업대학을 졸업한 후, 그는 자신의 괴짜 친구들과 할 래버러토리HAL Laboratory라는 소프트웨어 개발 회사를 설립했다. "아버지는 내가 HAL에 합류한 후, 6개월간 내게 말 한마디 하지 않으셨습니다." 이와타는 이렇게 말했다.[1] 다행한 일이지만, 아버지의 냉담한 태도도 그를 막지는 못했다.

부모님의 염려에도 불구하고, 애초부터 이와타에게 재능이 있었던 것만은 분명했다. 열정적이고 영리한 프로그래머였던 그는 우아하고도 단순한 코드를 사용하는 데 능수능란했고, 덕분에 프로그래머들 사이에서 그는 추앙받는 존재였다. 하지만 그의 재능은 그뿐만이 아니었다. 이와타는 또한 비디오 게임 산업에 날카로운 감각을 갖고 있었을 뿐만 아니라, 약간의 운도 따랐다. HAL의 주요 고객이었던 닌텐도는 당시 막 미국에서는 닌텐도 엔터테인먼트 시스템으로 알려진 패밀리 컴퓨터를 출시했고, 이를 기점으로 게임시장은 바야흐로 변화에 직면한 참이었다. 이후 7년 동안 이와타와 그의 팀원들은 닌텐도를 위해 여러 개의 고전 게임들을 개발했다. 하지만 모든 것이 그렇게 순조롭지만은 않았다. 1992년에 HAL은 이와타가 회장직을 넘겨받을 때까지 거의 파산 직전의 상황까지 이르렀다. 새로운 회장으로서 HAL을 살리기 위해 이와타가 취한 결단력 있는 행보는 결국 그 회사를 살렸을 뿐만 아니라 당시 닌텐도의 회장이었던 히로시 야마우치의 이목을 끌었다. 결과적으로 이와타는 주목을 받았을 뿐만 아니라, HAL을 성공적으로 경영한 그의 능력 덕분에 그는 운명과도 같은 길을 걷게 되었다. 그가 2000년에 기획 부서장으로서 닌텐도에 합류했을 때, 그에게는 경력뿐만 아니라 큰 계획도 있었다.

고도의 기술이 진화됨에 따라, 당시 게임업계는 점점 더 복잡해지고 있었다. 덕분에 게임 개발 비용은 증가했지만, 게임 업계의 수익성은 낮아지는 상황이었다. 이와타는 이는 고객들이 원치 않는 부정적인 추세라는 것을 깨달았다. 당시 대부분의 게임들은 스토리를 기반으로 하고 있었고 플레이하기도 힘들었다. 이러한 어려움 때문에 가볍게 게임을 즐기려는 사람들은 게임으로부터 점점 멀어져갔다. 그리고 게임을 제대로 즐기는 사람들 역시도 일단 스토리를 모두 진행하고 나면, 그 게임에 대한 흥미를 잃기 십상이었다. 그런 상황에서 이와타는 게임을 더 단순하고 플레이하기 쉽게 만들어서 초보자들도 반복해서 플레이할 수 있도록 만드는 것을 목표로 삼았다. 뿐만 아니라, 고객들이 원하는 것을 제공하는 동시에, 게임 개발기간 및 비용을 줄임으로써 회사의 수익도 증가시킬 수 있었다. 즉, 닌텐도는 기본으로 돌아갔고, 이는 제대로 효과를 보았다.

닌텐도는 2001년 회계연도 말에 9억 5,300만 달러 증가라는 놀라운 성과를 보이며, 총 44억 달러의 판매를 이뤄냈다. 이는 전해 판매수익 대비 20퍼센트 증가된 수치였다.[2] 이러한 눈부신 결과 덕분에 이와타는 히로시 야마우치 회장의 후임에 별다른 이견 없이 쉽게 오를 수 있었다.

이후 이와타의 리더십 하에서 닌텐도는 엄청난 사람들을 게임으로 끌어들였다. "단순하고 즐겁게"라는 그의 혁신적 접근방식은 비디오 게임 역사상 가장 성공적인 제품 중 하나인 위Wii의 개발로 이어졌다. Wii라는 혁신적 제품을 탄생시키기 위해 기획부터 발매까지 5년이라는 시간이 걸렸지만, Wii가 일단 인기를 얻기 시작하자 그 인기는 어마어마했다. 사람들은 Wii의 단순함과 Wii가 제공하는 경험, 그리고 4세부터 80세까지 비교적 쉽게 사용법을 익힐 수 있는 Wii의 독자적 특징에 열광했다. 비록 그래픽은 평면적이고 단순했지만 거기에 대해서는 아무도 신경 쓰지 않는 듯 했다. Wii는 비디오 게임에 동작 기능을 도입함으로써 TV 화면을 볼링장에서부터 테니스 코트, 권투 경기장, 숨은 보물들로 가득한 해저 교실에 이르기까지 다양한 공간으로 바꾸어 놓았다. 무엇보다도 온 가족이 함께 모여 게임을 즐길 수 있다는 점에서 참으로 완벽했다! 덕분에 누구도 소외받는 사람 없이 모두 함께 게임을 즐길 수 있었으니 말이다.

Wii는 2006년 9월에 출시되자마자 그해 말까지 300만 대의 기기가 팔려나갔다. 사실 Wii는 인기가 너무나 좋아서 상품이 들어오는 족족 팔려나가기 일쑤였다. 2007년 말까지 닌텐도의 순이익은 500퍼센트 이상 증가했다. 2010년 중반까지 7,300만 대 이상의 Wii가 전 세계 가정으로 팔려나갔고, 그리하여 Wii는 게임업계 최고의 게임기로 자리를 굳히게 되었다.[3]

하지만 때로는 성공은 그 자체의 문제를 낳기도 하는데, 닌텐도의 경우, 자사 상품끼리 서로 경쟁을 하게 되었다는 점이다. 2009년 회계 연도에, 닌텐도는 2년 만에 '겨우' 24억 달러까지 순이익이 감소했다.[4] 폭발적인 성장으로 인해 닌텐도의 자원에 무리가 갔고, 덕분에 혁신을 이룰 만한 시간은 찾기 힘들었다. 하지만 이와타는 그 문제를 무시하지 않았다. 압박을 줄이기 위해 외부 기업들과 제휴를 맺음으로써 다시 한 번 그는 혁신 추구에 전력을 다하고 있다. 앞으로 닌텐도가 새로운 제품들로 시장에 더 큰 놀라움을 불러일으키리라는 데에는 의심의 여지가 없다.

이와타는 재임 기간 동안 시장에 대한 열정과 집중, 직관력을 꾸준히 보여 주었다. 그의 성공은 뭔가 걸리기만을 바라며 수백만 달러를 쏟아부어서 이루어 낸 것이 아니었다. 그의 성공은 기본으로 돌아가서 올바른 팀을 구성하고, 고객들이 진정 원하는 것이 무엇인지 꿰뚫어 봄으로써 이루어진 것이다. 또한 그의 성공은 다른 모든 사람들이 하는 일로부터 과감하게 벗어나서, 뭔가 독특하고 가치 있으며, 상업적으로 실행 가능한 것을 창조함으로써 이루어진 것이며 이에 더해, 그의 용기 있는 리더십과 비전이 있었기에 그의 성공은 더욱더 빛을 발할 수 있었다.

혁신을 위한 사업 계획

닌텐도의 이야기와 우리가 앞서 이야기한 다른 많은 기업들 및 리더들의 이야기에는 무수한 교훈들이 담겨 있을 뿐만 아니라, 혁신을 통한 밝은 미래에 대한 희망들로 가득하다. 우리는 그들의 사례와 지시들을 통해, 여러분 역시 그런 성공을 이룰 수 있었으면 하는 바람이다. 그래서 마지막 장에서 우리는 내용을 정리하기보다는 새로운 시작의 문을 열어주고자 한다. 즉 우리는 당신의 성공 스토리를 쓸 수 있도록 당신 마음속의 불을 지펴 주고 싶다.

이 책 전반에서 우리는 당신의 전략과 리더십 및 기업을 혁신과 통합시키기 위해 알아야 할 점에 대해 이야기했다. 이제 이 책에서 배운 교훈을 당신의 기업을 위한 실행 가능한 사고로 옮길 때다. 그것은 당신으로부터, 즉 리더에서 기업으로, 기업에서 고객으로 영역을 넓혀 가며 점점 더 확장되어 진화될 것이다. 각각의 단계를 성공적으로 이루어 나간다면, 당신은 궁극적인 보상, 즉 지속가능한 성장에 더 가까워 질 수 있을 것이다.

이를 위해, 우리는 '혁신 활성화 계획'이라는 것을 만들었다. 여기에는 혁신 리더십을 강화시키고, 이 책에 나온 원칙과 틀을 당시의 기업의 본질로 통합시킬 로드맵이 되어 줄 다섯 가지 최종적 단계들이 포함되어 있다.

이 '혁신 활성화 계획'은 이미 굳건한 계획을 세워 놓은 이들에게는 약간의 변화나 확장된 사고를 제공해 줄 것이다. 그리고 어떤 이들에게는 전반적인 점검의 기회가 될 수도 있을 것이다. 혹은 닌텐도처럼 업계에서 누구도 감히 가려 하지 않는 길을 닦게 만드는 기회가 될 수도 있다. 현재의 기업 중심적 문화를 혁신을 포용하는 문화로 바꾸는 것은 결코 쉬운 일이 아니다. 이는 사업의 핵심 문화를 바꾸는 것일 뿐만 아니라, 모든 사람들의 참여가 필요한 일이며, 특히 최고 지도자의 리더십의 역할은 매우 크다. 이는 고통이 없다고 말할 수는 없지만, 그렇다고 해서 불가능한 일은 아니다. 우리는 그런 사례들을 보아 왔고 이루어왔으니 당신 역시 해낼 수 있다.

사전 준비하기

『손자병법』에서 손자는 "전투가 있기 전에 자신의 성에서 계획을 많이 세우는 장수가 승리한다. 반면 사전에 계획을 거의 세우지 않는 장수는 전투에서 지고 만다"라고 했다. 이처럼 준비는 모든 시합에서 승리할 수 있는 가장 중요한 요소이며, 오늘날 비즈니스 세계에서 혁신 전쟁에서 승리하는 것은 경쟁자들을 제치고, 크게 성공할 수 있는 유일한 방법이다. 당신이 장수이건 CEO이건 간에 준비는 반드시 필요하다.

의무를 받아들이고 책임을 질 것. "책임은 제가 집니다"라는 세 단어는 리더십에서 가장 큰 힘을 발휘하는 말이다. 사실 당신 자신과 당신이 하는 일에 최종적인 책임을 진다는 것은 당신의 경력에서 가장 결정적 순간이라 할 수 있다.

누구보다도 리더는 자신들이 하는 일과 자신이 보는 것, 그리고 자신이 주변 사람들에게 미치는 지대한 영향력에 대한 책임감을 받아들여야 한다. 우리는 책임감에 관해서라면 리더는 보통 사람들보다 더 **높은** 기준을 갖고 있어야만 한다고 생각한다. 왜냐하면 리더는 지위와 영향력, 그리고 권위를 갖고 있는 만큼, 리더가 하는 행동의 결과는 무수한 사람들에게 엄청난 영향을 주기 때문이다.

모든 리더들에게는 의무가 주어지는 동시에 권위 역시 주어진다. 하지만 책임감은 다른 사람에게 주거나 받을 수 있는 것이 아니다. 책임감은 자기 스스로 가져야만 하는 것이다. 리더십과 책임감은 하나의 선택이다. 즉, 그것은 당신의 마음가짐에 달려 있다. 당신이 그저 권위를 지녔다고 해서 저절로 리더가 되는 것은 아니라, 리더십과 책임감을 갖고 권위를 활용하는 사람이 바로 리더이다. 진정한 리더는 때로는 자신과 관련이 없거나, 자신이 통제할 수 없는 사건들이나 결과에 대해서도 책임을 져야 한다. 사실, 리더가 혁신을 추구한다면, 이는 곧 리더가 통제할 수 없는 일이 반드시 일어난다고 보아도 무방하다. 혁신을 추구할 때, 리더는 여론을 걱정하거나, 개인적인 선택권을 저울질하며 허가를 기다려서는 안 된다. 리더는 자신의 기업과 직원들에게 최선이 되는 행동을 취해야 한다. 또한 리더는 진보를 지지하고, 차이를 만들어 내기 위해 행동해야 한다.

이사벨 노보아 판턴Isabel Noboa Ponton은 1994년에 아버지가 돌아가신 후에, 가장 뛰어난 사업의 거물들조차 선뜻 뛰어들기 어려워하는 몇 가지 사업을 추진하기 시작했다. 업계 경험이 크게 부족했던 그녀는 아버지 밑에서 많은 것을 배웠다. 아버지인 루이스 노보아는 바나나 수출업에서 시작하여 배송, 부동산, 그리고 금융업을 아우르는 커다란 제국을 세운 자수성가한 억만장자였다. 아버지가 죽은 후, 상속을 둘러싼 가족 간의 힘겨운 협상 끝에, 자신과 남편 앞으로 7천만 달러를 상속받은 이사벨은 자신의 고향인 에콰도르의 과야킬에 백만 평방피트에 달하는 쇼핑센터와 상업단지를 건설했다. 1997년에 완공된 그 지구는 사우스 퍼시픽 해안에서 가장 큰 규모였다.

하지만 기념해야 마땅할 그 사업은 곧 빛이 바랬다. 1998년 결혼의 실패로 어려움을 겪은 그녀는 이내 전체 사업 컨소시엄의 책임을 전담해야 했다. 게다가 같은 해, 에콰도르의 경제는 크게 휘청거렸다. 에콰도르의 통화가치는 88퍼센트 이상 하락하며 에콰도르 역사상 최악의 국가재정 위기를 초래했다. 새로운 사업을 하나도 활용할 수 없게 된 상황에 직면한 노보아는 그 난국에 정면으로 맞섰다. 그녀는 직원들을 불러 모아 위기가 지나갈 때까지 급여인상을 포기해 줄 것을 요청했다. 대신 그녀는 상황을 회복시키기 위해 갖은 노력을 다할 것을 약속했다. "우리 모두는 한 팀이 되어 일했습니다. 우리는 우리에게 의지하는 사람들을 실망시키지 않도록 책임감을 갖고 노력했습니다. 이 회사는 업주의 것이 아니라 우리 모두의 것이라는 사실을 모든 사람들이 이해했습니다." 그녀는 말했다. 그리고 그들의 노력은 결실을 이루었다. 이후, 그녀의 부동산 제국은 호텔, 병원 등으로 확장되었고, 그녀는 자신의 사업 포트폴리오에 5억 달러 이상의 가치를 가진 사탕수수 압착기와 에콰도르 코카콜라 음료회사 지분을 추가했다. 오늘날 그녀는 에콰도르에서 가장 존경받는 기업가 중 한 사람이다.

이사벨은 그녀가 경험한 어려움을 다른 사람의 탓으로 돌릴 수도 있었고, 불가능해 보이는 상황에 대한 압박감에 굴복했을 수도 있었다. 하지만 그녀는 그런 식으로 패배를 인정하는 것은 자신의 행복과 성공을 창조할 수 있는(혹은 파괴할 수 있는) 힘을 다른 사람에게 넘겨주는 것이라고 믿었다. 책임을 진다는 것은 지금부터라도 어떤 이유로든 다른 사람을 비난하거나 탓하는 행위를 거부하는 것을 뜻한다. 어떤 상황에 대해 완전한 책임을 지는 것은, 자신이 해결책을 창조할 권한을 갖는 것과 같다. 어떤 상황에서건 부디 그렇게 하길 바란다. 우선, 멋진 아이디어들을 내는 것으로 공로를 인정받되, 상황이 잘못되더라도 책임을 지는 사람이라는 평판을 얻도록 하자. 지금부터 무슨 일이 있더라도 "책임은 내가 진다"라고 스스로에게 말하자.

만일 책임을 지는 일에 강점이 없다면, 혁신을 포함하여 모든 분야에서 의무감과 책임감을 증가시키기 위한 몇 가지 시작 단계들을 대략적으로 그려 보는 것이 좋다. 당신은 어디에서 변화를 해 볼 수 있을까? 우선순위와 기한을 설정한 후, 다른 사람에게 모든 책임은 당신에서 시작되어 당신에서 끝난다는 것을 확실히 알려 주자. 이를 확실히 하기 위해, 당신이 책임감에 대해 명확하게 의사소통을 했는지 다른 사람들에게 물어봄으로써 확인을 받자. 사람들은 당신이 그들을 잘 이끌고 있는지에 대해 머리로 아는 동시에 마음으로도 알아야만 한다.

혁신 비전을 명확히 할 것. 어린 시절에, 어른이 되었을 때 되고 싶은 모습을 꿈꾸거나 흥미진진한 이야기를 만들어 보았던 때가 기억이 나는가? 어렸을 때의 꿈이야말로 얽매이지 않고 가능성을 탐험하는 우뇌의 영역이다. 그때와 똑같은 감정에 다가서자. 왜냐하면 책임감이 혁신 리더십의 양심이라면, 비전은 영혼과도 같기 때문이다. 그리고 지금 여기서 당신에게 필요한 것은 바로 비전이다.

1장에서 우리는 혁신의 네 가지 단계인 변혁적 혁신, 범주적 혁신, 시장적 혁신, 그리고 운영적 혁신에 대해 서술했다. 우리는 또한 지속가능한 성장을 위해 적어도 이들 중 적어도 세 가지 혁신에 늘 관여해야만 한다고 말했다. 이를 기초로, 당신의 기업이 혁신을 최우선 과제로 유지할 수 있도록 해 주는 비전을 창조하자. 우선, 당신의 기업이 추구할 혁신을 인도해 줄 고객지향에 초점을 맞추자. 닌텐도는 단순함을 통해 고객들에게 게임의 즐거움을 다시 찾아 주었고, 그것이야말로 모든 것을 이끌어낸 비전이었다. 퍼시픽 가스 앤 일렉트릭 컴퍼니는 편리하고 합리적인 에너지를 만들고자 하는 비전을 갖고 있었다. 그리고 맥케인 푸드는 전문 요리사 및 재택 요리사들을 위해 건강하고 편리한 제품들을 제공하고 싶어 했다. 일단 이러한 방향을 정한다면, 이를 통해 당신은 프로젝트와 운영, 그리고 유통의 실행 등이 그러한 비전을 잘 전달하고 있는지 확인하고 평가할 수 있을 것이다.

일단 당신이 비전을 명확히 하면, 그 비전을 혁신의 네 가지 단계에 적용해 보자. 각각의 단계에 대해 표를 만든 후에, 혁신을 통해 당신의 비전을 어떻게 표현할지 적어 보자. 예컨대 애플과 비슷하다면, 당신의 비전은 단순함이 될 것이고, 모든 것을 단순하게 만드는 것을 혁신의 목표로 삼는다면, 회사의 모든 운영에서 일관성 있게 그러한 비전에 초점을 맞추어야 할 것이다. 시장적 혁신에서도 마찬가지이다. 포장과 쇼핑, 서비스의 제공이나 문제 해결이 쉽고 단순한가? 만일 당신의 기본 기능이 소통을 용이하게 하는 것이라면, 당신의 혁신은 사람들을 연결시켜 주는가, 아니면 회사와 고객 사이에 기술적인 장벽만 쌓게 만드는가? 예컨대 고객의 입장에서는 자동 응답 시스템의 적용에 만족해하는 사람은 아무도 없을 것이다. 자동 응답 시스템은 기업의 운영에는 도움이 되지만 고객들은 결국 싫어하게 될 테니 말이다. 핵심은 고객과 비전, 그리고 여러 단계의 혁신이 어떻게 함께 작동하는지 이해하는 데 있다. 이 세 가지는 늘 함께 이루어져야 한다. 비전은 혁신을 이끌고, 혁신은 위대함을 창조한다.

혁신적 비전을 회사의 비전과 연결시킬 것. 고객에 기반을 둔 비전을 세우는 것은 매우 중요하지만, 그 비전은 기업에도 도움이 되어야 한다. 그렇지 못하다면 성장에 필요한 요소들을 제대로 갖출 수 없다. 그렇기 때문에 이쯤에서 세 개의 W(누구, 무엇, 왜)를 활성화 계획에 적용해야 한다. 4장에서 설명했다시피 프로젝트를 성공시키기 위해서 뿐만 아니라. 기업 전체와 당신의 혁신적 비전을 위해서는 이 세 개의 W가 제대로 정렬되어야한다.

이를 위해서는 우선 현재 고객 및 기대 고객들에 대한 높은 수준의 통찰력을 갖고 '고객'에 해당하는 원을 채워야 한다. 위페이WePay라는 신생기업은 사용자들에게 그룹 계좌를 만들어 줌으로써 동창회나 총각 파티 참석자, 혹은 룸메이트 등의 그룹에서 돈을 걷을 때의 어려움을 덜어 주리라 기대하고 있다. 페이팔PayPal 모델에서 분리되어 개발된 이 혁신적 기술을 통해, 그룹 관리자가 총액과 만기일 및 다른 세부적인 것들을 설정한 후 계산서나 지급 요청서를 보내면 위페이는 돈을 수금한다. 판타지 풋볼 리그 게임을 즐기는 그룹에서부터 자선기금 모금자나 요가 스튜디오에 이르기까지 거의 모든 그룹이 위페이의 잠재고객이 될 수 있다.

일단 고객층을 알았다면, 다음은 '이유'에 해당하는 원으로 가서, 당신의 사업이유에 대해 생각해 보자. 어째서 이것이 사업이유가 될까? 기업에 꼭 필요한 중요한 요소들은 무엇인가? 위페이는 가입자와 수익을 증가시켜야만 했고, 또 맥케인 푸드는 수요를 충족시키는 데서 수요를 창조하는 방향으로 변화할 필요가 있었다. 그렇다면 당신에게 필요한 것들은 무엇이며, 혁신을 통해 어떤 식으로 그 해결책을 찾을 수 있을까?

이 질문에 대답하기 위해서는 우선 당신의 기업이 라이프사이클의 어디에 위치해 있는지 살펴보는 게 좋다. 다섯 가지 단계들은 제품, 부서, 사업, 혹은 전체 회사에 적용될 수 있다. 우리는 이 다섯 가지 단계를 창업기, 형성기, 가속기, 성숙기, 쇠퇴기라고 이름 붙였다. 각각의 단계는 혁신에 대한 고유한 쟁점을 갖고 있다. 표 10.1에서 우리는 당신이 고려해야 할 혁신의 종류와 함께, 가장 중요한 주제들을 나열했다. 먼저, 기업의 라이프사이클의 모든 단계에는 운영적 혁신이 포함되어 있다는 것에 주목하자. 그 이유는 간단하다. 모든 기업들은 사업 경영 개선에 쉼 없이 노력해야 하기 때문이다.

당신의 기업이 어떤 라이프사이클에 있는지, 그리고 고객들이 누구인지 확인했다면, 이번에는 '무엇'에 해당하는 원에 대해 생각해 보자. 당신은 어떤 문제들을 해결해야 하며, 또한 혁신을 통해 얻을 수 있는 이점은 무엇일까? 또한 당신이 발휘할 수 있는 기술들은 무엇인가? 현재 진행 중인 프로젝트를 잘 살펴보자. 그 프로젝트가 당신의 비전과 일치하고 고객에게 도움이 되는가? 당신의 프로젝트가 당신의 기업 라이프사이클 단계에 맞으며, 기업에 필요한 것을 제대로 반영하고 있는가? 고객에 대한 깨달음을 바탕으로, 현재 진행 중이지는 않지만 반드시 진행해야 할 계획들이 떠오르는가? 아마도 위페이의 경우에는 부가적인 수입원으로써 이벤트를 위한 일시적인 웹페이지를 제공할 수도 있다. 이는 기업의 생존에 도움이 될 뿐만 아니라 더 많은 고객층을 확보하는 기회가 될 수도 있을 것이다. 이 단계에서 떠오르는 모든 아이디어들을 기록해 두자. 후에 당신의 혁신 실행 계획이 더 많이 진행되었을 때, 전략을 세우고 우선순위를 설정하기 위해 이 단계에서 작업한 내용을 활용하는 것도 도움이 될 것이다.

표 10.1		비지니스 라이프사이클
단계	**쟁점**	**혁신**
창업기	살아남기 고객 확보 성공의 발판확보	변혁적 혁신 (이는 창업을 위한 동력이 될 수 있음) 범주적 혁신 (새로운 시장 및 새로운 적용은 사업의 기반이 됨) 운영적 혁신 (가장 효과적인 프로세스 마련하기)
형성기	성장의 가속화 효율화	시장적 혁신 (기존 제품을 새롭게 출시함으로써 적은 추가비용으로 수익증대) 범주적 혁신 (지속적인 성장 및 개발에 있어서 중요함) 운영적 혁신 (효율적인 운영 메커니즘에 대해 끊임없이 신경 쓸 것)
가속기	전체 수익은 높지만 이윤은 낮음 낮은 효율성 여유시간 부족 자원의 과부하	운영적 혁신 (이윤 증대에 있어서 중요함) 시장적 혁신 (새로운 성장을 촉진하는데 있어서 중요함) 범주적 혁신 (기존의 제품들을 뒤떨어지지 않게 하고, 확장시키기 위해 중요함) 변혁적 혁신 (미래를 위한 투자를 위해 매우 중요함)
성숙기	판매에서 정체를 보임 '안전지대'에 머무름 열정을 잃음 기존 고객들을 잃음 새로운 고객들을 찾지 못함 기업의 좌초에 대한 공포	범주적 혁신 (지속적 개발과, 새로운 고객층 확보에 있어 중요함) 시장적 혁신 (경쟁력을 유지하고, 고객 지향을 위해 필요함) 운영적 혁신 (생산성에 끝없이 초점을 맞출 것) 변혁적 혁신 (미래에 대한 투자가 반드시 이루어져야만 함)
쇠퇴기	기반을 잃음 대량 해고에 임박	시장적 혁신 (거대한 규모의 혁신을 이루기 전까지는 주로 시장적 혁신을 통해 위험을 헤쳐 나가게 될 것임)

계속

쇠퇴기	패배주의적 태도	범주적 혁신 (쇠퇴를 멈추기 위해 필요함)
		운영적 혁신 (이익을 증대시킬 수는 있지만 주요 해결책은 될 수 없음)
		변혁적 혁신 (이 부분에서 투자가 이루어진다면, 매우 강력하고 적극적이어야 함. 그렇지 않다면 기업의 쇠락을 저지할 만큼 시간이 충분치 못할 수 있음)

혁신을 위한 차이분석을 할 것. 대부분의 사람들은 차이분석gap analysis 에 익숙할 것이다. 차이분석이란 원하는 위치에 대비하여 실제 위치는 어디인지 평가하는 것을 말한다. 즉, 차이란 원하는 위치와 실제 위치 사이의 간극을 말한다. 혁신을 추구하는 한편, 혁신을 제대로 준비되어 있는지 명확히 하기 위해서는 리더십, 환경, 그리고 진행과정이라는 세 가지 영역에 초점을 맞추어야 한다.

리더십. 혁신에 대한 책임감은 궁극적으로 당신에게 있긴 하지만, 그 비전을 실현하는 데 도움을 줄 올바른 자질을 가진 리더들이 늘 당신 주변에 있어야만 한다. 우리는 2부 전체를 통해서, 각각의 혁신에 요구되는 구체적인 리더의 프로필을 포함하여, 리더의 사고방식, 성격, 역량 등에 대해 살펴보았다. 당신은 비전과 그 비전이 당신의 사업 전략과 어떻게 일치하는지 결정했으니, 이제는 당신의 혁신 팀을 꾸려야 한다. 이를 위해 우선 당신이 이루고자 하는 각각의 혁신 단계를 위해 7장의 프로필에 나온 자질에 대한 리스트를 만드는 것부터 시작하자. 또한 '리더십 드림팀'의 모든 사람들이 지녀야 할 혁신 집중적 요소들의 리스트를 만들자. 그 예는 다음과 같다.

- 전뇌적 사고가 가능할 것
- 더 나은 방법을 찾고, 아이디어를 냄으로써 기존방식에 도전할 것
- 점을 잇고, 인접 분야를 찾을 것
- 위험을 예측하고 관리할 것
- 다른 사람들에게 동기를 부여할 것
- 새로운 아이디어를 기존의 사업 전략과 연결할 것
- 고객의 욕구를 이해할 것
- 뛰어난 고객 경험을 위해 노력할 것

당신이 찾고 있는 바람직한 그림이 나올 때까지 리스트를 계속해서 추가해 보자. 그런 후에 당신이 얼마나 이상에 가까운지 주위 사람들을 가늠해 보자. 당신은 큰 그림을 그릴 줄 아는 범주적 혁신을 이룰 만한 사람들과 시장에 마술을 불러 올 수 있는 사람들, 그리고 꼼꼼한 운영적 혁신을 이룰 만한 사람들을 모두 갖추고 있는가? 당신은 내부에 변혁적 리더가 필요한가, 아니면 최적의 기능을 발휘하기 위해 인재 양성이나 외부의 파트너십이 필요한가?

앞에서 우리는 A.G. 래플리가 '재능 있는 인재들'이라는 청서를 통해 기업 내에서 가장 뛰어난 200명의 경영진을 찾아냈다는 사실을 언급한 적이 있다. 이는 매우 힘든 작업이었지만 혁신을 위해, 역할에 맞는 리더들을 개발하겠다는 래플리의 노력은 모든 사람들에게 명확하게 전해졌다. 위대한 리더들에게는 위대한 리더십이 필요하다. 앞에서 우리가 이야기했던 많은 사람들이 기업을 인계받았을 때 대대적인 물갈이를 하는 이유도 그것 때문이다. 대개 경영진의 3분의 1이상이 초기 1, 2년 내에 교체된다. 일단 정리가 되고나면, 혁신을 통한 지속가능한 성장이라는 한 가지 비전과 한 가지 목표에 초점을 맞춘 응집력 있는 팀이 탄생하게 된다.

환경. 다음에 살펴볼 것은 환경, 혹은 사업문화이다. 우리는 2부 전반, 그리고 리더십 부분과 8장에서 혁신에 있어서 문화의 중요성에 대해 자세히 이야기한 바 있다. 혁신은 잘 육성되어야만 살아남을 수 있으며, 혁신이 육성되기 위해서는 직원들이 스스로를 가치 있는 사람이라고 여길 수 있도록 직원들에게 충분히 관심을 가져 주어야 한다. 당신의 직원들은 당신의 책임 하에 있으며, 직원들에게 최선의 환경을 제공함으로써 그들에게 충분한 관심을 기울이는 것은 그러한 책임감의 일부이다.

여기서 해야 할 일은 혁신을 위한 이상적인 문화라고 생각하는 것을 마음속에 그려 보는 것이다. 예컨대 영감을 불러일으키는 물리적 공간, 지적 자극, 개인적 및 전문적인 풍성함과 창조할 자유, 의무, 개인적 책임감 등이 그것이다. 원한다면 리스트를 더 추가해 볼 수도 있고, 필요하다면 좀 더 세부적으로 생각해 볼 수도 있다. 어쨌든 우뇌를 자유롭게 사용하자. 그리고 마음속에 그려보는 일이 끝난 후에는 이상과 현실을 비교해 보자. 그 둘은 얼마만큼의 차이가 있는가? 그리고 당신의 이상을 가로막는 것은 무엇인가?

목록을 만들고 간단한 것부터 어려운 것 순서로 항목에 번호를 매기자. 그런 다음 변화를 위해 이를 실행할 기한을 정하고, 직원들과 함께 공유하자. 만일 자극이 필요하다면 2장으로 돌아가서 PG&E의 피터 다비에 대한 글을 다시 읽어 보자. 그는 우리가 당신에게 요구한 것을 해냈으며, 버버리의 아렌츠나 닌텐도의 이와타, 그리고 빌 포드도 마찬가지였다. 우리는 문화를 바꾸면 놀라운 성공으로 이어진다는 것을 알고 있다. 혁신에서 가장 중요한 것은 사람들이다. 혁신을 지지하는 문화를 창조하는 것은 당신이 기업에 남길 수 있는 가장 위대한 유산일지도 모른다.

프로젝트 진행과정. 이상적인 리더십 팀과 혁신문화를 찾았다면, 마지막 단계는 당신의 프로젝트 진행 과정pipeline을 평가하는 것이다. 이를 위해서는 당신의 혁신 아이디어나 프로젝트가 당신이 확정지은 누구, 무엇, 그리고 왜 라는 세 개의 요소와 얼마나 부합되는지, 그리고 이들이 당신의 전반적인 비전이나 혁신적 전략을 지지하는지 등을 살펴보아야 한다. 이는 진정한 깨달음의 시간이 될 수 있다. 때로는 당신이 가장 좋아하는 프로젝트가 회사에는 제대로 기여하지 못한다는 사실을 발견하기도 하고, '별 볼일 없어' 보였던 아이디어가 마침내는 기존의 시장을 완전히 바꾸어 놓을 만한 것이 되기도 한다.

최근 소비가 얼어붙은 경제상황 하에서 소매업자들은 사람들에게 다시금 소비를 유도하기 위해 안간힘을 쓰고 있다. 업주들은 극심한 가격인하에서부터 엄청나게 유명한 디자이너 제품들까지 거의 모든 것을 시도해 보았지만, 대부분은 효과가 없었다. 뛰어난 고객 서비스로 세계적으로 널리 알려진 노드스트롬Nordstrom(미국의 고급 백화점 체인 ― 역자 주)은 물품을 처리하는 방식을 변화시킴으로써 어려움을 극복해 왔다. 노드스트롬은 웹사이트와 매장의 물품들을 거대하면서도, 이해하기 쉬운 하나의 쇼핑 경험으로 통합시켰고, 사람들은 이를 환영했다. 이것은 그다지 혁명적으로 보이지 않을지는 몰라도, 소매업계에서는 확실히 드문 일이었다.

이러한 새로운 시스템을 통해, 노드스트롬의 제품을 쇼핑하고자 하는 사람들은 온라인에서 제품을 볼 수 있고 그 제품이 근처에 있는 매장에서 살 수 있는지 확인 및 예약한 후, 당일에 제품을 찾아갈 수 있었다. 만일 온라인상에서 본 제품이 집에서 수백 킬로미터 떨어진 매장에서만 구할 수 있는 제품이라면, 배송을 통해 직접 제품을 받을 수도 있다. 만일 노드스트롬이 모든 물품들을 즉각적으로 온라인에 전시하고 연결하지 않았다면, 이런 방식의 판매는 결코 이루어질 수 없었을 것이다. "판매 방식의 변화는 매우 의미 있는 결과를 가져왔습니다." 노드스트롬 다이렉트Nordstrom Direct의 회장인 제이미 노드스트롬Jamie Nordstrom은 이렇게 말했다. 사실 2010년 8월 23일 뉴욕타임즈는 노드스트롬 백화점에 입점한 동일 매장 매출이 크게 개선되었다고 보도했다. 변화 이전에는 동일 매장의 매출이 11.9퍼센트 감소되었던 반면, 변화한지 단 11개월 만에 매출이 평균 8퍼센트 증가했다.

흥미로운 점은 이러한 혁신이 고객에게 가장 뛰어난 서비스를 제공하겠다는 기업의 비전과 완벽하게 조화를 이룬 동시에, 회사의 이익도 증가시켰다는 점이다. 할인 정책이나 유명 디자이너의 이름을 내걸었더라면 그런 결과를 얻어내지는 못했을 것이다. 그러니 프로젝트 진행과정을 살펴 볼 때, 당신의 프로젝트가 혁신전략에 잘 들어맞는지 자문해 보고, 여기에 맞지 않는 것은 제거해 버리고, 대신 위험 분석에 근거하여 엄청난 잠재력이 있는 것들은 신속하게 달성시켜야 한다.

일단 평가를 마쳤다면 프로젝트들을 적절한 혁신 단계에 배치함으로써 혁신들이 골고루 갖추어졌는지 확인하자. 운영적 혁신에만 잔뜩 무게를 싣고, 시장적 혁신은 소홀히 다루지는 않았는가? 혼자서, 혹은 다른 기업이나 그룹과 협력을 통해 범주적 혁신에 뛰어들어야 하지는 않는가? 우리가 자주 이야기했다시피 변혁적 혁신은 누구나 쉽게 이룰 수 있는 혁신은 아니지만, 여전히 후속follow-on 기회들을 잡을 수 있는 곳은 어디인지 살펴보기 위해 늘 외부에 관심을 기울여야 한다. 제대로 된 혁신전략을 위해서는 리더십, 환경, 프로젝트 진행과정에서의 차이분석이라는 마지막 조각을 정확히 맞춤으로써 혁신 준비에 있어서의 감각을 가져야만 한다. 자, 그럼 다음에는 당신이 할 지도 모르는 일을 당신이 하게 될 일로 만들기 위해 **해야 할 일**을 살펴보자.

구체적인 계획 세우기

만일 손자가 계속해서 우리에게 조언을 해 준다면, 그는 아마도 "질문에 대한 답을 곰곰이 생각해 보고, 자신의 강점과 약점을 평가했으니, 이제는 계획을 세워야 할 때다"라고 말할 지도 모른다. 그 말은 전적으로 옳다. 기업의 크기나 산업, 혹은 기업의 라이프사이클과 관계없이, 혁신전략을 세우는 일은 모든 기업에게 있어 반드시 최우선순위가 되어야만 한다. 혁신전략이 없다면 아무리 좋은 기획들이라도 결국에는 결코 진행되지 못하는 대화수준으로 끝나 버릴 것이다. 계획을 서면으로 작성하는 데 전념하지 않는다면, 당신은 진지하게 혁신을 이루어 나갈 수 없을 뿐만 아니라, 다른 사람들에게 그런 태도를 기대할 수 없다. 당신은 이미 비전을 보았으니 이제는 계획을 써내려가야 할 시간이다.

혁신전략 세우기. 현재 사업적 사고와 관련하여 우리가 안고 있는 가장 큰 어려움 중 하나는 혁신에 대한 일반적인 프로세스를 적용하는 것이다. 모든 사업은 고유한 성격과 방식이 있으며, 모든 CEO는 비전에 자신만의 특색을 갖추어야 한다. 이 책이 나온 이유는 당신만의 고유한 **혁신**을 창조하기 위한 틀framework을 제공하기 위해서이다. 혁신전략을 갖는 것은 중요하지만, 어떻게 그것을 만들어 낼 것인가는 전적으로 당신에게 달려 있다. 당신과 직원들에게 친숙하고 편안한 프로세스를 사용하자. 이상과 현실성을 적절히 조화시키고, 무엇보다 좌뇌와 우뇌를 모두 사용하라! 우리는 당신의 계획이 당신의 혁신 사명을 주저앉히기

보다는 확실히 나아갈 수 있도록 돕기 위해 아래의 몇 가지 단계들을 제안하는 바이다.

1. 혁신 우선순위 설정하기. 무한한 자원을 갖고 있는 기업은 없다. 그렇기 때문에 당신은 당신만이 풀어야 할 문제들 및 당신만이 활용할 수 있는 기회들에 집중함으로써 당신이 가진 모든 것을 최대한 잘 활용해야 한다. 즉, 우선순위를 설정해야 한다는 뜻이다. 계획을 세울 때는 아래와 같은 중요한 영역들에서 목표를 설정하고 우선순위를 세웠는지 확인해야 한다. 즉, (1) 혁신 브레인스토밍, 위험 관리, 투자, 정렬alignment (2) 리더십 시너지, 개발, 협력과 의무 (3) 문화와 의사소통을 통한 기업과 고객 활성화가 그것이다.

어떤 것이 단기간에 기업에 도움이 될 지 살펴보는 동시에, 장기간의 혁신을 외면해서도 안 된다. 성공을 위해서는 단기 및 장기적 혁신 모두 필요하기 때문이다. 혁신 우선순위는 회사 전체의 혁신을 높이기 위해 새로운 기술, 프로세스 및 아이디어들을 더 효과적으로 전파시키는 것이 될 수도 있고, 혹은 미래를 위한 산업을 육성시키기 위해 노력하는 것이 될 수도 있다. 리더십에 있어서의 우선순위는 직원들에게 해마다 적어도 하나의 혁신적 변화를 추진할 책임을 지우는 것이 될 수도 있다. 또한 활성화 영역에서는 내부뿐만 아니라 조사기관, 사업, 학계 사이에서의 협력의 문화를 개발시키는 것이 우선순위가 될 수도 있다. 만일 혁신, 리더십, 그리고 활성화의 세 가지 부분을 토대로 우선순위를 설정한다면, 무시되는 영역을 없앰으로써 전반적인 성장을 이루는 데 도움이 될 것이다.

2. 성공 지표 세우기. 놀랍게도 『포춘』 선정 1000대 기업 중 삼분의 일만이 공식적인 혁신 지표를 갖고 있다. 사실 혁신 지표를 갖고 있는 기업들 내에서도 최선의 실행을 보장하는 것이 무엇인지에 대한 합의는 없다. 그 이유는 단지 노력의 부족 때문만은 아니다. 그 문제를 풀기 위해 온갖 자문기관들이 만들어졌음에도 불구하고 확실한 합의점을 찾지 못한 이유는 아마도 혁신 그 자체에 문제가 있기 때문일 것이다. 혁신은 딱 꼬집어서 말하기 힘든 면이 있다.

지표는 본질적으로 숫자로 정의된다. 하지만 혁신은 우리가 아무리 노력해 보아도 완벽하게 숫자로 축소시킬 수 없다. 숫자들을 통해 혁신을 추진하게 되면, 아이디어를 고취시키기보다는 숫자들과 상당한 조심성밖에 얻지 못할 것이다. 반면, 성공 스토리나 리더십 업무, 혹은 직장에서의 태도 개선 같은 물렁한 잣대만 갖고는 충분하지 못한 것은 사실이다. 혁신 그 자체처럼 지표 역시 전뇌적 접근을 통해 성취되는 것이 가장 좋다. 즉 가장 바람직한 방향은 질적인 것(우뇌)과 양적인 것(좌뇌)을 잣대로 활용하여 혁신과 리더십 및 문화에 적용하는 것이다.

투자수익률ROI: return on investment을 이끄는 요소들을 살펴보자. 특히 긍정적인 사업 수익을 높이는 요소 및 불가피한 투자를 줄이는 요소들이 무엇인지 살펴보자. 또한 프로젝트 진행과정을 위해 아이디어를 내고, 개발하는 것 같은 혁신 중심적 활동에 얼마나 많은 자본을 투자할지도 고려하자. 그런 다음 이러한 노력들의 실제 결과를 알아내자. 또한 아이디어와 기술을 외부로부터 얻는 일은 바람직한 혁신 흐름을 유지하는 데 점점 더 중요성이 커지고 있다. 인세와 지적 자산, 그리고 계약체결을 통해 엄청난 재무적 효과를 얻을 수도 있기 때문이다. 자사의 기술을 초기에 계약 체결을 함으로써 수십억 달러의 인세를 챙긴 JVC

의 사례를 늘 염두에 두자.

당신만의 재무 지표를 개발할 때, 재무적인 측면은 혁신의 한 부분에 불과하다는 점을 늘 명심하자. 변혁적 혁신과 범주적 혁신에는 다른 잣대를 적용해야 한다는 점을 잊어서는 안 된다. 이러한 혁신들은 투자수익률이 결정되기까지 수년이 걸리기도 한다. 이러한 장기 프로젝트에서는 획기적인 단계로 도달했는지, 그리고 교훈을 얻었는지에 대해 더 큰 비중을 두고 고려해야 한다. 물론 투자수익률을 무시할 수는 없다. 투자수익률은 혁신 관리에 재정 규율을 부여하며 전략적 계획의 가치를 정당화하는 데도 도움이 된다. 하지만 투자수익률이 혁신전략의 성공 여부를 결정짓는 유일한 잣대가 되어서는 안 된다.

재무 지표와 더불어 문화 지표도 고려해야 한다. 혁신 참여 인력이 증가했는지, 그리고 여전히 남아 있는 장애물들은 무엇인지 살펴봄으로써 문화를 변화시키기 위한 계획들이 잘 진행되고 있는지도 확인해 보자. 예컨대 3M은 직원들에게 근무시간의 15퍼센트를 새로운 기회를 탐구하는 데 쓰라고 했다. 그 결과 기업의 전체 수익 중 35퍼센트가 지난 4년 내에 개발된 신제품으로부터 나올 것을 기대하고 있다.[5] 양적 잣대를 활용하는 것도 문화적 활성화 지향에 도움이 된다. 예컨대 혁신 노력에 참여하는 사람들이 얼마나 되는지, 그리고 몇 퍼센트의 사람들이 혁신 준비 및 활성화와 관련된 훈련을 받는지 등을 수치로 나타낼 수 있다. 근무지 내에서의 변화나 직원들과 고객 간의 상호작용 혹은 활성화에 대한 일화들을 양적 지표들과 결부시키는 것도 좋다. 혁신은 영감을 주는 것과 관련이 있으므로, 혁신을 만들어 내는 데 도움이 될 영감을 주는 일화들을 함께 공유하는 것도 중요하다.

마지막으로 우리가 고려해야 할 것은 바로 리더십 부문에서의 잣대이다. 리더십에 대한 지표들은 경영진들과 리더들이 혁신적 문화를 지지하기 위해 보여주어야 할 행동들을 다루어야 한다. 여기에는 또한 구체적인 성장 계획을 위한 책임감도 포함된다. 중역들은 일상적인 운영과 관련된 일과 비교하여, 전략적 혁신을 위해 얼마만큼의 시간을 보내는가? 이들은 또한 위험 평가, 혁신을 위한 정렬, 혁신 진행과정 개발을 포함한 혁신 훈련을 얼마나 받고 있는가? 만일 그 기업이 혁신 리더들을 잘 개발해 나간다면, 중역들 중 상당수는 새로운 범주적 사업의 리더들이 될 수 있을 것이다. 당신이 가르치고 도움을 준 사람들이 승진하게 되는 것이야말로, 당신의 전반적인 성공을 결정짓는 잣대가 될 수 있다.

당신이 개발하는 프로세스가 무엇이건 간에 핵심 주주들의 참여와 동의가 제대로 이루어졌는지 꼭 확인하자. 지표에 따라야 하는 사람들은 반드시 지표를 설정하고 발전시키는 데 참여해야 한다. 또한 조직의 성공과 실패로부터 깨달음을 포착할 수 있도록, 끊임없이 지표를 점검하자. 당신의 혁신전략의 집약 요소인 지표를 통해 당신이 얼마나 혁신 중심적인지 알 수 있다. 만일 지표를 적절히만 사용한다면, 자기중심적 문화에서 모두가 모두를 위해 하나 된 유력한 집단으로 바꿀 수 있을 것이고, 그 자체로 당신에게 커다란 보상이 될 것이다.

3. 명확한 의사소통을 할 것. 1666년 대화재로 런던이 완전히 폐허가 되었을 때, 당대 최고의 건축가였던 크리스토퍼 렌Christopher Wren은 세인트 폴 대성당을 재건하는 임무를 맡았다. 그 일은 엄청나게 힘겨운 임무였고, 이를 위해서는 비전과 엄청난 양의 돌과 수백 명의 사람들이 필요했다. 우리의 이야기는 1671년의 어느 날로 거슬러 올라간다. 그 날 렌은

프로젝트를 점검하던 중 비계(높은 곳에서 공사를 할 수 있도록 임시로 설치한 가설물 – 역자 주)에서 일하던 세 명의 석공들과 마주쳤다. 렌은 돌 앞에 쭈그리고 앉아 일하고 있는 한 석공에게 다가가 무엇을 하고 있느냐고 물었다.

그 남자는 이렇게 대답했다. "먹고 사느라 일하고 있습지요."

두 번째 남자는 돌을 제자리에 끼워 넣고 있었다. 렌은 그에게 다가가 "무엇을 하고 있습니까?"라고 물었다.

"벽을 쌓고 있습니다." 남자가 대답했다.

그리고 마지막으로 렌은 아주 무거운 돌을 어깨에 지고 막 일어서고 있는 세 번째 남자에게 다가갔다. 렌이 그에게 똑같은 질문을 했을 때 그 남자는 등을 약간 세우고는 "저는 대가이신 렌 선생님과 함께 하느님의 영광을 위한 대성당을 짓고 있습니다"라고 대답했다.

이 이야기를 통해 우리는 모두 한 가지 위대한 교훈을 얻을 수 있다. 만일 당신이 의사소통을 얼마나 효과적으로 하는지 알고 싶다면 직원들에게 무얼 하고 있는지 물어보기만 하면 된다. 만일 그들이 대성당을 짓는 일을 돕고 있다는 사실을 알지 못한다면, 당신과 동료들은 전략계획에서 혁신적 의사소통을 필수적 요소로 만들어야만 한다. 커뮤니케이션 도구가 폭발적으로 증가했음에도 불구하고, 대부분의 기업에서 혁신전략 및 혁신전략을 위한 목표와 노력, 그리고 전체적인 참여 등에 대한 의사소통은 가장 저조한 편이다.

그 이유는 사람들이 매일 너무나 많은 메시지 속에 파묻혀 살고 있기 때문이기도 하다. 걸러내야 할 것이 너무나도 많은 상황에서는 정작 중요한 것을 알기 힘든 법이다. 비랄이 '일시적 유행 증후군'이라고 이름 붙인 것 역시 혁신소통을 어렵게 만든다. 이는 경영진이 새로운 프로그램이나 계획들을 발표한 후에, 그에 대한 후속 조치가 전혀 없거나, 그 일을 진행하는 데 필요한 자금을 조금도 제공하지 않는 것을 뜻한다. 현재 무슨 일이 일어나고 있는지, 직원들에게 기대하는 것은 무엇이며, 전체 비전에서 조직원들의 역할이 무엇인지 확실하게 알리기 위해서는 의미 있고 유용한 방식으로 이를 끊임없이 알려 주어야 한다.

시장 조사에 따르면 누군가가 어떤 메시지를 완전히 이해하고 이를 실행에 옮기기 위해서는 그 메시지를 적어도 일곱 번은 이상은 반복해서 들어야 한다고 한다. 당신이 일관성 있고 명확한 메시지를 갖고 소통한다면 당신의 경영진이 혁신 비전을 전달하려는 노력에 부응하여, 조직원들의 행동이 변하는 모습을 볼 수 있을 것이다. 사실 세계 최고의 데이터 저장 솔루션 회사인 EMC의 최고경영자 조셉 투치Joseph Tucci에게 있어, 소통보다 중요한 것은 없었다.

『비즈니스 매니지먼트』지와의 인터뷰에서 그는 EMC가 경제 불황기 간에도 성공을 누릴 수 있었던 이유에 대해 이야기했다. 그는 EMC가 크게 성공할 수 있었던 것은 모든 사람들이 개방적이고 정직하게 프로세스에 참여할 수 있도록 했기 때문이라고 말했다. "당신은 현실적이고 정직하게, 비전과 전략, 입증해야 할 요소들을 사람들에게 전달해야 합니다. 결국 우리가 하는 대로 결과가 나오게 되어 있습니다. 그리고 현실 상황을 정직하게 전달해야 합니다. 예컨대 '나는 이 일이 일어날 거라고 생각했었지만, 생각보다 훨씬 더 잘 되었다' 혹은 '나는 이 일이 일어날 거라고 생각했었지만, 이러이러한 이유로 조금 부족한 점이 있었다. 그리고 여기에 대해 앞으로 이렇게 하자'라고 말하는 것입니다. 당신은 개방적이 되어야 하고, 문화와 국적에 관계없이 이것은 통하게 되어 있습니다. 만일 당신이 잠시라도 사람들을 헷갈리게 하거나 말을 돌려서 한다면, 직원들은 이를 곧 알아챌 테고, 결국 그들을 잃게 될 것입니다."[6]

　이러한 투명성은 혁신 업무에 있어 매우 중요한 요소이다. 당신의 전략의 일부로써　계획적인 기업 커뮤니케이션 프로그램을 개발하자. 혁신의 중요성과 기업의 전략적 틀 안에서의 개의 위치의 중요성을 강조하자. 장기간 동안 일관적이고 꾸준한 태도를 갖고, 이메일이나 회의, 사보와 뉴스레터, 비디오 클립, 혹은 페이스북 같은 회사의 소셜 네트워킹 사이트 등 다양한 커뮤니케이션 채널을 적극 활용하자. 모든 사람들이 꾸준히 정보를 얻고 참여하는 동시에 끊임없이 소통을 해 나간다면, 전략 계획 및 프로젝트를 점검하고, 조직 전체의 혁신의 중요성에 대한 기대치를 설정할 수 있을 것이다. 다시 말해 당신은 벽돌공들로 이루어진 기업이 아니라, 장인들로 이루어진 단일 공동체를 갖게 될 것이다.

나아갈 것

이 책의 첫 페이지부터 우리의 목표는 정보제공 및 조직 전체에 영감을 주는 내용과 형식을 통해 당신이 혁신을 이룰 수 있도록 하는 것이었다. 우리는 지금까지 당신이 올바른 길을 걸을 수 있게 해 줄 각각의 단계들을 제시하고, 개요를 서술했다. 하지만 설사 잘 짜인 계획을 갖고 있다하더라도, 이를 실행하는 일은 결코 만만치 않다. 기업이 혁신에 초점을 맞추기 위해서는 엄청난 변화가 요구되기 때문이다. 하지만 시작은 미약할지라도 한 걸음씩 제대로만 나아간다면, 점점 목표를 향해 갈 수 있을 것이다. 이제 이 단계부터 당신은 주주들이나 이해 관계자들로부터 동의를 활성화시킬 수 있다. 혁신을 포용하고, 더 나아지기 위해 변할 것인지 모두에게 물어 보자. 당신의 전략을 사람들에게 전달했을 때, 사람들의 반응을 듣고, 이를 통해 배우자. 사람들이 당신의 전략에 대해 열광하는 부분은 무엇이며 혼란스러워하는 부분은 무엇인가? 사람들에게 적극적으로 도움을 얻고, 필요하다면 전략을 조금 조정해도 좋다.

또한 내적, 외적 피드백 과정을 모두 포함하기 위한 방법을 세웠는지 확인하자. 혁신은 고유하고 가치 있으며 교환 가치가 있는 제품과 서비스, 그리고 기업들을 창조하기 위한 발견과 혁신의 끝없는 과정이다. 이것이 혁신의 진정한 시험대이다. 당신이 하는 모든 일들은 이 세 가지를 기준으로 평가받아야 한다. 그러니 전략이 고유하고 가치 있으며 교환 가치가 있는지 끊임없이 자문하는 것은 매우 중요하다. 만일 그렇지 못하다면 이는 혁신이라 할 수 없기 때문이다. 그리고 그것이 혁신이 아니라면 장기적으로 지속가능한 성장을 이루는 데 도움이 되지 못한다.

마지막으로 혁신전략을 실행하기 위해 계획할 때, 꼭 기억할 점은 혁신을 통해 얻은 좋은 점이나 성공사례들을 통해 혁신에 대한 동의를 이끌어 낼 수 있다는 점이다. 그러니 당신이 밟고 있는 각 단계에서, 혁신에 초점을 맞췄을 때 어떤 좋은 결과가 있었는지 입증하자. 당신의 노력에 대한 보상과 희생을 가늠하고 그 두 가지가 균형을 이루는지 확인하자. 성공을 경험한다면, 진정한 혁신적 기업을 만드는 목표에 도달하기까지 그 과정을 진행하는 것이 훨씬 수월해질 것이다. 물론 그 일은 하루아침에 이루어지지 않는다. 하지만 성공적인 혁신 기업으로 가는 것은 충분히 가능한 일이며 여기에 대해서는 셀 수 없이 많은 기업들이 이미 입증해 보였다.

우리가 이 책에서 말한 이야기의 주인공들은 의도적이건, 그렇지 않건 혁신을 이루어 냈다. 그들은 늘 고객을 최우선에 두고, 고객들의 삶을 더 낫게 만들어 줄 방법을 찾았다. 우리는 사업에서는 무엇보다 수익이 가장 중요하다거나, 혹은 장기간의 번영을 얻기 위해서는 단기간의 수익을 위해 매진해야 한다는 오래 된 규칙들을 포기하는 것이 그리 간단하지 않다는 것을 알고 있다. 사실, 혁신에 있어서는 쉽고 편한 것이 거의 없다. 하지만 닌텐도나 제너럴 일렉트릭, 포드, 맥케인 푸드, 테바, 해즈브로, 버버리, 에미레이트 항공 등과 같이 혁신을 포용한 기업들은 고통을 훨씬 뛰어넘는 보상을 받았다. 혁신에 대한 논쟁은 거의 수십년간 이어져 왔지만, 아직도 그 논쟁은 끝나지 않았다. 혁신에 대한 논쟁이 너무 오랫동안 계속되지는 않았으면 하는 것이 우리의 바람이다.

주

1장

1. E. Phillip Krider, "Benjamin Franklin and Lightning Rods," *Physics Today*, January 2006, 45.
2. Bruno Jactel과의 인터뷰, August 2010.
3. Bill Ford 인터뷰 기록, September 1, 2010.
4. "Steve Jobs's Commencement Speech at Stanford," Scribd, June 12, 2005, http://www.scribd.com/doc/1313/Steve-Jobss-Commencement-Speech-at-Stanford (accessed October 20, 2010).
5. Keith Barry, "Ford Bets the Fiesta on Social Networking," *Wired*, April 17, 2009, http://www.wired.com/autopia/2009/04/how-the-fiesta (accessed October 20, 2010).
6. "Michael Dell: Thinking Outside the Box," *Bloomberg Business Week*, November 22, 2004, http://www.businessweek.com/ magazine/content/04_47/b3909024_mz072.htm (accessed March 3, 2010).
7. Ibid.
8. "Why Circuit City Failed, and Why B & H Thrives," *Inc.*, http://www.inc.com/magazine/20090501/why_circuit_city_failed_and_why_bh_thrives_Printer_Friendly.html _ (accessed February 12, 2010).

2장

1. Anthony Hallett and Diane Hallett, *Entrepreneur Magazine Encyclopedia of Entrepreneurs* (New York: John Wiley & Sons, 1997), 170?2.
2. Ibid.
3. "Adam Grosser and His Sustainable Fridge," TED 인터뷰, February 2007, http://www.ted.com/talks/adam_grosser_and_his_sustainable_fridge.html (accessed March 22, 2010).
4. "About Sara," Spanx, 2010, http://www.spanx.com/corp/index.jsp?page=sarasStory&clickId=sarasstory_aboutsara_text (accessed November 29, 2010).
5. "P&G's AG Lafley on Innovation," 비디오 인터뷰, *Bloomberg Business Week* [no date given], http://feedroom.businessweek.com/?fr_story=907b67debd8cfaa2bcb64ba97265d4e7a08bcfeb (accessed March 12, 2010).
6. Brian Goldner와의 인터뷰, 2010.

7. Andy Reinhardt, "Skype's 'Aha!' Experience," *Business Week*, September19, 2005, http://www.businessweek.com/print/technogloy/content/sept2005/tc20050919_2468. htm (accessed May 11, 2010).

8. James Gosling, "The Skype Guys," Time, April 30, 2006, http://www.time.com/time/ printout/0,8816,1187489,00.html (accessed May 11, 2010).

9. Mike Harvey, "Skype Could Be Cut Off for Good over Dispute," Times-Online, July 31, 2009, http://business.timesonline.co.uk/tol/business/industry_sectors/technology/ article6735381.ece (accessed May 12, 2010).

10. Geoffrey A. Fowler and Cassell Bryan-Low, "eBay Sells Skype to Investor Group," *The Wall Street Journal*, September 2, 2009, http://online.wsj.com/article/SB12517 967665375495.hml (accessed May 11, 2010).

3장

1. Steve Rothwell and Andrea Rothman, with Cornelius Rahn, "EmiratesWins with Big Planes and Low Costs," *Bloomberg Business Week*, July 5-July 11, 2010, 18-19.

2. Ibid.

4장

1. Martin Glenn과의 인터뷰, 2009.

2. "A History of the Potato Chip," The Nibble, http://www. thenibble.com/reviews/ main/snacks/chip-history.asp (accessed April 20, 2010).

3. "Laura Scudder," Wikipedia, July 25, 2010, http://en.wikipedia.org/wiki/Laura_ Scudder (accessed November 14, 2010).

4. "Legacy of Leadership: Herman Warden Lay," South Carolina Business Hall of Fame, 2002, http://www.knowitall.org/legacy/laureates/Herman%20Warden%20Lay. html (accessed April 25, 2010).

5. "Potato Chip," Wikipedia, November 13, 2010, http://en.wikipedia.org/wiki/Potato_ chip (accessed November 14, 2010).

2부

1. Paul Sloane," Idea Receptiveness Survey" [no date provided], http://www.leader-values.com/Content/detail.asp?ContentDetailID=1244 (accessed November 29, 2010).

2. David Brooks, "In Praise of Dullness," *The New York Times,* May 18,2009, http://www.nytimes.com/2009/05/19/opinion/19brooks.html (accessed November 27, 2010).

3. Ibid.

5장

1. Elana Holzman and Kevin Mannix, "Teva Reports Record Full Year 2009 nd Fourth Quarter Results," Teva, February 16, 2010, http://www.tevapharm.com/pr/2010/pr_905.asp (accessed October 21, 2010).

2. Thomas Wren, *The Leader' Companion: Insights on Leadership Through he Ages* (New York, The Free Press, 1995).

3. "Biography of Jacques Nasser," Business.com [no date given], http://www.referenceforbusiness.com/biography/M-R/Nasser-Jacques-1947.html (accessed July 8, 2010).

4. Andrew English, "Volvo Sale: The End of Ford's Dream Show room," *The Telegraph,* December 2, 2008, http://www.telegraph.co.uk/motoring/news/3541886/Volvo-sale-the-end-of-Fords-dream-showroom.html (accessed July 8, 2010).

5. "Biography of Jacques Nasser."

6. Ibid.

7. Joe DeMatio, "2010 Man of the Year: Alan Mulally, CEO, Ford Motor Company," *Automobile Magazine,* November 2009, http://www.automobile-mag.com/features/awards/1001_2010_man_of_the_year_alan_mulally_ceo_ford_motor_company/index.html (accessed July 8, 2010).

8. Bill Ford와의 인터뷰, January 25, 2010.

9. Alex Taylor III, "How Toyota Lost Its Way," *Fortune,* July 12, 2010, http://money.cnn.com/2010/07/12/news/international/toyota_recall_crisis_full_version.fortune/index.htm (accessed July 15, 2010).

10. "The Toyota Way," Wikipedia, August 19, 2010, http://en. wikipedia.org/wiki/The_Toyota_Way (accessed November 14, 2010).

11. Taylor, "How Toyota Lost Its Way."

12. "John Sculley," Wikipedia, November 1, 2010, http://en.wikipedia.org/wiki/John_Sculley (accessed November 14, 2010).

13. "Apple's iMac a Sales Hit: Firm's Market Share Doubles Thanks to It," *Cincinnati Enquirer,* December 22, 1998.

14. Faith Arner, "Pass Go and Collect the Job of CEO," *BusinessWeek,* August

4, 2003, http://www.businessweek.com/print/magazine/contet/03_31/b3844091.htm (accessed July 8, 2010).

6장

1. Patricia Zacharias, "Henry Ford and Thomas Edison -A Friendship ofGiants," *The Detroit News*, August 7, 1996 (accessed November 27, 2010).
2. Ibid.
3. Dan Eden, "Left Brain/Right Brain," ViewZone, 2006, http://viewzone2.com/bicamx.html (accessed October 21, 2010).
4. Diana LaSalle and Terry Brittain, *Priceless: Turning Ordinary Products into Extraordinary Experiencs* (Boston: Harvard Business School Press, 2002), 9-10.

7장

1. Dean Kamen과의 인터뷰, June 29, 2010.
2. Diana LaSalle and Terry Brittain, *Priceless: Turning Ordinary Products into Extraordinary Experiencs* (Boston: Harvard Business School Press, 2002), 9-10.
3. Maysa Rawi, "London Fashion Week: Burberry Makes History with World's First Star-Studded Catwalk Streamed Live in 3D," *Daily Mail*, February 24, 2010, http://www.dailymail.co.uk/femail/article-1253171/London-Fashion-Week-Burberry-set-stream-worlds-catwalk-live-3D.html (accessed July 10, 2010).
4. Robert Berner, "P&G: New and Improved," BusinessWeek, July 7, 2003, http://www.businessweek.com/print/magazine/content/03_27/b3840001_mz001.htm?chan+gl (accessed July 8, 2010).
5. Noel Tichy, "AG Lafley, Judgement, and the Re-do Loop," *Harvard Business Review* blogs, June 12, 2009, http://blogs.hbr.org/now-new-next/2009/06/ag-lafley-judgment-and-the-red.html (accessed November 14, 2010).
6. "Mr. Clean Car Wash Eyes Expansion," Happi (Household and Personal Products Industry), February 2, 2010, http://www.happi.com/news/2010/02/10/mr._clean_car_wash_eyes_expansion (accessed July 8, 2010).
7. Jennifer Reingold, "CEO Swap: The $79 Billion Plan," *Fortune*, November 19, 2009, http://money.cnn.com/2009/11/19/news/companies/procter_gamble_lafley.fortune (accessed July 8, 2010).
8. Ibid.
9. Ibid.

8장

1. Jennifer Reingold, "CEO Swap: The $79 Billion Plan," *Fortune*, November 19, 2009, http://money.cnn.com/2009/11/19/news/companies/procter_gamble_lafley.fortune (accessed July 8, 2010).

2. "Jobs and Careers: Working at Ferrari," Ferrari, 2010, http://www. ferrari.com/English/about_ferrari/Jobs_Careers/Pages/Jobs_Careers.aspx (accessed November 14, 2010).

3. Stanford Graduate School of Business, "Customer Focus Keeps Amazon Experimenting, Bezos Says," *Stanford GSB News*, October 2003, http://www.gsb.stanford.edu/mews/headlines/vftt_bezos.shtml (accessed October 21, 2010).

4. "Jobs and Careers: Working at Ferrari."

5. Robert Berner, "P&G: New and Improved," *Business Week*, July 7, 2003, http://www.businessweek.com/print/magazine/content/03_27/b3840001_mz001.htm?chan+gl (accessed July 8, 2010).

6. Ibid.

9장

1. Amy Gunderson, "The Great Leaders Series: Ruth Handler, Co-Founder of Mattel," Inc., May 1, 2009, http://www.inc.com/30years/articles/ruth-handler.html (accessed November 14, 2010).

2. "Ruth & Elliot Handler 인터뷰" YouTube[no date given], http://www.youtube.com/watch?v=X74R36qMJUM&feature=related (accessed November 14, 2010)

3. "Corporations: All's Swell at Mattel," *Time*, November 26, 1962, http://www.time.com/time/printout/0,8816,874558,00.html (accessed August 25, 2010).

4. "Brand Idea Failures: RJ Reynolds' Smokeless Cigarettes," Brand Idea Failures and Lessons Learned blog, November 25, 2006, http:// brandfailures.blogspot.com/2006/11/brand-idea-failures-rj-reynolds.html (accessed August 25, 2010).

5. "Brand Extension Failures: Gerber Singles," Brand Extensions and Lessons Learned blog, December 1, 2006, http:// brandfailures.blogspot.com/2006/12/brand-extension-failure-gerber-singles.html (accessed August 25, 2010).

6. Vanessa L. Facenda, "Mass Merchants Face Up to Higher End Skincare," *All Business*, January 1, 2004, http://www.allbusiness.com/retail-trade/ 4301607-1.html (accessed August 27, 2010).

7. "Olay," Wikipedia, November 11, 2010, http://en.wikipedia.org/wiki/Olay (accessed

November 14, 2010).

8. Dave Owen, "The Betamax vs VHS Format War," MediaCollege.com, May 1, 2005, http://www.mediacollege.com/video/format/compare/betamax-vhs.html (accessed November 14, 2010).
9. "The Videotape Format Wars," Wikipedia, October 16, 2010, http://en.wiki- pedia. org/wiki/Videotape_format_war (accessed November 14, 2010).
10. Charlie Sorrel, "Apple's iPad Sales Accelerate: Three Million Sold in 80 Days," *Wired*, June 23, 2010, http://www.wired.com/gadgetlab/2010/06/apples-ipad-sales-accelerate-three-million-sold-in-80-days (accessed August 27, 2010).
11. "SAS® Analytics Test Effectiveness of Variety of Amazon.com Features"[no date given], http://www.crm2day.com/content/t6_librarynews_1.php?id=EEppElEkVuBHC MBqjb (accessed November 14, 2010).
12. Courtland Jenkins and Geoff Tuff, "Excellence in Market Activation," Monitor, January 28, 2009, http://www.monitor.com/ Expertise/ Business Issues/MarketingandPricing/ tabid/66/ctl/ArticleDetail/mid/685/CID/20092701142028527/CTID/1/L/en-US/ Default.aspx (accessed August 8, 2010).

10장

1. IGN Staff, "Profi le: Satoru Iwata," IGN GameCube, July 16, 2002, http://cube.ign. com/articles/530/530986p1.html (accessed August 23, 2010).
2. Ibid.
3. James Rivington, "Wii Sends Nintendo Profi ts into Orbit," TechRadar UK, July 25, 2007, http://www.techradar.com/news/gaming/consoles/wii-sends-nintendo-profits-into-orbit-161327 (accessed August 23, 2010).
4. Daisuke Wakabayashi, "Nintendo Posts Full-Year Profit Drop," *The Wall Street Journal,* May 6, 2010, http://online.wsj.com/article/SB10001424052748704370704 575227531691106498.html?mod=WSJ_Tech_LEFTTopNews (accessed November 14, 2010).
5. "Employee Engagement," 3M, 2010, http://solutions.3m.com/wps/portal/3M/zh_ CN/global/sustainability/our-people/employee-engagement (accessed October 21, 2010).
6. "Joseph Tucci of EMC," *Business Management,* issue 19 [no date given], http://www. busmanagement.com/article/Joseph-Tucci-of-EMC (accessed August 23, 2010).

찾아보기

▶저자 소개

제인 에디슨 스티븐슨 Jane Edison Stevenson

콘/페리 인터내셔널의 부의장이자 CEO 및 이사회 추천 서비스를 맡고 있다. 혁신 리더십 분야의 선구자이자 비즈니스위크에서 가장 영향력 있는 100인의 인재 모집 컨설턴트 중 한 사람으로 선정되기도 한 제인은 혁신 및 경영의 트렌드와 이슈를 논의하기 위한 상담을 맡고 있다.

비랄 카파라니 Bilal Kaafarani

P&G, 크래프트, 프리토레이를 거쳐 현재 코카콜라의 간부를 맡고 있는 비랄은 글로벌 혁신 간부이다. 비즈니스위크에서 "25인의 혁신의 달인" 중 한 사람으로 선정된 그는 혁신에 대한 CEO의 노력 및 기업의 문화가 기업의 성과에 미치는 엄청난 영향력을 실제로 체험하였다.

▶번역자 소개

윤경미

경북대학교 영어영문학과를 졸업하고 수년간 출판사에서 편집자로 일하며 기획, 집필 및 편집을 해 오다 출판번역에 이끌려 번역가의 길로 들어섰다. 번역한 책으로는 《왜 똑똑한 사람들이 헛소리를 믿게 될까》, 《멋지게 나이 드는 법46》, 《아이의 실행력》, 《언씽커블》, 《조지와 유령친구》 등이 있다. 현재 프리랜서 전문 번역가로 활동 중이다.